le nouveau taxi ! 1

MÉTHODE DE FRANÇAIS

GUIDE PÉDAGOGIQUE

avec livret d'exploitation pédagogique de la vidéo

Guy Capelle

Patrick Guédon

hachette
FRANÇAIS LANGUE ÉTRANGÈRE
www.hachettefle.fr

Avec la participation de **Nathalie Hirschprung**

Couverture : Encore lui !
Adaptation maquette et mise en page : Médiamax
Illustrations : Pascal Gauffre, Annie-Claude Martin, Zaü
Coordination éditoriale : Claire Dupuis
Révision et correction : Josiane Attucci-Jan

ISBN 978-2-01-155550-2

© Hachette Livre 2009, 43, quai de Grenelle, F 75905 Paris Cedex 15
www.hachettefle.fr

Tous droits de traduction, de reproduction et d'adaptation réservés pour tous pays.

Le code de la propriété intellectuelle n'autorisant, aux termes des articles L. 122-4 et L. 122-5, d'une part, que « les copies ou reproductions strictement réservées à l'usage privé du copiste et non destinées à une utilisation collective » et, d'autre part, que « les analyses et les courtes citations » dans un but d'exemple et d'illustration, « toute représentation ou reproduction intégrale ou partielle, faite sans le consentement de l'auteur ou de ses ayants droit ou ayants cause, est illicite ». Cette représentation ou reproduction, par quelque procédé que ce soit, sans autorisation de l'éditeur ou du Centre français de l'exploitation du droit de copie (20, rue des Grands-Augustins, 75006 Paris), constituerait donc une contrefaçon sanctionnée par les articles 425 et suivants du Code pénal.

SOMMAIRE

◼ Introduction		5
Leçon 0		15

◼ Unité 1 *Rencontres* — 18
Leçon 1	Bienvenue !	18
Leçon 2	Qui est-ce ?	21
Leçon 3	Ça va bien ?	24
Leçon 4	correspond@nce.com	27
Savoir-faire		29

◼ Unité 2 *Portraits* — 30
Leçon 5	Trouvez l'objet	30
Leçon 6	Portrait-robot	33
Leçon 7	Shopping	35
Leçon 8	Le coin des artistes	38
Savoir-faire		40

◼ Unité 3 *Ça se trouve où ?* — 41
Leçon 9	Appartement à louer	41
Leçon 10	C'est par où ?	44
Leçon 11	Bon voyage !	47
Leçon 12	Marseille	49
Savoir-faire		51

Évaluation 1 — 52

◼ Unité 4 *Au rythme du temps* — 54
Leçon 13	Un aller simple	54
Leçon 14	À Londres	57
Leçon 15	Le dimanche matin	60
Leçon 16	Une journée avec Laure Manaudou	62
Savoir-faire		64

◼ Unité 5 *La vie de tous les jours* — 65
Leçon 17	On fait des crêpes ?	65
Leçon 18	Il est comment ?	68
Leçon 19	Chère Léa…	71
Leçon 20	Les fêtes	74
Savoir-faire		76

SOMMAIRE

Unité 6 *Vivre avec les autres* — 77
Leçon 21 — C'est interdit ! — 77
Leçon 22 — Petites annonces — 80
Leçon 23 — Qu'est-ce qu'on lui offre ? — 83
Leçon 24 — Le candidat idéal… — 85
Savoir-faire — 87

Évaluation 2 — 88

Unité 7 *Un peu, beaucoup, passionnément…* — 90
Leçon 25 — Enquête — 90
Leçon 26 — Quitter Paris — 93
Leçon 27 — Vivement les vacances ! — 96
Leçon 28 — Les Français en vacances — 99
Savoir-faire — 101

Unité 8 *Tout le monde en parle* — 102
Leçon 29 — Enfant de la ville — 102
Leçon 30 — Fait divers — 105
Leçon 31 — Ma première histoire d'amour — 108
Leçon 32 — La 2CV… et autres symboles ! — 111
Savoir-faire — 113

Unité 9 *On verra bien !* — 114
Leçon 33 — Beau fixe — 114
Leçon 34 — Projets d'avenir — 117
Leçon 35 — Envie de changement — 120
Leçon 36 — Le pain, mangez-en ! — 123
Savoir-faire — 125

Évaluation 3 — 126

DVD-Rom : exploitation pédagogique de la vidéo — 128

Corrigés — 177

Fiches photocopiables : tests, révisions, approfondissements — 179

Corrigés des fiches — 208

Corrigés du cahier d'exercices — 214

INTRODUCTION

A — PRÉSENTATION DE LA MÉTHODE

Comme sa version précédente, *Le Nouveau Taxi !* est conçu pour développer « un ensemble de compétences générales et, notamment, une compétence à communiquer langagièrement […] dans des contextes et des conditions variés […] en mobilisant les stratégies qui paraissent le mieux convenir à l'accomplissement des tâches à effectuer. » (*Cadre européen commun de référence pour les langues,* p. 15.)

Ainsi, l'apprenant est amené à mettre en œuvre non seulement des savoirs, mais aussi des savoir-faire et des savoir-apprendre. Il est aidé en cela par une méthode qui présente une structure simple, des documents accessibles et un parcours pédagogique clairement balisé.

1 — PUBLIC ET OBJECTIFS

Le Nouveau Taxi ! s'adresse à des adultes ou à de grands adolescents de niveau débutant en français langue étrangère (FLE). Il permet d'acquérir rapidement une compétence de communication suffisante pour satisfaire des échanges sociaux et des besoins concrets au cours, par exemple, d'un séjour dans un pays francophone. Il est articulé en trois niveaux correspondant aux niveaux A1, A2 et B1 du CECRL.

Le Nouveau Taxi ! 1 couvre le **niveau A1** (niveau « Découverte ») du CECRL et permet à l'apprenant de se préparer au DILF A1.1 ainsi qu'au DELF A1.

Il correspond à environ 90 heures de cours.

2 — NOUVEAUTÉS

Plusieurs années d'expérimentation et d'utilisation de *Taxi !*, auprès de publics très divers et dans des conditions d'emploi fort différentes, nous amènent aujourd'hui à proposer une méthode profondément remaniée.

Tout en **conservant la structure et la progression** de la méthode, appréciées des utilisateurs, nous avons :
– accentué l'**approche actionnelle** ;
– renforcé le **travail linguistique** ;
– développé les **procédures d'évaluation** ;
– actualisé et renouvelé les **documents proposés**.

Par ailleurs, *Le Nouveau Taxi !* offre à présent un **support numérique** pour l'apprentissage et l'évaluation, puisque le livre de l'élève s'accompagne d'un **DVD-Rom encarté** (voir plus bas).

3 — MATÉRIEL

Cette nouvelle édition propose un **matériel pédagogique enrichi**, qui comprend :
– un livre de l'élève de 144 pages, avec DVD-Rom encarté ;
– un double CD audio pour la classe ;
– un cahier d'exercices de 96 pages ;
– un guide pédagogique de 224 pages.

• **Le livre de l'élève**

Il comprend :
– un mode d'emploi ;
– un tableau des contenus ;

– une leçon 0 ;
– 9 unités thématiques de 4 leçons chacune (1 leçon = 1 double page), chaque unité s'achevant sur une page de bilan actionnel *(Savoir-faire)* ;
– 3 évaluations de type DILF et DELF.

Avec, en annexes :
– des listes de vocabulaire thématique ;
– les transcriptions des enregistrements ;
– un mémento grammatical et l'alphabet phonétique ;
– des tableaux de conjugaison ;
– un lexique multilingue ;
– une carte de la langue française dans le monde et une carte de la France touristique.

• Le DVD-Rom encarté

Il se compose de 4 parties :
– une partie **Audio**, qui contient les enregistrements de tous les documents déclencheurs du livre de l'élève. Les enregistrements des trois premières unités sont proposés en version normale et en version lente. Cette partie est lisible sur ordinateur ou sur lecteur CD MP3 ;
– une partie **Vidéo** (exploitation pédagogique de cette vidéo, p. 128-178 de ce guide), qui propose d'une part une fiction découpée en courtes séquences (mettant en scène les aventures d'un chauffeur de taxi dans Paris), d'autre part, plusieurs reportages présentent différents aspects de la société française et du monde francophone. Chaque unité de la vidéo suit la progression linguistique et thématique du livre de l'élève. Cette partie est lisible sur ordinateur au format MP3 et sur lecteur DVD (zones PAL) ;
– une partie **Portfolio**, qui comprend 9 pages de portfolio imprimables (1 page par unité) ;
– une partie **Activités**, qui offre 54 activités autocorrectives, pour vérifier ses acquis de manière ludique et interactive en grammaire, vocabulaire et conjugaison. Ces activités peuvent être réalisées sur ordinateur ou sur Tableau Blanc Interactif (TBI). Dans le livre de l'élève, l'apprenant trouvera, en fin de leçon, un renvoi aux activités correspondantes du DVD-Rom.

> **Configurations minimales requises pour la lecture du DVD-Rom**
>
> **Sur Mac**
> Système d'exploitation Mac OS 10.4 ou ultérieur Processeur G5 ou Intel.
> 256 Mo de RAM (512 Mo recommandé).
> Lecteur de DVD-Rom.
> Résolution 1024 × 768
>
> **Sur PC**
> Système d'exploitation XP ou Vista.
> Processeur 1Ghz ou plus
> 256 Mo de RAM (512 Mo recommandé).
> Lecteur de DVD-Rom.
> Carte graphique 32 Mo en résolution 1024 × 768/16 bit

• Le double CD classe

D'une durée totale de 2 heures, il contient tous les enregistrements de la méthode (documents déclencheurs, exercices d'écoute, activités de phonétique, compréhension orale des bilans actionnels et des évaluations du livre de l'élève, compréhension orale des tests du guide pédagogique).

INTRODUCTION

• Le cahier d'exercices

Enrichi en exercices, il renforce les apprentissages et systématise les savoirs et les savoir-faire. Les corrigés du cahier d'exercices se trouvent p. 214-224 de ce guide.

• Le guide pédagogique

Le présent guide pédagogique fournit aux enseignants un accompagnement pédagogique qui leur apporte aide et conseils dans la préparation et l'animation de leurs cours.

Pour chacune des 9 unités du livre de l'élève, les enseignants se verront proposer une démarche d'exploitation structurée, qu'il conviendra d'adapter en fonction de la diversité des publics d'apprenants et dans le respect de la pluralité des cultures éducatives et des contraintes horaires et institutionnelles.

Ce guide comprend :
– une présentation des principes généraux et de l'approche pédagogique qui fondent la méthode ;
– des suggestions pour l'exploitation des documents et pour le déroulement de chaque leçon ;
– les corrigés ou des propositions de réponse pour toutes les activités du livre de l'élève (exercices des leçons, activités des pages *Savoir-faire* et des pages *Évaluation*) ;
– des informations culturelles et des suggestions d'activités complémentaires ;
– l'exploitation pédagogique de la partie Vidéo du DVD-Rom ;
– les corrigés du cahier d'exercices ;
– 27 fiches photocopiables et leurs corrigés : 9 fiches *Révision* (1 fiche par unité), 9 fiches *Approfondissement* (1 fiche par unité), 9 tests par compétences (1 test par unité).

B STRUCTURE D'UNE UNITÉ

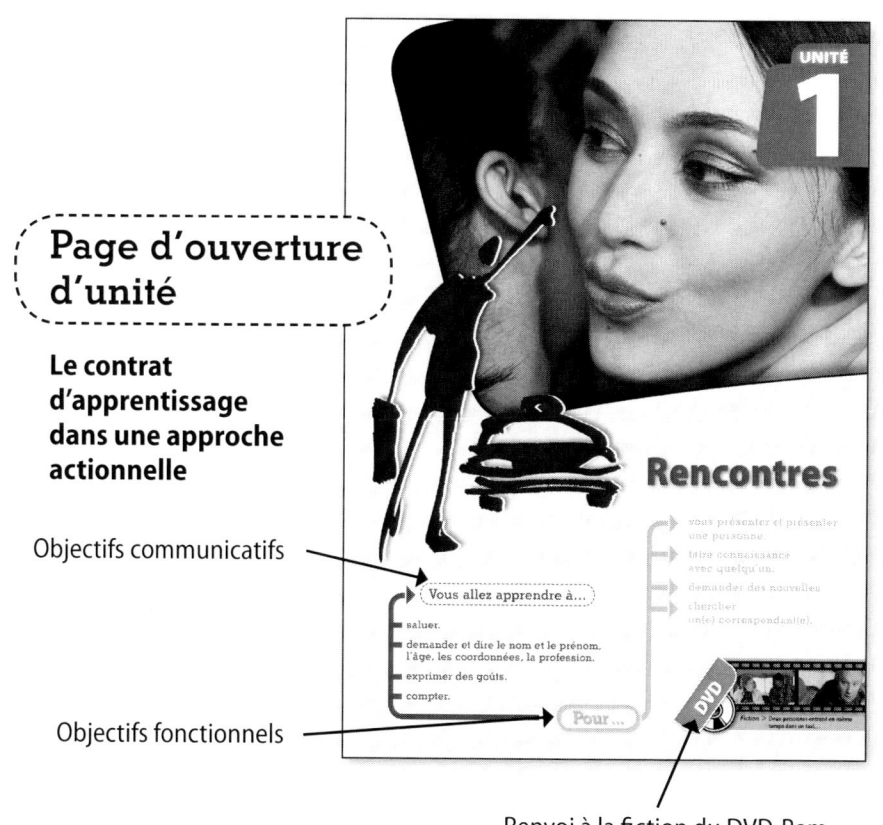

Page d'ouverture d'unité

Le contrat d'apprentissage dans une approche actionnelle

Objectifs communicatifs

Objectifs fonctionnels

Renvoi à la fiction du DVD-Rom

Déroulement d'une unité

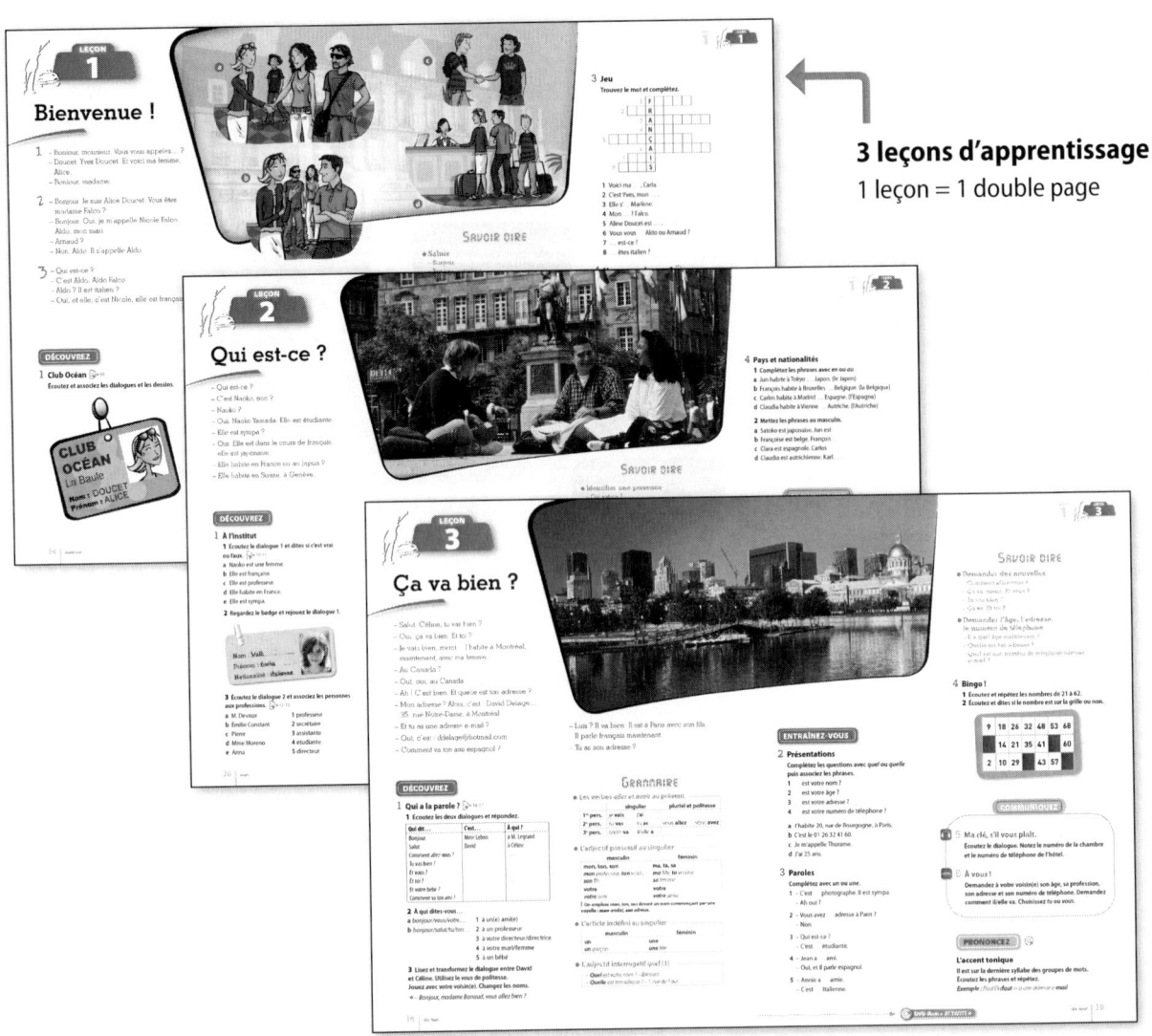

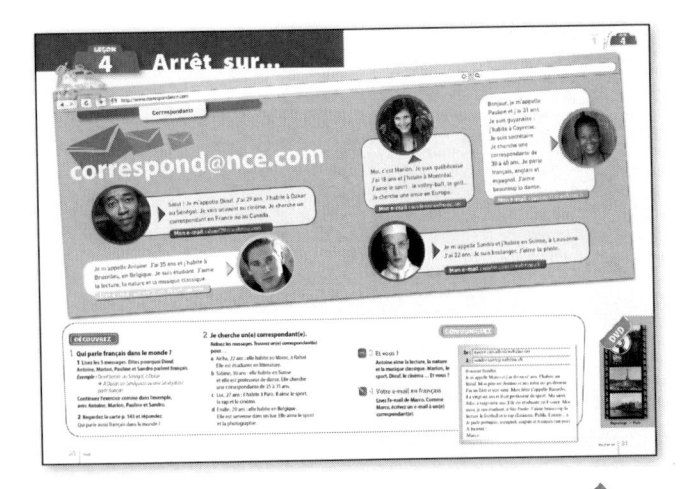

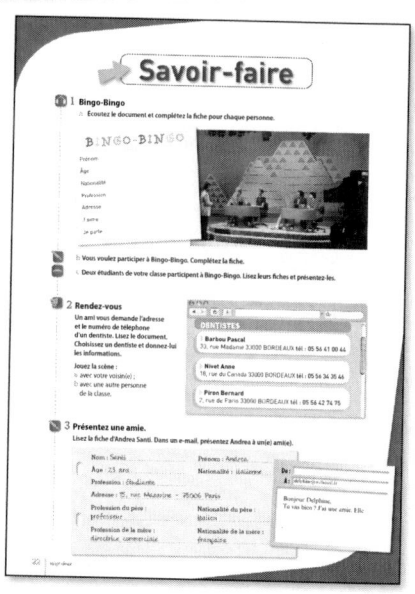

3 leçons d'apprentissage
1 leçon = 1 double page

1 leçon *Arrêt sur...*

1 page *Savoir-faire*

INTRODUCTION

Dans chaque leçon d'apprentissage

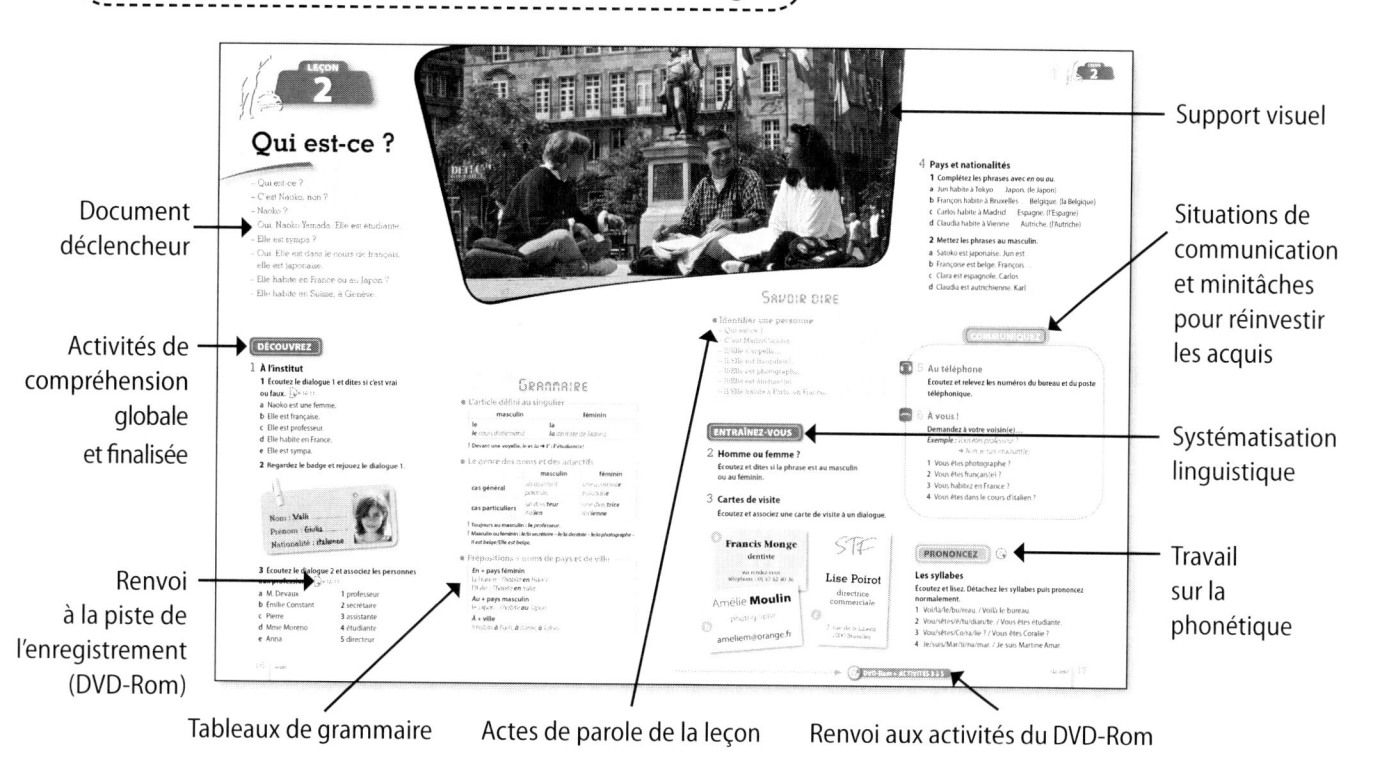

- Document déclencheur
- Activités de compréhension globale et finalisée
- Renvoi à la piste de l'enregistrement (DVD-Rom)
- Tableaux de grammaire
- Actes de parole de la leçon
- Renvoi aux activités du DVD-Rom
- Support visuel
- Situations de communication et minitâches pour réinvestir les acquis
- Systématisation linguistique
- Travail sur la phonétique

La leçon Arrêt sur...

Une dernière leçon de synthèse et d'ouverture culturelle

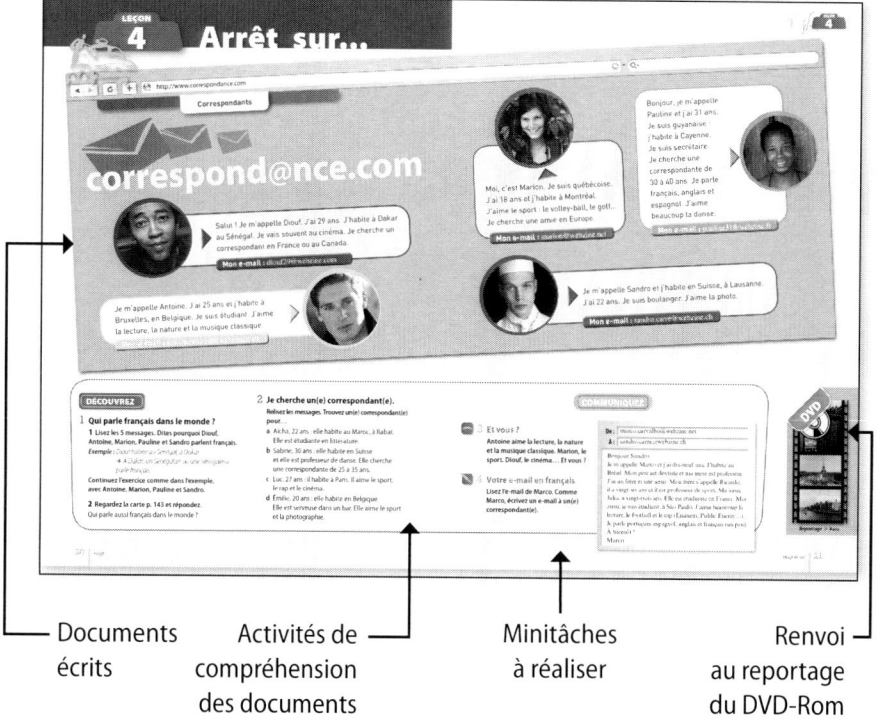

- Documents écrits
- Activités de compréhension des documents
- Minitâches à réaliser
- Renvoi au reportage du DVD-Rom

En fin d'unité : un bilan actionnel

- De nombreuses tâches à réaliser 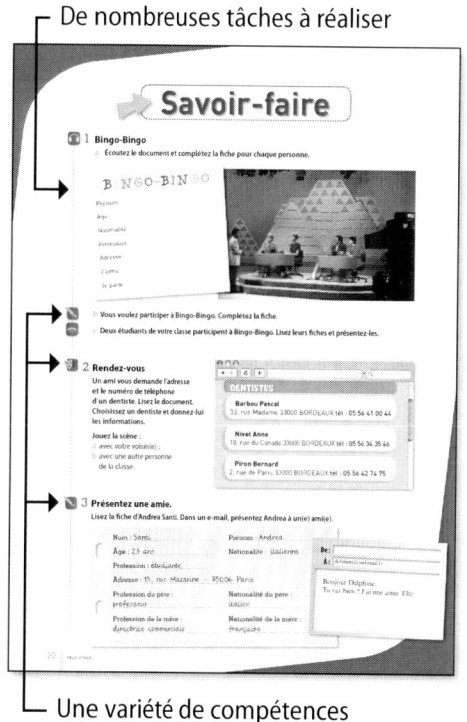
- Une variété de compétences à mettre en œuvre

- écouter
- parler
- jouer
- lire
- écrire
- activités de phonétique
- piste de l'audio élève

9

C OPTIONS MÉTHODOLOGIQUES

1 LE PARCOURS PÉDAGOGIQUE

Le Nouveau Taxi ! est une **méthode simple à utiliser**, à la fois par l'enseignant et par les apprenants.

Les **objectifs** et les **contenus** sont **clairement définis**, leçon par leçon. Dans le manuel, les encadrés *Savoir dire* rappellent les principaux actes de parole de la leçon et les encadrés *Grammaire* présentent les points de grammaire abordés. Dans le guide, figure la liste des mots nouveaux de chaque leçon.

Le **parcours pédagogique** est **soigneusement balisé**, tout en laissant à l'enseignant la liberté de choisir ses propres techniques. Ainsi, en grammaire, la conceptualisation est préconisée, mais l'enseignant reste libre d'adopter la démarche de son choix.

L'enseignant peut choisir d'**ajouter des activités** qu'il juge profitables aux apprenants, grâce aux propositions complémentaires offertes par l'exploitation de la vidéo et aux diverses suggestions de ce guide. Ainsi, il peut doser les activités de classe en fonction du temps disponible et de la quantité de travail réalisé par les apprenants en dehors de la classe.

Chaque unité comprend **deux types de leçon** :
– trois leçons d'**apprentissage** principalement axées sur l'oral ;
– une quatrième leçon *(Arrêt sur…)*, leçon de **synthèse** et d'**ouverture culturelle** à partir d'un document écrit.

• Les trois leçons d'apprentissage

L'étude d'une leçon à déclencheur oral va **du sens à la forme**, puis **de la forme à la mise en pratique des savoirs et savoir-faire**. Elle se déroule selon le schéma suivant.

a. Le sens : découverte et compréhension du document oral

C'est d'abord la **découverte du contexte dans lequel s'inscrit le document**. Elle s'appuie le plus souvent sur un support visuel (mise en situation des personnages, carte, plan, photo…) et sur l'expérience et la connaissance du monde de l'apprenant, qui vont lui permettre de décoder le thème et le contexte de l'illustration. À l'occasion de cette étape, quelques éléments lexicaux peuvent être introduits (par exemple, le nom des meubles qui figurent sur un dessin ou le nom des lieux sur une carte) de manière à faciliter, par la suite, la compréhension des dialogues.

On passe ensuite à l'**écoute du document oral, pour une étape de compréhension globale** (livre fermé) puis **plus détaillée** (en se référant, si nécessaire, à la transcription écrite). Il s'agit d'abord de vérifier la compréhension de la situation de communication (qui parle, à qui, de quoi, pourquoi ?), de repérer les informations principales puis des éléments plus précis en lien avec les actes de parole importants.

L'étape de compréhension du sens est un préalable indispensable au travail linguistique.

b. L'entraînement à l'utilisation des formes

Cette phase consiste à réemployer toutes les formes lexicales et grammaticales repérées en contexte, afin de les rendre familières. À cet effet, les exercices contenus dans le manuel peuvent être complétés par le travail en classe et par le travail en autonomie (cahier d'exercices et DVD-Rom).

c. La mise en pratique

Le parcours pédagogique s'achève avec la rubrique *Communiquez*, qui permet de réinvestir les acquis à travers des minitâches en lien avec le contexte et les contenus de la leçon. Cette étape, centrée sur la production orale, est – lorsque cela nous a semblé utile – accompagnée d'une phase de compréhension orale préalable qui prépare à l'utilisation des formes nécessaires à la réalisation de l'activité orale proposée.

• La leçon *Arrêt sur...*

L'étude de la quatrième leçon suit un déroulement comparable à celui des leçons d'apprentissage. Tout d'abord, une observation de la double page permet de découvrir le thème et la fonction des documents. Puis une série de repérages amène à parcourir les documents pour y trouver les informations importantes et formuler des hypothèses de sens.

Une distinction essentielle existe cependant avec les leçons d'apprentissage : la part de l'entraînement formel est beaucoup plus réduite, l'effort principal étant concentré sur la compréhension des documents écrits et sur l'expression écrite. À cet effet, deux types d'activités sont proposés :
– des exercices de production de textes à partir d'un modèle ;
– des exercices semi-libres (la ou les minitâche(s) de la rubrique *Communiquez*).

2 L'APPROCHE ACTIONNELLE

L'objectif final de chaque leçon est l'appropriation à des fins d'expression de plus en plus libre des éléments langagiers appris. Ces éléments ne peuvent être considérés comme acquis que s'ils peuvent être réutilisés dans des situations « authentiques ». C'est l'objectif de la rubrique *Communiquez* et des nouvelles pages *Savoir-faire*.

• La rubrique *Communiquez*

Cette rubrique, qui clôt chaque leçon (voir plus haut), permet à l'apprenant de réinvestir ses acquis à travers une ou deux minitâches.

Avant de passer aux activités de cette rubrique, on pourra consulter l'encadré *Savoir dire*, qui recense les énoncés réalisant les principaux actes de parole de la leçon (saluer, se présenter, exprimer une opinion, exprimer des goûts, refuser une permission…). Les moyens indiqués dans cette rubrique ne sont évidemment pas les seuls possibles. Par exemple, l'acte de parole « interdire » peut être réalisé par des énoncés aussi différents grammaticalement et lexicalement que « Il est interdit de fumer ici. », « Ne fumez pas. », « Ne faites pas ça. »…

Même si, au niveau débutant, on ne peut espérer mieux que le réemploi, dans de nouvelles situations, des formules apprises, il est souhaitable que les apprenants ne se sentent pas contraints de simplement reproduire les énoncés donnés et qu'ils soient encouragés à proposer de nouveaux moyens d'expression dans les situations qui leur sont proposées.

• Les pages *Savoir-faire*

Ces nouvelles pages proposent, en fin d'unité, un **bilan actionnel** qui se compose de trois ou quatre tâches concrètes à réaliser. Ces tâches, aboutissement et complément nécessaire du travail effectué dans la leçon, mettent les apprenants dans des situations de la vie courante et vérifient leur capacité à faire face à ces situations.

Elles sont par ailleurs l'occasion de mettre en œuvre les connaissances acquises. Contrairement aux tests, elles n'ont pas pour but d'évaluer la compétence et le degré de correction atteints dans le maniement du langage, mais d'**évaluer la performance**, c'est-à-dire ce que l'apprenant peut faire pour résoudre, par le langage, des problèmes auxquels il peut être confronté dans la vie réelle.

3 LE TRAVAIL LINGUISTIQUE

• La grammaire

Elle se présente sous plusieurs formes complémentaires :
– les **encadrés *Grammaire*** de la leçon, qui présentent les principaux points de grammaire à traiter. C'est une grammaire ponctuelle et centrée surtout sur la morphologie. Elle est présentée sous forme de **tableaux clairs et synthétiques**, accompagnés, le cas échéant, d'explications complémentaires ;

– le *Mémento grammatical* complet en fin de manuel, qui regroupe et hiérarchise les phénomènes, précise leurs emplois et établit des distinctions entre formes écrites et orales ;
– les **conseils d'utilisation** leçon par leçon présentés dans le présent guide.

À la méthode déductive traditionnelle de présentation de la grammaire consistant à partir de règles qu'on explique, puis qu'on applique dans des exercices, on préférera l'**approche inductive** de la conceptualisation : observation des formes et des structures pour arriver à la formulation de règles et à une véritable réflexion sur le fonctionnement de la langue. Les règles sont enrichies et affinées au fur et à mesure de la découverte d'éléments nouveaux.

Il ne s'agit donc pas pour l'enseignant d'apporter simplement des réponses aux exercices ou d'expliquer les règles de grammaire, mais plutôt d'aider les élèves à émettre des hypothèses et à tirer leurs propres conclusions sur le fonctionnement linguistique de la langue française.

• Le lexique

Le Nouveau Taxi ! 1 accorde une attention particulière à l'enseignement et à l'apprentissage du vocabulaire en tant qu'élément indispensable à la communication. Dans cette optique, la présentation du lexique (en moyenne 25 mots nouveaux par leçon) est contextualisée et a pour critère le choix de thèmes liés aux besoins d'expression des apprenants (salutations, présentations, goûts, activités quotidiennes, loisirs...).

Les **listes des mots nouveaux** figurent en tête de chaque leçon dans ce guide. La grande majorité de ces mots sont présentés dans les documents déclencheurs en contexte et sont expliqués en classe par les moyens habituels au cours de la première phase de chaque leçon : illustrations, mise en situation, mimiques, déduction logique grâce aux indices fournis. Les mots lexicaux, liés au thème, et les mots grammaticaux sont abondamment réemployés dans les exercices du manuel et du cahier d'exercices. Un mot nouveau apparaît rarement dans les phases suivantes de l'étude de la leçon ou dans le cahier d'exercices. Dans ce cas, il est habituellement compréhensible dans le contexte ou grâce à une illustration.

De plus, des **listes de vocabulaire thématique** sont fournies en fin de manuel. Elles regroupent les principaux mots nouveaux d'une unité par dominantes thématiques, afin d'en faciliter la mémorisation et de favoriser un apprentissage actif du vocabulaire.

On encouragera les élèves à prendre conscience de la façon dont ils apprennent le vocabulaire (regroupements par centres d'intérêt, contextes multiples, hypothèses de sens suivies de vérification, recours au dictionnaire...) et on s'efforcera de diversifier leurs approches.

• La phonétique

Le fait que la rubrique *Prononcez* se situe après les autres rubriques ne signifie pas que cette étape nous semble moins importante que les autres. Pour communiquer efficacement, il faut évidemment bien entendre et bien prononcer. Cette rubrique a donc pour objectif de familiariser les apprenants avec les particularités du système phonologique du français. Il est cependant important que la **correction phonétique** s'exerce **de façon constante**, dès la phase de découverte des documents.

Il est conseillé d'insister sur les **marques grammaticales orales**, ces alternances ou ces oppositions qui sont étudiées en phonétique fonctionnelle. Le féminin des noms et des adjectifs en est un bon exemple (d'où, entre autres, la nécessité de bien distinguer, à l'écoute et dans la prononciation, entre voyelle nasale et voyelle orale + son [n] pour distinguer des paires comme *italien/italienne*).

Par ailleurs, il est bon de faire remarquer, dès le début, le **découpage de la phrase en groupes rythmiques**, qui sont aussi des groupes grammaticaux et des groupes de sens.

Ainsi, la rubrique *Prononcez*, en fin de leçon, ne reflète qu'un aspect très limité de l'étude des sons, du rythme et de l'intonation. Elle est laissée à l'initiative du professeur, qui peut l'utiliser quand il le juge utile. C'est un « plus » qui peut débloquer une écoute ou une prononciation défectueuse, mais ces exercices seuls ne sauraient répondre à tous les besoins.

NB : L'alphabet phonétique international (A.P.I.) est reproduit p. 129 du livre de l'élève.

• La systématisation linguistique

Le Nouveau Taxi ! propose de nombreuses activités d'apprentissage et de systématisation linguistique :
– dans le **livre de l'élève**, grâce aux exercices d'application de la rubrique *Entraînez-vous* ;
– dans le **cahier d'exercices**, enrichi en exercices, qui propose, pour chaque leçon, une couverture plus approfondie de tous les aspects du langage (grammaire, conjugaison, vocabulaire, phonie-graphie, compréhension et production écrites), afin de permettre un réemploi et une fixation plus efficaces ;
– dans la partie *Activités* **du DVD-Rom**, qui permet de vérifier et consolider ses acquis en grammaire, conjugaison et vocabulaire.

4 L'ÉVALUATION

Dans *Le Nouveau Taxi !*, une grande importance est accordée à l'**évaluation**.

• **Évaluation sommative** avec, dans le livre de l'élève, **6 pages** *Évaluation* pour se préparer au **DILF** et au **DELF** et, dans le cahier d'exercices, des activités de type DELF.

• **Évaluation formative**, dont le CECRL souligne le rôle comme outil d'apprentissage et non comme simple préparation à des tests de certification.

Ainsi, le guide pédagogique propose, pour chaque unité, un **test photocopiable**, qui permet d'évaluer la compréhension orale, la compréhension écrite et la production écrite. (Pour des raisons de temps et de difficulté de passation, la production orale ne figure pas dans les épreuves proposées. L'évaluation de la production orale se fera à l'occasion des prises de parole en classe, spontanées ou sur l'initiative du professeur.)

Pour l'apprenant, c'est l'occasion de faire le point régulièrement sur ses mécanismes d'apprentissage et sur ses acquis. Pour l'enseignant, ce test offre la possibilité d'identifier les points qui ne sont pas suffisamment maîtrisés et sur lesquels il est nécessaire de revenir.

La passation du test et son corrigé en classe ne devraient pas prendre plus d'une séance de 50 minutes (20 minutes de test et 30 minutes pour la correction).

Puis le professeur peut relever les feuilles pour corriger les réponses individuellement et donner, s'il le souhaite, des notes aux étudiants. (Le barème de correction peut varier selon ce que le professeur veut valoriser : compréhension orale, compréhension ou production écrites.)

Le guide pédagogique propose également, pour chaque unité, une **fiche** *Révision* et une **fiche** *Approfondissement* (photocopiables), pour évaluer les compétences linguistiques acquises (p. 179-207 de ce guide).

• **Autoévaluation** grâce au **portfolio imprimable** du DVD-Rom, qui permet à l'apprenant de s'autoévaluer au fur et à mesure de son apprentissage (1 page de portfolio par unité).

C'est le moyen d'une réflexion et d'une prise de conscience destinées à responsabiliser l'apprenant et à augmenter sa motivation.

5 LES CONTENUS SOCIOCULTURELS

Les **contenus socioculturels** se présentent tout d'abord de manière **implicite et transversale,** à travers les documents écrits et oraux des leçons.

Ils se présentent aussi de manière **explicite** :
– dans les leçons *Arrêt sur…*, dont un des objectifs est de faire connaître des aspects culturels et sociaux de la vie quotidienne des Français ;
– à travers la vidéo du DVD-Rom, qui propose des minifictions et des reportages sur la France et les Français.

Après l'observation des faits, on peut mener en classe une réflexion pour comparer certains aspects des deux cultures, celle des Français et celle des apprenants.

6 ■ LE RÔLE DU PROFESSEUR

Si le professeur est un transmetteur de savoir, d'informations, d'explications, il est aussi, et de manière tout aussi essentielle, celui qui organise et anime la classe, qui oriente les apprenants, qui les conseille, leur apprend à apprendre et les aide à acquérir de plus en plus d'autonomie. Il doit instaurer dans la classe un climat de confiance pour favoriser les échanges et rendre possible la communication. Il pourra s'appuyer sur les conseils fournis dans ce guide, mais rien ne remplacera une bonne gestion de la classe. Il s'efforcera, entre autres, de :

– préparer soigneusement ses cours ;
– placer les apprenants de sorte à favoriser le travail par paires ou par groupes le cas échéant ;
– toujours donner des instructions précises (en français ou, au début et si nécessaire, en langue maternelle) ;
– déterminer au préalable la durée de chaque activité ;
– donner à chacun l'occasion de prendre la parole ;
– répartir les tâches en tenant compte des capacités des élèves afin de ne mettre personne en situation d'échec ;
– encourager les élèves à réfléchir à leurs stratégies d'apprentissage et à s'autoévaluer régulièrement ;
– et, de façon générale, toujours mettre l'apprenant au centre de l'apprentissage.

LEÇON 0

p. 12

- **Contenus socioculturels**
Travailler sur l'image que les apprenants se font de la langue française et de la France
Commencer une réflexion sur leurs représentations
Montrer aux apprenants qu'ils connaissent déjà certains mots de français

- **Objectifs communicatifs**
Découvrir les salutations et les présentations
Apprendre des phrases utiles en classe :
Je ne comprends pas./Vous pouvez répéter, s'il vous plaît ?/Vous pouvez épeler ?

- **Objectifs linguistiques**
Écouter et répéter des chiffres de 1 à 20
Prononcer les lettres de l'alphabet français
Épeler des noms propres

Cette leçon 0 sert d'introduction au cours de français.
Elle permet au professeur de se faire une idée des représentations que les apprenants se font de la langue française et des Français.
Cette leçon est aussi l'occasion de poser les bases d'un travail efficace et agréable dans la classe. Le professeur rencontre les apprenants pour la première fois et les apprenants découvrent non seulement un nouveau professeur, mais aussi une nouvelle langue et une nouvelle culture. Il ne faut donc pas craindre de passer un peu de temps sur cette leçon.

L'apprentissage linguistique n'est certes pas ici une chose essentielle ; il s'agit principalement de prendre un premier contact et de faire en sorte que l'*a priori* sur le cours, la classe et l'apprentissage soit positif. C'est en démontrant aux apprenants qu'ils en savent plus qu'ils ne le croient sur la France, les Français et la francophonie qu'on encouragera leur motivation. Le but caché de cette leçon 0 est véritablement de mettre les apprenants à l'aise, de les réconforter, de leur donner le goût du travail sans jamais les brusquer. La patience, la douceur et le sourire sont d'ailleurs des atouts incontestables.

Toutes les consignes de *Taxi !* sont en français et cette leçon n'échappe pas à la règle : il est important de confronter les apprenants à la réalité linguistique de la classe de français dès le début du cours. La communication en classe se fera donc systématiquement en français, sauf dans les cas où l'on demande aux apprenants d'aborder des sujets de civilisation, occasions où ils pourront s'exprimer en langue maternelle si celle-ci est comprise par l'ensemble de la classe.
Bonne route avec *Taxi !*

ACTIVITÉ DE DÉMARRAGE

Le professeur commence par saluer l'ensemble des apprenants, il introduit ainsi le mot *bonjour*. Il se présente en disant son nom et en l'écrivant au tableau : *Je m'appelle* **x**. Ensuite, il prend la liste des apprenants et appelle chacun par son prénom. Il « photographie » le visage de chacun, puis dit bonjour à la personne en prononçant bien son prénom : le professeur reconnaît ainsi chacun des membres du groupe.
Le professeur pourra aussi redire son nom (ou prénom) en mettant la main sur sa poitrine puis désigner l'apprenant pour qu'il dise aussi son nom, par mimétisme.

1 Les mots

1 ▶ Faire observer les trois couvertures de magazine, p. 12.

Demander aux apprenants, en français, puis en langue maternelle si nécessaire, quels mots ils comprennent.
Écrire au tableau tous les mots reconnus par les apprenants, que ces mots soient français ou non. L'objectif est de démontrer l'universalité de certains mots afin de favoriser les transferts de connaissances (*savoir dire* et *savoir-faire*).

> **Corrigé**
> Magazine *Madame Figaro* : interview, chance, spécial, guide, beauté, mode, chic, haute couture…
> Magazine *Télérama* : artiste, français…
> Magazine *Elle à Paris* : Paris, guide, mode, beauté, chic, cinéma…

2 ▶ Demander ensuite aux apprenants de compléter la liste du tableau avec d'autres mots dont ils pensent qu'ils sont français.

Faire le tri, au tableau, entre les mots français, les mots étrangers incorporés au français et les mots qui n'ont pas de sens en français.

> **Corrigé**
> Réponses possibles :
> taxi, parfum, eau de toilette, Paris, tour Eiffel, Champs-Élysées, baguette, soufflé, purée, crêpe, Nice, Bordeaux, fiancé(e), monsieur, madame, photo, musique, mail, rendez-vous, week-end…

2 Les nombres

▶ Livre fermé, faire écouter les nombres de 1 à 20.

Puis, repasser le même enregistrement par morceaux : d'abord les chiffres de 1 à 5, puis les chiffres de 6 à 10, puis les nombres de 11 à 15 et enfin de 16 à 20.
Faire répéter chaque série de nombres après l'avoir fait écouter.
Demander ensuite aux apprenants de dire tous les nombres de 1 à 20, de mémoire, en essayant de respecter le plus possible la prononciation française.

▶ Livre ouvert, faire observer l'écriture des nombres. Faire observer ensuite les nombres de 21 à 1 000, p. 12.

Expliquer aux apprenants qu'il ne s'agit pas de travailler ni d'apprendre maintenant ces nombres mais de savoir qu'à tout moment de leur apprentissage, ils pourront consulter cette page référence.

Faire remarquer la numérotation des pages du livre de l'élève (en bas de page) : on peut y lire le nombre en chiffres et en lettres.

> **POUR ALLER PLUS LOIN**
> Faire pratiquer les nombres en classe.
> Attribuer à chaque apprenant un ordre d'intervention (ils parleront les uns après les autres).
> Le premier apprenant dira *un*, le deuxième *deux*, etc.
> Faire parler chaque apprenant (lorsqu'on arrive à 20, on repart à 1).
> Demander aux apprenants d'aller de plus en plus vite.
> Dès qu'une personne se trompe, elle est éliminée.
> Le gagnant est celui qui ne s'est jamais trompé.
> On pourra reprendre ce jeu lorsqu'on étudiera les nombres, au cours des unités 1 et 2.

3 Les lettres

▶ Prononcer chacune des lettres de l'alphabet, doucement et distinctement.

Faire répéter les apprenants.
Insister sur le E, le G et le J, le R, le W *(double V)* et le Y *(I grec)*.

▶ Passer à l'exercice.

Demander à quelques apprenants d'épeler leur nom en français.

> **POUR ALLER PLUS LOIN**
> Faire observer les photos de personnalités françaises.
> Demander d'abord aux apprenants de dire leur nom et ensuite de l'épeler.

Les phrases utiles

En fin de leçon, on demandera aux apprenants d'observer l'encadré *Les phrases utiles*.
Lire la première phrase et en expliquer le sens aux apprenants. Les faire répéter.
Procéder de la même façon avec les deux autres phrases.
Demander aux apprenants de mémoriser ces trois phrases, qui leur seront utiles tout au long de leur apprentissage.

POUR CONCLURE CETTE PREMIÈRE LEÇON

Il est important que les apprenants s'approprient leur livre et aient une vision synthétique de leur travail et des objectifs visés. Aussi, il faudra prévoir une dizaine de minutes de découverte du livre-outil de base et du cahier d'exercices, outil de travail indissociable.
Toute cette partie pourra se faire dans la langue des apprenants.

Demander aux apprenants de regarder, au début du manuel, p. 4 à 7, le *Mode d'emploi* décrivant le contenu de leur livre, d'en observer les illustrations pendant quelques minutes.
Demander aux apprenants d'ouvrir leur livre, p. 8.
Présenter rapidement le tableau des contenus (p. 8 à 11), puis passer à la page d'ouverture de l'unité 1, p. 13.
Expliquer le contenu d'une unité :
– une page d'ouverture avec les objectifs ;
– trois doubles pages d'apprentissage avec des dialogues ;
– une double page de synthèse et d'ouverture culturelle ;
– une page de bilan, le savoir-faire.
Présenter les pages d'évaluation (toutes les trois unités), ainsi que les listes du vocabulaire de chaque unité classé par thèmes, les transcriptions des enregistrements, le mémento grammatical, les tableaux de conjugaison et le lexique multilingue.

Présenter aussi la carte de France p. 144 et laisser les apprenants l'observer quelques instants.

Enfin, expliquer aux apprenants, de manière simple et accessible, l'approche d'enseignement/apprentissage privilégiée dans *Taxi !* : découverte d'un document de façon globale (le plus souvent orale) et du vocabulaire, réflexion sur la langue, entraînement avec des exercices, réutilisation des structures et du vocabulaire étudié dans des jeux de rôles ou de petites productions écrites.

UNITÉ 1 Rencontres

LEÇON 1 — Bienvenue !

p. 14-15

- **Contenus socioculturels**
  Le savoir-vivre
  La francophonie dans le monde

- **Objectifs communicatifs**
  Saluer
  Demander et dire le prénom et le nom

- **Objectifs linguistiques**
  Grammaire
  Être et *s'appeler* au singulier du présent
  Masculin et féminin
  L'interrogation avec *qui*

  Phonétique
  L'intonation montante et descendante

- **Savoir-faire**
  Se présenter et présenter quelqu'un

Mots nouveaux

s'appeler – bonjour – un club – être – un(e) étudiant(e) – une femme – français(e) – un homme – italien(ne) – madame – un mari – monsieur – une nationalité – un nom – non – oui – un prénom – une question – qui ? – voici – un(e) voisin(e)

DÉCOUVREZ

Schéma général de découverte du sens

Cette étape, qui précède l'activité 1, est valable, avec quelques variantes, pour toutes les premières phases de l'exploitation d'un document déclencheur.

A. Livre ouvert, faire observer les dessins a, b, c et d, p. 14-15.
Demander aux apprenants d'émettre des hypothèses sur la situation : qui parle à qui, où, pourquoi ? (Si possible, en langue maternelle dans les premières leçons.)
Situation : des vacanciers arrivent dans un hôtel. Ils se présentent à la réception et font connaissance avec d'autres clients de l'hôtel.

B. Livre fermé, faire écouter une première fois les dialogues 1, 2, 3 et 4.
Après chaque dialogue, demander aux apprenants :
Quels mots avez-vous reconnus/compris ?
Que dit l'homme ou la femme pour se présenter ?
Si nécessaire, faire écouter à nouveau les répliques concernées et les faire répéter.

1 Club Océan

▶ **Faire observer le badge, p. 14.**
Montrer la photo d'Alice Doucet sur le badge et demander aux apprenants : *Qui est-ce ?*
Faire identifier le document : c'est le badge d'Alice Doucet au club de vacances. Le club de vacances s'appelle le club Océan. Il se trouve à La Baule (ville et plage françaises au bord de l'océan Atlantique).

▶ **Faire écouter les dialogues une deuxième fois.**

UNITÉ 1 • LEÇON 1

➤ Passer à l'activité.

> Corrigé
> 1d, 2b, 3a, 4c

➤ Faire écouter les dialogues une troisième fois. Faire répéter afin de procéder à une première mise au point de l'audition et de la prononciation.

➤ Faire jouer les dialogues par groupes de deux et de trois.
Attention ! Avant de faire jouer les dialogues aux apprenants, il est recommandé de travailler avec eux la prononciation : voir le travail sur l'intonation montante et descendante en rubrique *Prononcez*.

ENTRAÎNEZ-VOUS

2 Qui est-ce ?

➤ Faire repérer dans les dialogues les formes du verbe *être* (*suis, es, est, êtes*) et les pronoms sujets *je, tu, il, elle* et *vous*.

➤ Faire compléter les phrases en réutilisant les formes repérées dans les dialogues.

> Corrigé
> 1 es, je
> 2 Vous, suis
> 3 est, elle
> 4 est
> 5 est, Il

⚠ Se référer au tableau de grammaire *Le verbe être au présent*, p. 14.
Faire noter que :
– les pronoms sujets *je, tu, il, elle* et *vous* sont obligatoires pour indiquer les personnes ;
– la forme écrite du verbe change en fonction des personnes.

3 Jeu

➤ Demander aux apprenants de compléter les phrases à l'aide des mots et noms présents dans les dialogues.

> Corrigé
> 1 femme   5 française
> 2 mari   6 appelez
> 3 appelle 7 Qui
> 4 nom   8 Vous

⚠ Se référer au tableau de grammaire *Le verbe s'appeler au présent*, p. 14.

4 Homme ou femme ?

➤ Avant l'écoute, demander aux apprenants de se référer au tableau de grammaire *Masculin et féminin*, p. 14.
Rappeler la variation masculin/féminin avec les pronoms personnels *il* et *elle* :
Yves = homme = il
et *Alice = femme = elle*.
Faire remarquer que le genre du sujet influence l'adjectif : *français* (masculin)/*française* (féminin).
Faire remarquer la différence entre le masculin et le féminin à l'écrit et à l'oral : dans *française*, la consonne finale [z] est la marque du féminin.

➤ Passer à l'écoute des cinq énoncés.
Au fur et à mesure, demander aux apprenants de dire si la personne qui parle désigne un homme ou une femme et comment ils l'ont reconnu : pronoms utilisés (*il/elle*) et variation *français/française*.
Attention ! L'attribut s'accorde avec le sujet.

> Corrigé
> 1 masculin (Il est italien.)
> 2 féminin (Elle s'appelle Justine.)
> 3 masculin (Je suis français.)
> 4 masculin (Il s'appelle Jacques.)
> 5 féminin (Tu es française.)

COMMUNIQUEZ

5 À vous !

1 ➤ Répartir les apprenants en sous-groupes.
Donner aux apprenants, si besoin, les formes masculines et féminines de l'adjectif correspondant à leur nationalité sur le modèle présenté dans le dialogue 3 ou dans la rubrique *Grammaire* : allemand/allemande, anglais/anglaise, autrichien/autrichienne, espagnol/espagnole, français/française, grec/grecque, italien/italienne, polonais/polonaise, japonais/japonaise, suédois/suédoise, suisse…
Leur demander, comme indiqué dans la consigne, de se présenter et d'interroger leur partenaire sur leur identité en réutilisant les expressions des dialogues.

2 ➤ Faire pratiquer la structure « *Qui est-ce ?* – *C'est* + nom », pour interroger sur l'identité d'une personne dans la classe.
Pour cela, suivre la consigne de l'exercice et demander aux apprenants d'interroger leur voisin(e) à propos d'une troisième personne.

⚠ Se référer au tableau de grammaire *L'interrogation avec* **qui** *(pour une personne)*, p. 14.

POUR ALLER PLUS LOIN

On peut apporter des photos de personnages célèbres (artistes, écrivains connus…) et les faire circuler dans la classe.
Les apprenants, en sous-groupes, posent successivement la question : *Qui est-ce ?* en montrant du doigt une célébrité. L'un des membres du sous-groupe répond : *C'est* (+ nom de cette célébrité).

PRONONCEZ

C'est une question ?

OBJECTIF : faire remarquer aux apprenants l'importance de l'intonation, seule marque distinctive de l'interrogation dans les exemples suivants (intonation montante = question, intonation descendante = affirmation).

➤ **Demander aux apprenants de dessiner un tableau à deux colonnes (une colonne *Affirmation* et une colonne *Question*).**
Faire écouter le premier item. Demander aux apprenants de dire sur quelle syllabe ils ont entendu la montée ou la descente.
Recommencer l'exercice et ajouter des items si nécessaire.

> **Corrigé**
> **1** affirmation
> **2** question
> **3** affirmation
> **4** question
> **5** question

GRAMMAIRE

La démarche que nous conseillons, **du sens à la forme**, suppose que la compréhension du sens est un préalable à l'observation des formes et à la réflexion sur le fonctionnement de la langue.
On utilisera les différents points de la rubrique *Grammaire* **au fur et à mesure des besoins**, lorsqu'une explication ou une observation sera jugée nécessaire.

SAVOIR DIRE

Cette rubrique liste les différentes façons de réaliser les actes de parole étudiés dans la leçon.
Elle peut être abordée juste avant de réaliser les tâches de la rubrique *Communiquez* ou bien en fin de leçon, comme un récapitulatif.

Activités autocorrectives du DVD-Rom

❶ Les nombres jusqu'à 69
❷ Les verbes *être* et *s'appeler* au présent

LEÇON 2

Qui est-ce ?

p. 16-17

- **Contenus socioculturels**
  Le savoir-vivre
  La francophonie dans le monde

- **Objectif communicatif**
  Identifier une personne

- **Objectifs linguistiques**
  Grammaire
  L'article défini au singulier
  Le genre des noms et des adjectifs
  Prépositions + noms de pays/ville
  Phonétique
  La syllabation

- **Savoir-faire**
  Faire connaissance avec quelqu'un

Mots nouveaux

allemand(e) – un(e) assistant(e) – un badge – belge – un bureau *(pièce)* – un café – une carte de visite – chinois(e) – commercial(e) – un cours – un(e) dentiste – un directeur/une directrice – espagnol(e) – et – habiter – japonais(e) – un numéro – ou – un(e) photographe – un(e) polonais(e) – un professeur – un rendez-vous – une rue – un(e) secrétaire – s'il vous plaît – sympa – un téléphone – un thé

DÉCOUVREZ

A. Livre ouvert, faire observer l'illustration du dialogue en haut de la double page.
Poser les questions en langue maternelle :
Qui parle ? À qui ? De quoi ?

B. Livre fermé, faire écouter le dialogue p. 16 une ou deux fois.
Demander aux apprenants de dire les mots qu'ils ont entendus/compris.
Quel est le sujet du dialogue ? ou *Ils parlent de qui ?*
(De Naoko, l'étudiante japonaise.)

1 À l'institut

1 ▶ Demander aux apprenants si les cinq affirmations listées sont vraies ou fausses.
Demander de proposer une réponse quand l'affirmation est fausse.

> **Corrigé**
> a Vrai.
> b Faux. Elle est japonaise.
> c Faux. Elle est étudiante.
> d Faux. Elle habite en Suisse, à Genève.
> e Vrai.

▶ Faire écouter le dialogue une nouvelle fois.
Faire répéter afin de procéder à une première mise au point de la prononciation.
Puis poser des questions :
Comment s'appelle l'étudiante ? (Elle s'appelle Naoko.)
Elle est française ? (Non, elle est japonaise.)
Elle habite en/au (+ nom du pays des apprenants) ?
(Non, elle habite en Suisse, à Lausanne.)

▶ Faire jouer la scène par quelques apprenants.

2 ▶ Faire observer le badge, p. 16.
Par groupes de deux apprenants, faire adapter le dialogue aux caractéristiques de ce nouveau personnage en veillant aux pronoms sujets et à l'accord des adjectifs.
Faire rejouer la scène.

> **Corrigé**
> Réponse possible :
> – Qui est-ce ?
> – C'est Giulia, non ?
> – Giulia ?
> – Oui, Giulia Valli. Elle est étudiante.
> – Elle est sympa ?
> – Oui. Elle est dans le cours de français, elle est italienne.
> – Et elle habite en France ?
> – Non, elle habite à Genève, en Suisse (à Rome, en Italie…).

Variante : demander aux apprenants de préparer, à deux, un dialogue sur le même modèle que le dialogue d'origine, en désignant un(e) camarade de classe. Il peut s'agir de deux hommes désignant une femme, d'un homme et d'une femme désignant un homme, de deux femmes désignant une femme…

INFOS
- Un **institut de langues** est une école de langues pour adultes.
- *C'est Naoko, non ?* Expliquer – si la question est posée – que le *non ?* à la fin de la question signifie que celui qui parle n'est pas très sûr de sa réponse, qu'il hésite un peu.

---

3 ▶ Livre fermé, faire écouter le deuxième dialogue de la leçon.
Constituer des groupes et demander à chaque groupe de repérer les noms et prénoms cités dans le dialogue ainsi que les nouveaux mots de vocabulaire.
Procéder à une mise au point de la prononciation.
Demander aux apprenants, en groupes ou seuls, d'associer les personnes (listées de a à e) aux professions (listées de 1 à 5).
Si besoin, faire écouter le dialogue une deuxième fois.

> **Corrigé**
> a5, b3, c1, d2, e4

ENTRAÎNEZ-VOUS

2 Homme ou femme ?
▶ **Faire écouter les cinq énoncés, en faisant une pause entre chaque énoncé.**
Interroger des apprenants après chaque énoncé : *C'est un homme, une femme ?*
Corriger si nécessaire et faire lire les phrases transcrites p. 115.

> **Corrigé**
> 1 masculin
> 2 féminin
> 3 féminin
> 4 féminin
> 5 masculin

3 Cartes de visite
▶ **Faire observer les trois cartes de visite.**
Demander de repérer les différentes professions (*dentiste, photographe, directrice commerciale*) et les lieux (*Bruxelles, en Belgique*).
Faire écouter les trois minidialogues.
Demander aux apprenants, seuls ou à deux, d'associer chaque carte de visite à un dialogue.

> **Corrigé**
> 1c, 2a, 3b

4 Pays et nationalités
1 ▶ Demander aux apprenants de compléter les phrases de l'activité avec les prépositions *en* ou *au*.
Faire déduire qu'on utilise *en* avec un nom de pays féminin et *au* avec un nom de pays masculin.

> **Corrigé**
> a au   c en
> b en   d en

⚠ Se référer aux tableaux de grammaire *L'article défini au singulier* et *Prépositions + noms de pays et de ville*, p. 16.

2 ▶ Demander aux apprenants de mettre les quatre phrases au masculin.

> **Corrigé**
> a Jun est japonais.   c Carlos est espagnol.
> b François est belge.   d Karl est autrichien.

⚠ Se référer au tableau de grammaire *Le genre des noms et des adjectifs*, p. 16.

Faire remarquer que le nom du pays s'écrit avec une majuscule (*Japon, Belgique…*) mais pas l'adjectif de nationalité (*japonais, belge…*).

UNITÉ 1 • LEÇON 2

COMMUNIQUEZ

🎧 5 Au téléphone

> Avant l'écoute, réviser avec la classe les nombres de 1 à 20, p. 12, les écrire au tableau et les lire.

Écrire au tableau un nombre entre 1 et 20, puis le faire prononcer par la classe.

> Faire écouter les cinq énoncés.

Demander aux apprenants de noter pour chaque énoncé le numéro de bureau et de poste téléphonique.

Corrigé
1 bureau 5, poste 15
2 bureau 8, poste 18
3 bureau 3, poste 13
4 bureau 2, poste 12
5 bureau 1, poste 11

🗣 6 À vous !

> Répartir les apprenants en sous-groupes.

Se référer à la rubrique *Savoir dire*, p. 17 : *Identifier une personne*.

> Passer à l'activité.

Demander aux apprenants de s'interroger à tour de rôle sur leur identité en réutilisant les expressions des dialogues.
Insister sur la voix qui monte sur la syllabe accentuée (la dernière du groupe) pour la question et sur la bonne utilisation du masculin ou du féminin suivant le cas.

Vérifier la bonne utilisation des articles définis et des prépositions.

Corrigé
Réponses possibles :
1 Non, je suis dentiste/assistant(e)/directeur/directrice/secrétaire.
2 Non, je suis chinois(e)/italien(ne)/japonais(e)/espagnol(e)/belge.
3 Non, j'habite en Italie/en Suisse/en Espagne/en Belgique/au Japon.
4 Non, je suis dans le cours de français/d'espagnol/de japonais.

PRONONCEZ

Les syllabes

OBJECTIF : faire remarquer que :
– la syllabation (découpage des mots en syllabes) ne respecte pas les frontières des mots à cause des phénomènes de liaison et d'enchaînement ;
– la majorité des syllabes françaises sont ouvertes, c'est-à-dire se terminent par un son de voyelle.

> Faire écouter le premier item.

Demander aux apprenants de répéter la phrase exactement comme elle est dite en détachant bien les syllabes.
Ensuite, la faire lire normalement.
Procéder de la même manière pour les trois autres items.

Activités autocorrectives du DVD-Rom
❸ Le genre des noms et des adjectifs
❹ Les prépositions et les noms de ville/pays
❺ L'article défini

LEÇON 3 — Ça va bien ?

p. 18-19

- **Contenus socioculturels**
  Le savoir-vivre
  La francophonie dans le monde

- **Objectifs communicatifs**
  Aborder quelqu'un
  Demander l'âge, l'adresse, le numéro de téléphone

- **Objectifs linguistiques**
  Grammaire
  Aller et *avoir* au singulier du présent
  L'adjectif possessif au singulier
  L'article indéfini au singulier : *un(e)*
  L'adjectif interrogatif *quel(le)*

  Phonétique
  L'accent tonique

- **Savoir-faire**
  Demander des nouvelles d'une personne

Mots nouveaux

une adresse – un âge – aller – alors – un(e) ami(e) – un an – au revoir – avoir – un bébé – bien – bonne journée – bonne nuit – Ça va ? – une chambre – une clé – Comment allez-vous ? – un e-mail – une fille – un garçon – un hôtel – maintenant – merci – pardon – parler – une profession – Salut !

DÉCOUVREZ

A. Livre ouvert, faire observer la photo de Montréal.
Dans quel pays se situe Montréal ? (Montréal est au Canada. On parle français à Montréal.)

B. Livre fermé, faire écouter le premier dialogue une ou deux fois.
Demander aux apprenants de repérer le nombre de personnages, leur nom, les mots connus.
S'assurer (en langue maternelle) que la situation est bien perçue : *Céline demande à David son adresse à Montréal, au Canada.*
Même procédure avec le deuxième dialogue (transcription, p. 115) : *Quelle est la situation ? (Madame Lebon parle à monsieur Legrand. Ils parlent du bébé de madame Lebon.)*
Quels mots ont-ils compris ou reconnus ? *(bébé, garçon, fille…)*
Enseigner *avoir* + âge : *Il/Elle a quel âge ?*

1 Qui a la parole ?

1 ▸ Faire lire et commencer à compléter le tableau.
Si nécessaire, faire lire le dialogue p. 18 et le dialogue 2 transcrit p. 115.
Demander aux apprenants de finir de compléter le tableau.

> **Corrigé**
> – Comment allez-vous ? (Mme Lebon à M. Legrand)
> – Tu vas bien ? (David à Céline)
> – Et vous ? (M. Legrand à Mme Lebon)
> – Et toi ? (Céline à David)
> – Et votre bébé ? (M. Legrand à Mme Lebon)
> – Comment va ton ami ? (Céline à David)

Souligner la différence entre *qui* et *à qui* avec le doigt, lors de la correction de l'exercice, en désignant successivement la colonne *C'est* du tableau et en disant : *C'est qui ? C'est Mme Lebon* (item 1), puis la colonne *À qui ?* en disant : *à M. Legrand*.
Le but est de bien faire comprendre la différence entre *parler* et *parler à quelqu'un*.

UNITÉ 1 • LEÇON 3

▶ **Faire écouter les dialogues une nouvelle fois.**
Faire répéter afin de procéder à une première mise au point de l'audition et de la prononciation en insistant surtout sur le problème traité dans l'exercice de phonétique (l'accent tonique).

2 ▶ **Avant de commencer l'exercice, demander aux apprenants de se référer au tableau de grammaire** *L'adjectif possessif au singulier*, **p. 18.**
Présenter les adjectifs possessifs masculins *(mon/ton/son)* et féminins *(ma/ta/sa)*, ainsi que le possessif *votre* (masculin ou féminin).
Donner des exemples : *Je suis votre professeur. Vous êtes mes étudiants.*

▶ **Poser ensuite la question de l'exercice aux apprenants.**
À qui dites-vous bonjour/vous/votre… ?
À qui dites-vous bonjour/salut/tu/ton… ?
Donner un exemple de réponse : *Je dis* bonjour *à mon voisin.*

> **Corrigé**
> a Je dis *bonjour/vous/votre* à mon professeur, à mon directeur, à ma directrice.
> b Je dis *bonjour/salut/tu/ton* à un(e) ami(e), à mon mari, à ma femme, à un bébé…

Pour cet exercice, les apprenants répondront en français mais pourront éventuellement aussi s'exprimer en langue maternelle. Dans ce cas, le professeur reformulera les réponses en français.

3 ▶ **Avant de commencer l'exercice, demander aux apprenants de se référer au tableau de grammaire** *Les verbes* aller *et* avoir *au présent*, **p. 18.**
Faire remarquer les formes du verbe *aller* dans les deux dialogues étudiés : *je vais bien/tu vas bien/ça va/il va bien/vous allez bien.*
Souligner la ressemblance des formes verbales d'*aller* et d'*avoir* (sauf pour la première personne du singulier).

▶ **Passer à l'exercice.**
Répartir les apprenants en sous-groupes.
Leur demander de transformer le dialogue p. 18 en utilisant la forme de politesse *vous*.
Faire changer les noms et utiliser, par exemple, *madame Barraud* et *monsieur Dupuis*.
Rappeler aux apprenants de ne pas oublier de transformer les verbes et les pronoms possessifs.
Faire jouer la scène.

> **Corrigé**
> Réponse possible :
> – Bonjour, madame Barraud, vous allez bien ?
> – Oui, ça va bien. Et vous ?
> – Je vais bien, merci… J'habite à Bruxelles, maintenant.
> – En Belgique ?
> – Oui, oui, en Belgique.
> – Ah ! C'est bien. Et quelle est votre adresse ?
> – Mon adresse ? Alors, c'est : François Dupuis… 15, rue de Namur, à Bruxelles.
> – Et vous avez une adresse e-mail ?
> – Oui, c'est fdupuis@hotmail.com.
> – Comment va votre ami espagnol ?
> – Roberto ? Il va bien, merci. Il parle français maintenant.
> – Vous avez son adresse ?

ENTRAÎNEZ-VOUS

2 Présentations

▶ **Demander aux apprenants de se référer au tableau de grammaire** *L'adjectif interrogatif* quel (1), **p. 18.**
Souligner l'association *quel* + nom masculin et *quelle* + nom féminin.

▶ **Passer à l'activité.**
Faire compléter les questions avec l'adjectif interrogatif *quel* ou *quelle*.
Faire associer chaque question à sa réponse.

> **Corrigé**
> 1 Quel 2 Quel 3 Quelle 4 Quel
> 1c, 2d, 3a, 4b

3 Paroles

▶ **Demander aux apprenants de se référer au tableau de grammaire** *L'article indéfini au singulier*, **p. 18.**
Souligner l'association *un* + nom masculin et *une* + nom féminin.
Demander aux apprenants d'associer les mots de vocabulaire qu'ils ont appris à leur article indéfini. Le professeur pourra s'aider de la rubrique *Mots nouveaux* qui se trouve en début de chaque leçon du *Guide pédagogique*.

▶ **Passer à l'activité.**

> **Corrigé**
> 1 un   4 un
> 2 une   5 une, une
> 3 une

Inviter les apprenants à jouer ces questions par groupes de deux.

4 Bingo !

1 ▸ Faire écouter l'enregistrement des nombres de 21 à 62.
Faire répéter ces nombres et faire remarquer que le nombre des dizaines précède le nombre des unités (*quarante-trois, cinquante-six…*).

> **POUR ALLER PLUS LOIN**
>
> Faire lire la transcription p. 115 et poser la question : *Quels nombres n'ont pas de trait d'union ? (Vingt et un, trente et un, soixante et un.)*

2 ▸ Faire observer la grille du Bingo.
Faire écouter l'enregistrement.
Demander aux apprenants de dire si le nombre entendu est sur la fiche ou non.

> **Corrigé**
> Sur la grille : 21, 32, 43, 68.
> Pas sur la grille : 12, 27, 55, 61.

COMMUNIQUEZ

5 Ma clé, s'il vous plaît.

▸ Avant l'écoute, donner pour consigne aux apprenants de noter le numéro de la chambre et le numéro de téléphone de l'hôtel.
Faire écouter le dialogue.

> **Corrigé**
> Chambre 23.
> Numéro de téléphone : 01 46 57 38 21.

> **POUR ALLER PLUS LOIN**
>
> Demander aux apprenants de situer à quel moment de la journée ce dialogue a lieu (les apprenants peuvent répondre en langue maternelle). Réponse : c'est en fin de journée, les personnages disent *bonsoir* et non pas *bonjour* au début de la conversation qu'ils terminent par *bonne nuit*.

Ce que vous dites pour…
- demander des nouvelles d'une personne
  – *Tu vas bien ?*
- demander l'âge, l'adresse, le numéro de téléphone
  – *Tu as quel âge/Quel est ton âge ?*
  – *Quelle est votre adresse ?*
  – *Quelle est votre profession ?*

Ce que l'autre personne dit pour…
- donner des nouvelles de façon polie
  – *Ça va, merci, et toi ?*
- donner des informations
  – *J'ai 21 ans. Et toi ?*
  – *J'habite 15, rue de Namur, à Bruxelles.*
  – *Je suis étudiant/dentiste/directeur.*

6 À vous !

▸ **Préparation au jeu de rôles**
Mettre les apprenants en sous-groupes.
Se référer à la rubrique *Savoir dire*, p. 19 : *Demander des nouvelles* et *Demander l'âge, l'adresse, le numéro de téléphone*.

▸ **Passer au jeu de rôles.**
Chaque apprenant interroge son/sa voisin(e).
Faire travailler le tutoiement et le vouvoiement.
Production libre.

PRONONCEZ

L'accent tonique

OBJECTIF : faire entendre l'accent qui porte sur la dernière syllabe de chaque groupe rythmique.

▸ **Faire écouter l'exemple.**
Faire écouter les cinq autres énoncés (transcription, p. 115) en marquant une pause entre chacun.
Faire répéter chaque énoncé en respectant l'accent tonique et l'intonation.
Faire remarquer que c'est l'accent tonique qui porte les modifications de la courbe intonative vers le haut ou vers le bas.
Faire remarquer qu'un groupe rythmique est un ensemble de mots unis par le sens, la grammaire et la prononciation.

Activités autocorrectives du DVD-Rom
❻ L'adjectif possessif

LEÇON 4

correspond@nce.com

p. 20-21

- **Contenu socioculturel**
La francophonie dans le monde

- **Objectif communicatif**
Parler de ses goûts

- **Savoir-faire**
Chercher un(e) correspondant(e)

Mots nouveaux

à bientôt – aimer – un bar – beaucoup – un(e) boulanger/boulangère – chercher – le cinéma – un(e) correspondant(e) – la danse – le football – un frère – le golf – un(e) Guyanais(e) – la lecture – la littérature – une mère – la musique classique – la nature – un père – la photo(graphie) – un(e) Québécois(e) – le rap – un(e) Sénégalais(e) – un(e) serveur/serveuse – une sœur – souvent – un sport – un Suisse – un peu – le volley-ball

DÉCOUVREZ

1 Qui parle français dans le monde ?

1 ▸ Répartir les apprenants en sous-groupes.
Attribuer à chaque groupe l'un des cinq e-mails de la double page.
Demander aux groupes de lire leurs e-mails et d'y chercher les informations suivantes : nom, âge, nationalité, profession (le cas échéant), passe-temps (ce que la personne aime faire), type de personne recherchée.
Inviter ensuite chaque groupe à présenter à toute la classe la personne qui a écrit l'e-mail en reformulant avec *il* ou *elle* : *Il/Elle s'appelle… Il/Elle habite en/au… Il/Elle aime… Il/Elle cherche…*

▸ **Passer à l'activité.**

Corrigé
- Antoine habite en Belgique, à Bruxelles. À Bruxelles, un Belge ou une Belge parle français.
- Marion habite au Québec, à Montréal. À Montréal, un Québécois ou une Québécoise parle français.
- Pauline habite en Guyane, à Cayenne. À Cayenne, un Guyanais ou une Guyanaise parle français.
- Sandro habite en Suisse, à Lausanne. À Lausanne, un Suisse ou une Suisse parle français.

INFOS

- **L'adresse e-mail** *diouf29@webzine.com* se lit ainsi : diouf 29 at (ou arobase) webzine point com. *fr* = site français et *ch* = site suisse
- **La Belgique, le Québec, la Suisse, le Sénégal, la Guyane** sont des pays francophones mais on y parle aussi d'autres langues que le français. À Bruxelles, on parle français et flamand. À Montréal, on parle français mais aussi anglais. À Lausanne, on parle français, mais en Suisse on parle aussi allemand, italien et romanche. À Dakar (capitale de la république du Sénégal) et à Cayenne (capitale de la Guyane), on parle français et les langues locales.

2 ▸ Demander aux apprenants d'ouvrir leur livre p. 143 et d'observer la carte de la francophonie.
Poser la question : *Qui parle aussi français dans le monde ?*
Interroger la classe : le but est de partir des connaissances des apprenants et non de faire une liste exhaustive des pays.

Corrigé
Réponse possible :
On parle aussi français au Luxembourg, en Guadeloupe, à la Martinique, à la Réunion, à Mayotte, en Haïti, en Nouvelle-Calédonie, en Mauritanie, au Sénégal, en Guinée, au Mali, au Burkina, au Bénin, au Niger, au Tchad, en République centrafricaine, au Cameroun, au Gabon, au Congo, au Zaïre, à Madagascar, au Maroc, en Algérie, en Tunisie, en Roumanie, en Bulgarie, en Moldavie, au Laos, au Vietnam, au Cambodge…

➤ **Lister au tableau les pays où l'on parle français.**

2 Je cherche un(e) correspondant(e).

➤ **Répartir les apprenants en sous-groupes.**
Faire lire à nouveau tous les e-mails de la page *correspond@nce.com*.
Faire lire les descriptifs a à d.
Demander aux apprenants de chercher la personne qui correspond le mieux à Aïcha, Sabine, Luc et Émilie.
Faire envisager toutes les combinaisons possibles et demander pourquoi elles fonctionnent ou pas.

Corrigé
a Aïcha et Antoine. (Aïcha a 22 ans et est étudiante en littérature. Antoine a 25 ans, est étudiant et aime la lecture.)
b Sabine et Pauline. (Sabine a 30 ans et est professeur de danse. Pauline a 31 ans et aime beaucoup la danse.)
c Luc et Diouf (Luc a 27 ans et aime le cinéma. Diouf a 29 ans et va souvent au cinéma.)
d Émilie et Marion (Émilie a 20 ans, elle aime le sport. Marion a 18 ans et elle aime aussi le sport.) Émilie et Sandro (Émilie a 20 ans, elle aime la photographie. Sandro a 22 ans et il aime la photo.)

COMMUNIQUEZ

3 Et vous ?

➤ **Mettre les apprenants en sous-groupes.**
Leur demander de dire ce qu'ils aiment faire.
Production libre.

4 Votre e-mail en français

➤ **Faire lire l'e-mail proposé.**
Demander aux apprenants d'écrire un e-mail sur le même modèle à la personne de leur choix.
Production libre.

Savoir-faire *corrigés*

p. 22

1 Bingo-Bingo

a
BINGO-BINGO

Prénom	Éva
Âge	29 ans
Nationalité	canadienne
Profession	professeur de danse
Adresse	Bordeaux
J'aime	la musique, la danse classique, la littérature, le cinéma japonais
Je parle	on ne sait pas

Prénom	Romain
Âge	22 ans
Nationalité	on ne sait pas
Profession	étudiant
Adresse	Paris
J'aime	le football, la photo, le rap
Je parle	anglais, italien et français

b Réponse libre.

c Corrigés possibles :

Prénom	Anna
Âge	30 ans
Nationalité	polonaise
Profession	secrétaire
Adresse	Varsovie
J'aime	la lecture, le sport, le théâtre
Je parle	polonais, français et anglais

Elle s'appelle Anna. Elle est polonaise et elle habite à Varsovie avec sa famille. Anna a trente ans, elle est secrétaire. Elle aime la lecture, le sport et le théâtre. Elle parle polonais, français et anglais.

Prénom	Babacar
Âge	25 ans
Nationalité	sénégalaise
Profession	photographe
Adresse	Dakar
J'aime	les voyages, la danse, la musique
Je parle	français, wolof, anglais

Il s'appelle Babacar. Il a 25 ans, il est photographe. Babacar est sénégalais, il habite à Dakar. Il aime les voyages, la danse et la musique. Il parle français, wolof et anglais.

2 Rendez-vous

Production possible :
Le dentiste s'appelle M. Pascal Barbou. Son prénom, c'est Pascal et son nom, c'est Barbou. Il habite au 33, rue Madame à Bordeaux. Et son téléphone, c'est le zéro cinq, cinquante-six, quarante et un, zéro zéro, quarante-quatre.

3 Présentez une amie.

Production possible :

De :	lina.23@gmail.com
À :	delphine@webmail.fr

Bonjour Delphine,
Tu vas bien ? J'ai une amie. Elle s'appelle Andrea Santi et elle a 23 ans. Elle est italienne. Sa mère est française, elle est directrice commerciale. Son père est italien, il est professeur. Andrea est étudiante, elle habite à Paris, 15 rue Mazarine.

UNITÉ 2 Portraits

LEÇON 5 — Trouvez l'objet

p. 24-25

- **Contenus socioculturels**
  L'habitat

- **Objectif communicatif**
  Nommer, montrer et situer des objets

- **Objectifs linguistiques**
  Grammaire
  Le pluriel des articles et des noms
  Il y a

  Être au pluriel du présent
  Les prépositions de lieu
  L'interrogation avec *qu'est-ce que*

  Phonétique
  Les marques orales du pluriel

- **Savoir-faire**
  Décrire et localiser des objets

Mots nouveaux

une affiche – une assiette – un blouson – c'est ça – une chaise – un chapeau – un(e) chat(te) – contre – à côté (de) – dans – derrière ≠ devant – à droite ≠ à gauche – entre – une étagère – un fauteuil – une fenêtre – une fleur – il y a – un livre – un meuble – un mur – un objet – une personne – une pièce – une porte – un sac – sur ≠ sous – une table – trouver – un vase – un verre

DÉCOUVREZ

A. Livre ouvert, faire observer les deux parties de l'illustration.
– Dans le rond, deux personnes parlent au téléphone (le mari et la femme).
– Grande illustration : la chambre de leur fille.
De quoi parlent-ils ? Cette question est destinée à inciter les étudiants à émettre une hypothèse (en langue maternelle). On recueille les réponses : on vérifiera, l'étude de la leçon terminée, quelle était la bonne réponse.
Particularité de cette leçon : le dialogue contient une forte densité de mots nouveaux qui conditionnent la compréhension. Un travail préliminaire facilitera exceptionnellement l'écoute.
Dire le nom des objets en les montrant et le faire répéter : *Dans cette chambre il y a une affiche, une assiette*, etc.

Puis, enseigner les positions : *À gauche de la fenêtre* (montrer) *il y a… Sur la table il y a… Sur le fauteuil…*

B. Livre ouvert, faire écouter une première fois le dialogue. Les étudiants suivent sur l'illustration de la chambre.
Quels mots avez-vous entendus/compris ?
Faire préciser la situation : *Qu'est-ce que le mari demande à sa femme ?* (en langue maternelle)
(*De trouver le chapeau et le blouson de leur fille.*)

1 À gauche ? À droite ?

1 ▶ Faire écouter le dialogue une deuxième fois. Essayer de repérer les objets sur le dessin.

2 ▶ Demander aux apprenants d'associer les mots listés de a à g aux dessins de l'activité.

> **Corrigé**
> a4, b3, c5, d2, e7, f6, g1

UNITÉ 2 • LEÇON 5

➤ S'assurer que le sens est compris par des questions sur la place des objets dans la pièce.
Faire répéter quelques répliques afin de procéder à une première mise au point de l'audition et de la prononciation.

➤ Faire jouer le dialogue par groupes de deux.

ENTRAÎNEZ-VOUS

2 Qu'est-ce que c'est ?

Dans l'illustration en haut de la double page, montrer du doigt le chapeau et dire : *Qu'est-ce que c'est ?* Interroger la classe. (Réponse : *C'est un chapeau*.)

⚠ Se référer au tableau de grammaire *L'interrogation avec qu'est-ce que*, p. 24.

Aider les apprenants à répondre si nécessaire, puis répéter la phrase.
Procéder de la même façon pour les mots *affiche*, *blouson*, *vase* et *fleur*.

1 ➤ Faire observer l'illustration p. 25 qui introduit *derrière, devant, entre, au-dessous, au-dessus*.
Faire répéter ces mots et chercher des exemples :
– dans l'illustration : *Devant l'étagère, il y a un fauteuil…* ;
– dans la classe : *Contre le mur, il y a une affiche…*

⚠ Se référer au tableau de grammaire *Il y a* p. 24

⚠ Se référer au tableau de grammaire *Le pluriel des articles et des noms*, p. 24.
Faire remarquer que la forme plurielle des articles indéfinis (*des*) est valable à la fois pour le masculin et le féminin.
Faire noter la marque écrite du pluriel des noms (*-s*) et comparer avec la forme orale. À l'oral le nom est invariable. Dans notre cas, le pluriel est signalé par l'article pluriel (*des*). Devant un nom commençant par une voyelle, on fait une liaison en [z] (*des‿affiches*).

➤ Passer à l'exercice.
Demander aux apprenants de trouver l'objet et d'utiliser à chaque fois *un, une* ou *des*.
Pour les mots au pluriel, utiliser *ce sont…*
Préciser que la question *Qu'est-ce que c'est ?* ne peut être utilisée que pour des objets, et rappeler que, pour les personnes, on utilise *Qui est-ce ?*

> **Corrigé**
> a Ce sont des photos.
> b Ce sont des objets : un vase, un verre, une assiette…
> c C'est une étagère.
> d C'est un ordinateur.

2 ➤ Demander aux apprenants de continuer à jouer avec leur voisin(e), chacun interrogeant l'autre à tour de rôle.

> **Corrigé**
> Réponses possibles :
> • C'est sur le fauteuil. C'est un chat.
> • C'est sur la table, à droite du vase. C'est une assiette.
> • C'est sous les photos, dans le vase. Ce sont des fleurs.

3 Questions

➤ Demander aux apprenants de se référer à nouveau au tableau de grammaire *Le pluriel des articles et des noms*, p. 24.
Faire formuler des définitions (provisoires) de l'emploi des articles :
– l'article indéfini introduit un nom d'objet dont on parle pour la première fois ;
– l'article défini introduit le nom d'un objet dont on a déjà parlé. Il est utilisé aussi pour les objets uniques (*le soleil*) et a une valeur de généralisation (*j'aime le sport, la lecture*), mais on n'introduira ces usages que le moment venu.

➤ Passer à l'activité.
Faire remarquer que *il y a* est invariable.

> **Corrigé**
> 1 le, un, le
> 2 l', des, les
> 3 le, Un, le
> 4 Des, des
> 5 la, une, des, le

COMMUNIQUEZ

🎧 4 Au restaurant

➤ Avant l'écoute, demander aux apprenants de se référer au tableau de grammaire *Le verbe être au présent*, p. 24.
Préciser que le pronom personnel *vous* peut servir dans plusieurs situations :
– pour s'adresser de façon polie à une seule personne (voir unité 1, leçon 3, dialogue 2) ;
– pour s'adresser à plusieurs personnes.

➤ Passer à l'activité.
Faire écouter les trois dialogues. Après chaque dialogue, demander aux apprenants de dire où sont situées les personnes dans le restaurant.
On peut aussi demander de préciser le nombre de personnes ainsi que le numéro de table (quand il est mentionné).

Corrigé
1 Les trois personnes sont à gauche, à côté du fauteuil.
2 Les six personnes sont à droite de la porte, à la table 4.
3 Les quatre personnes sont sous le miroir, à gauche, à la table 7.

🔊 5 À vous !

> Demander aux apprenants de se référer à la rubrique *Savoir dire*, p. 25 : *Nommer des objets* et *Montrer et situer des objets*.

Faire travailler chaque apprenant avec son/sa voisin(e) : l'un dessine une pièce et la décrit, l'autre la dessine en suivant la description, puis on compare les dessins.

PRONONCEZ

Singulier ou pluriel ?

1 OBJECTIF : faire comprendre aux apprenants que l'on entend la différence entre le singulier et le pluriel grâce aux pronoms, aux formes des verbes et aux articles.

Corrigé
a pluriel
b pluriel
c singulier
d singulier
e pluriel

2 OBJECTIF : faire travailler les alternances de sons [ə]/[e], [a]/[e] et [y]/[e] *(le/les, la/les, du/des)* et la liaison en [z] comme marques du pluriel.

Corrigé
a Il y a des‿affiches au-dessus des fauteuils.
b Les fauteuils sont contre les murs.
c Les livres sont sur les‿étagères.
d Les photos sont sur les murs.

> Demander ce qui change dans la prononciation et ce qui indique le pluriel.

Corrigé
• Le verbe change (*est* devient *sont*).
• Les articles changent et, avec eux, les sons prononcés/entendus :
– on n'entend pas le son [s] à la fin des mots ;
– il y a une liaison en [z] entre les articles pluriels et les mots qui commencent par une voyelle.
Ce sont les articles, les verbes et les quelques liaisons en [z] qui indiquent le pluriel.
• *Il y a* ne change pas.

Activités autocorrectives du DVD-Rom
❼ Les pronoms personnels sujets

LEÇON 6

Portrait-robot

p. 26-27

- **Contenus socioculturels**
Les vêtements
Les couleurs

- **Objectifs communicatifs**
Exprimer la possession
Indiquer les couleurs

- **Objectifs linguistiques**
Grammaire
Les pronoms toniques *moi, toi, lui, elle, vous*
Avoir au pluriel du présent
La négation *ne… pas*
L'accord des adjectifs avec le nom
Les adjectifs possessifs au pluriel

Phonétique
La liaison en [z]

- **Savoir-faire**
Identifier quelqu'un

Mots nouveaux

autre chose – des baskets – blanc(he) – bleu(e) – blond(e) – brun(e) – des chaussures – une chemise – une couleur – d'accord – grand(e) – jaune – un jean – des lunettes – un manteau – noir(e) – un pantalon – petit(e) – porter – un portrait – un pull-over – une robe – rouge – un tee-shirt – vert(e) – un vêtement

DÉCOUVREZ

A. **Livre ouvert, faire observer l'illustration.**
Qui voit-on dans le rond ?
Grande illustration : *Qui sont les cinq hommes ? Pourquoi sont-ils dans un commissariat ?*
(Réponse en langue maternelle.)
Faire émettre des hypothèses sur la situation.
Le professeur, désignant des apprenants de la classe, dit : *X est grand, Y est blond, Z porte un pantalon noir…, X a un tee-shirt blanc…* de façon à faire entendre et comprendre quelques-uns des mots nouveaux du dialogue qu'on va écouter.
Montrer et mentionner des couleurs *(blanc, noir, bleu, vert, jaune, rouge)*.

B. **Livre fermé, faire écouter le dialogue p. 26.**
Demander aux apprenants de dire les mots qu'ils ont compris ou reconnus.

1 Ils sont grands ? petits ?

1 ▸ Faire écouter le dialogue une deuxième fois en donnant pour consigne d'identifier les deux hommes parmi les cinq portraits.

> **Corrigé**
> Ce sont les hommes 1 et 5.

2 ▸ Répartir les apprenants par groupes de deux.
Demander aux sous-groupes d'associer chacune des trois descriptions qu'ils vont entendre au portrait correspondant.
Faire écouter les descriptions (transcription, p. 116).
Laisser les apprenants associer portraits et descriptions.
Repasser l'enregistrement une deuxième fois.

> **Corrigé**
> a3, b4, c2

▸ Poser des questions sur les cinq hommes pour s'assurer que le sens est compris.
Qui a un tee-shirt blanc ? Qui porte un pantalon vert ?… Décrivez le n°…

33

➤ **Répétition et mise au point de la prononciation.**
Cette phase tend dorénavant à se confondre avec les précédentes, la correction de la prononciation pouvant intervenir à tout moment sous la forme d'une simple reprise par le professeur.

ENTRAÎNEZ-VOUS

2 Descriptions

➤ **Faire remarquer aux apprenants la phrase** *Sa chemise est verte*, **dans le premier dialogue.**
Demander pourquoi on dit *verte* et pas *vert*.
Faire observer la phrase *Il porte des chaussures noires*.
Demander aux apprenants de tirer des conclusions des deux exemples.
Réponse : l'adjectif s'accorde en genre (masculin ou féminin) et en nombre (singulier ou pluriel) avec le nom.
Faire lire les phrases et les faire compléter avec la bonne réponse.

Corrigé
1b, 2b, 3b, 4a, 5a

⚠ Se référer au tableau de grammaire *L'accord des adjectifs avec le nom*, p. 26.
Faire constater que l'accord se fait au masculin dans le cas du pluriel de noms de genres différents. (Cas de la phrase 4 : *L'homme et la femme sont petits*.)

3 Qu'est-ce que vous portez ?

➤ **Faire observer la phrase du dialogue :**
L'homme brun, lui, il a un blouson.
La remettre en contexte en disant : *L'homme blond porte un tee-shirt et l'homme brun, lui, il a un blouson*, tout en montrant les dessins.

⚠ Se référer au tableau de grammaire *Les pronoms toniques*, p. 26.
Prendre des exemples dans la classe : *Moi, j'ai un pantalon…* (la couleur réelle) *et lui, il porte… X porte une robe… et Y, elle, porte…* de façon à illustrer l'emploi de ces pronoms toniques.

➤ **Demander aux apprenants de se référer au tableau de grammaire** *La négation ne… pas*, **p. 26.**
Le verbe est inséré entre les deux parties de la négation.
Le *pas* est le plus important des deux. Le *ne* disparaît quelquefois en langue parlée informelle, mais le *pas* est toujours conservé.

➤ **Passer à l'activité libre par groupes de deux.**
Changer de rôle à chaque fois.

4 À qui est-ce ?

Demander d'associer les phrases numérotées de 1 à 5 aux phrases numérotées de a à e.

Corrigé
1d, 2b, 3a, 4e, 5c

5 À qui sont les vêtements ?

Faire lire l'exemple. La réponse aux questions doit être à la forme négative.
Illustrer la structure *ne… pas de* + nom.
Exemple : *X n'a pas de tee-shirt, mais il a une chemise bleue.*

Corrigé
1 Non, je n'ai pas son tee-shirt vert.
2 Non, je n'ai pas de chaussures noires/nous n'avons pas de chaussures noires.
3 Non, elle ne porte pas de robe.
4 Non, ils n'ont pas de chemise bleue.
5 Non, je n'ai pas ses baskets/nous n'avons pas ses baskets.

⚠ Se référer aux tableaux de grammaire *La négation : ne… pas* et *Le verbe avoir au présent*, p. 26.

COMMUNIQUEZ

6 Devinettes

Le professeur propose une première devinette.
Puis, production libre par groupes de deux.

PRONONCEZ

La liaison en [z]
OBJECTIF : faire entendre, puis prononcer la liaison en [z].

➤ **Faire écouter le premier item.**
Demander aux apprenants de le répéter exactement comme il est dit, en prononçant clairement la liaison en [z] et en syllabant (le son [z] appartient à la première syllabe du mot suivant).
Rappel : les syllabes ne respectent pas les frontières de mots.

Activités autocorrectives du DVD-Rom
❽ Les vêtements et les couleurs
❾ L'accord des adjectifs
❿ Les verbes *être*, *avoir* et *aller* au présent

LEÇON 7

Shopping

p. 28-29

- **Contenu socioculturel**
  Les achats

- **Objectifs communicatifs**
  Caractériser un objet
  Demander et indiquer le prix
  Exprimer des goûts

- **Objectifs linguistiques**
  Grammaire
  L'adjectif interrogatif *quel(le)*
  L'interrogation avec *comment, combien*
  Les adjectifs démonstratifs *ce(s), cet(te)*
  Phonétique
  Les liens entre les mots

- **Savoir-faire**
  Faire des achats

Mots nouveaux

ah bon ! – une boutique – ça – Ça fait combien ? – cher/chère – combien – comment – coûter – un euro – un fils – gris(e) – joli(e) – pas du tout – un prix – le shopping – un site Internet – une taille – très – un type

DÉCOUVREZ

A. Livre ouvert, faire observer l'illustration.
Dans une boutique, deux femmes choisissent des vêtements.

B. Livre fermé, faire écouter le dialogue.
Comme le dialogue est long, on peut le fractionner en trois parties :
– 1er paragraphe : accueil par la vendeuse ;
– jusqu'à *Oui, oui* : choix d'un pantalon ;
– jusqu'à la fin : paiement des achats.
Faire répéter chaque partie et mettre au point la prononciation.

Vérifier la compréhension de *Hum, hum. Pas très cher…*
Faire choisir entre ces différents sens :
a Ce n'est pas cher.
b C'est très cher.
c C'est plutôt cher./Ce n'est pas bon marché.
Dans le dialogue, le sens (c) est donné par l'intonation.
Transposer certaines répliques dans des situations créées en classe : désigner un pantalon porté par un membre de la classe et demander *Comment vous trouvez ce pantalon ?*, ou bien désigner une robe : *Cette robe, vous aimez ?*…

➤ **Faire jouer le dialogue.**

1 Qu'est-ce qu'elles cherchent ?

➤ Faire écouter le dialogue entier.

Corrigé
1 b et c, **2** a, **3** a, b et c, **4** b, **5** c, **6** a, **7** a

ENTRAÎNEZ-VOUS

2 Chacun ses goûts

> **Faire compléter les phrases avec un démonstratif :** *ce*, *cette* ou *ces*.

> **Corrigé**
> 1 ces
> 2 ce
> 3 Ces
> 4 Cette
> 5 ces

⚠ Se référer au tableau de grammaire *L'adjectif démonstratif*, p. 28.
Souligner les associations *ce* + nom masculin, *cette* + nom féminin et *ces* + nom pluriel.
Indiquer aussi l'existence de *cet* (*cet objet*, *cet homme*…).

3 Ils sont comment ?

> **Faire observer les questions suivantes.**
Comment est-ce que tu trouves ce pantalon ? Il y a quelles couleurs ? Et le gris, il coûte combien ?
⚠ Se référer aux tableaux de grammaire *L'adjectif interrogatif* **quel** (2) et *L'interrogation*, p. 28.

> **Passer à l'activité.**
Les apprenants lisent les cinq réponses.
Leur demander de trouver la ou les question(s) à l'origine de chaque réponse.

> **Corrigé**
> Réponses possibles :
> 1 Quelle est la couleur de cette robe ?
> 2 Il coûte combien ?/Quel est le prix de ces deux pantalons ?
> 3 Comment est-ce que tu trouves ce pantalon/cette robe ?
> 4 Vous avez quelles couleurs, s'il vous plaît ?
> 5 Le pull, il est comment ?

L'interrogation sur la quantité avec *combien* sera étudiée à la leçon 17.

4 De 70 à 1 000

> **Faire une révision rapide des nombres de 0 à 62.**
Écrire des nombres au tableau et demander à la classe de les lire. On peut aussi organiser une dictée de nombres : dire des nombres et les faire écrire par les apprenants.

> **Passer à l'activité.**
Faire écouter l'enregistrement et écrire les nombres enregistrés au tableau.
Faire répéter ces nombres.

Attirer l'attention des apprenants sur *soixante et onze*, *quatre-vingt-un*, *quatre-vingt-onze*, *cent un*, *cent onze*, *deux cent un*… qui diffèrent de *vingt et un*, *trente et un*, *quarante et un*, *cinquante et un* et *soixante et un*.
Demander aux apprenants de compléter oralement la liste de nombres (*73, 74, 75, 76, 77, 78, 79… 83, 84…*).
Faire remarquer la présence d'un *s* à la fin de *quatre-vingts*, *deux cents*, *trois cents*. Ce *s* disparaît quand un autre chiffre les suit : *quatre-vingt-deux*, *deux cent douze*.
Les chiffres doivent être appris pas cœur et régulièrement révisés.

COMMUNIQUEZ

🎧 5 Quel est le prix ?

> **Avant l'écoute, faire observer l'illustration.**
Un site Internet de vente par correspondance propose différents articles. Faire observer les photos des articles.
Donner pour consigne aux apprenants de noter le prix de chacun des articles.
Faire écouter les trois enregistrements en marquant une petite pause avant chaque nouvel énoncé.
réf. = référence

> **Corrigé**
> 1 réf. M 958 – 1 380 €
> 2 réf. S 162, noir – 79 €
>   réf. S 162, rouge – 87 €
> 3 réf. T 751, gris – 276 €

🎭 6 Jeu de rôles

> **Préparation au jeu de rôles**
Mettre les apprenants en sous-groupes.
Leur demander de se référer à la rubrique *Savoir dire*, p. 29 : *Caractériser un objet* et *Demander et indiquer le prix*.

> **Passer au jeu de rôles.**
Chaque apprenant interroge son partenaire sur l'un des trois articles.
Production libre.

PRONONCEZ

Les liens entre les mots

OBJECTIF : faire constater qu'à l'oral les mots ne sont pas séparés les uns des autres comme pourrait le faire croire l'écrit.

UNITÉ 2 • LEÇON 7

Repérage :
– des liaisons en [t] et en [n] ;
– des enchaînements consonantiques *(elle a)* et vocaliques *(tu as un), (objet et), (amie a une)*. La voix ne s'interrompt pas : tous les éléments de l'énoncé sont liés. On réagira contre la tendance qu'a l'apprenant qui déchiffre un texte écrit à détacher les mots.
Conséquence : ne faire lire que des énoncés parfaitement compris en insistant sur une prononciation fluide.

> **Faire écouter et répéter les cinq énoncés en marquant une pause entre chacun d'eux.**

Corrigé
1 Tu as un‿ami français ?
2 Cet [t] objet est très beau !
3 Son‿amie a une [n] affiche.
4 Cette [t] étagère est grande ?
5 Elle [l] a un petit‿ami.

La liaison est obligatoire à l'intérieur des groupes rythmiques mais pas entre les groupes.
L'enchaînement, à la différence de la liaison, se produit entre les groupes.

Activités autocorrectives du DVD-Rom
⓫ L'interrogation (1)
⓬ L'adjectif démonstratif

LEÇON 8 — Le coin des artistes
p. 30-31

- **Contenu socioculturel**
  L'art et le cinéma : quelques artistes français

- **Savoir-faire**
  Comprendre un texte court

- **Objectif communicatif**
  Montrer et situer des personnes

Mots nouveaux

un(e) artiste – (au) centre (de) – un écrivain – un film – un lit – un(e) musicien(ne) – une orange – un peintre – un poème – un poète – un sculpteur – un tableau – un tapis

DÉCOUVREZ

1 La vie en rose

Demander aux apprenants s'ils ont vu le film *La Môme* (= *la petite fille*, surnom d'Édith Piaf) ?

> **INFOS**
> Dans *La Môme*, Marion Cotillard joue le rôle d'Édith Piaf, la grande chanteuse populaire. Le film a eu un succès international.

Corrigé
Réponse libre.
Réponse possible pour la photo b :
Il y a trois personnes sur la photo. La Môme a un homme à sa droite (l'acteur Gérard Depardieu) et une femme à sa gauche.
Les deux femmes parlent. Elles rient *(mot nouveau)*.

2 Quelle photo ?

Corrigé
1b, 2e

3 Mais qui sont-ils ?

▶ **Faire travailler les apprenants en sous-groupes.**
Leur faire lire plusieurs fois le texte f.
Leur demander de compléter le tableau en attribuant sa profession à chacun des artistes mentionnés.

Corrigé
De gauche à droite : Colette (écrivain), Henri Matisse (peintre), Guillaume Apollinaire (poète), Camille Claudel (sculpteur), Claude Debussy (musicien).

Faire remarquer aux apprenants que les noms de profession mentionnés sont au masculin, que l'artiste soit un homme ou une femme (sauf *musicien/musicienne*). On peut dire aussi *écrivaine*.

> **POUR ALLER PLUS LOIN**
> Demander aux apprenants de faire des recherches sur ces artistes (en bibliothèque, sur Internet…) et de présenter rapidement, en français, quelques-unes de leurs œuvres (reproduction de sculptures, de tableaux, affiches, livres empruntés à la bibliothèque, disques…).

UNITÉ 2 • LEÇON 8

COMMUNIQUEZ

4 Et encore ?

> Demander aux apprenants de citer les noms d'artistes français, contemporains ou non, qu'ils connaissent.

> Écouter les noms mentionnés, les écrire au tableau puis les classer par catégorie : chanteur, acteur, dessinateur, musicien, mannequin, homme politique, etc.

INFOS

- **Guillaume Apollinaire** (Wilhelm Apollinaris de Kostrowitzky, dit) (1880-1918) : écrivain français, d'origine italienne et polonaise. Il fut le poète de toutes les avant-gardes artistiques (*Alcools*, 1913 ; *Calligrammes*, 1918), un théoricien (*L'Esprit nouveau et les poètes*, 1917) et un précurseur du surréalisme (*Les Mamelles de Tirésias*, 1917).
- **Camille Claudel** (1864-1943) : sculpteur français, sœur de l'écrivain et diplomate Paul Claudel. Elle fut l'élève et la compagne de Rodin. On compte, parmi ses œuvres les plus marquantes : *L'Abandon* (1888) ; *L'Âge mur* (1899). Elle passa les trente dernières années de sa vie dans un asile d'aliénés.
- **Colette** (Sidonie Gabrielle Colette, dite) (1873-1954) : écrivain français. Elle fut également comédienne de music-hall et journaliste. Elle a écrit, entre autres, la série des *Claudine* (1900-1903), *Chéri* (1920), *Sido* (1930), *Gigi* (1944).
- **Claude Debussy** (1862-1918) : compositeur français, auteur de *Prélude à l'après-midi d'un faune* (1894), *Pelléas et Mélisande* (1902), *La Mer* (1905), *Le Martyre de saint Sébastien* (1911). Ses recherches harmoniques, son art évocateur, ses *Préludes*, ses *Études pour piano*, son ballet *Jeux* (1912) ont renouvelé le langage musical.
- **Henri Matisse** (1869-1954) : peintre français. Maître du fauvisme, qu'il dépasse amplement, il est l'un des plus brillants plasticiens du XXe siècle. Son œuvre comporte dessins, collages, gravures, sculptures, vitraux. Il est représenté dans les musées du monde entier. En France, deux musées lui sont consacrés, au Cateau-Cambrésis et à Nice.

POUR ALLER PLUS LOIN

Faire travailler les apprenants en sous-groupes. Leur demander de citer leurs artistes préférés (toutes nationalités confondues) pour chacune des catégories de l'activité 4.

5 Poème

> Faire lire le court poème de Jacques Prévert. En profiter pour faire travailler la prononciation, la syllabation et le rythme.

Corrigé
Réponse possible :
Une fleur dans le vase
Ta photo sur le mur
Et toi devant moi

POUR ALLER PLUS LOIN

Demander aux apprenants de faire des recherches sur l'auteur.
Leur demander d'écrire un court poème inspiré du poème de Prévert.
Production libre.

INFOS

Jacques Prévert (1900-1977) : écrivain français. Poète formé par le surréalisme, ironique et iconoclaste. Il a écrit de nombreux recueils de poèmes : *Paroles* (1946), *Spectacle* (1951), *La Pluie et le Beau Temps* (1955), *Hebdromadaires* (1972). Mis en musique, quelques-uns de ses textes sont devenus des chansons à succès : « En sortant de l'école » (1945), « Les feuilles mortes » (1946), « Barbara » (1954). Il a écrit les scénarios et les dialogues d'un nombre considérable de films, dont les plus célèbres furent réalisés par son frère ou par Marcel Carné : *L'affaire est dans le sac* de Pierre Prévert (1932), *Le Quai des brumes* de Marcel Carné (1938), *Les Enfants du paradis* de Marcel Carné (1945), *Le Roi et l'Oiseau*, dessin animé de Paul Grimault (1980).

Savoir-faire (corrigés)

p. 32

1 À l'aéroport

Production possible :
Alors, je suis grand et blond. J'ai des lunettes. Je porte une chemise blanche, un pantalon noir et un blouson marron. Et j'ai des chaussures noires.

2 Ma chambre

Production possible :

De : luc.rego@yahoo.fr
À : famillerego@yahoo.fr

Bonjour maman, bonjour papa,
Chez le frère de mon ami, j'ai une très jolie chambre. Le lit est contre le mur. Au-dessus du lit, il y a une belle affiche. L'étagère avec les livres est à côté de la fenêtre. Sous l'étagère, il y a une table et une chaise, avec un vase et des fleurs. Le fauteuil est entre le lit et la porte. C'est sympa !

3 Photo de classe

Je suis une fille. Je porte un jean bleu et un pull rose.
2e rangée, 4e à partir de la gauche ou 6e à partir de la droite.

4 Commandez en ligne.

Production possible :
– Tu cherches une robe, une jupe ou un pull ?
– Le pull est joli, non ?
– Oh non, je n'aime pas du tout !
– Moi, je n'aime pas les jupes, alors, je vais commander la robe.
– Combien elle coûte ?
– Quarante-cinq euros, ce n'est pas très cher.
– C'est vrai, et il y a quelles couleurs ?
– Bleu et rouge. J'aime bien le rouge. Bon, alors, je commande la robe rouge en taille 40.

UNITÉ 3   Ça se trouve où ?

LEÇON 9   Appartement à louer

p. 34-35

- **Contenu socioculturel**
  L'environnement des Français

- **Objectifs communicatifs**
  Situer un lieu sur un plan
  S'informer sur un lieu
  Décrire un appartement

- **Objectifs linguistiques**
  Grammaire
  Les pronoms toniques au pluriel
  Les prépositions + nom
  L'interrogation avec *où*
  Phonétique
  L'articulation tirée et arrondie

- **Savoir-faire**
  Comprendre une annonce immobilière

Mots nouveaux

une agence immobilière – ancien(ne) – un appartement – un ascenseur – au bout (de) – bruyant(e) – un bureau *(meuble)* – calme – chez – clair(e) – au coin (de) – un couloir – une cuisine – dernier/dernière – deuxième – une douche – une entrée – un étage – en face (de) – un immeuble – louer – meilleures salutations – un mètre carré – un mois – où – un parking – une petite annonce – un placard – un plan – premier/première – près de – récent(e) – un(e) responsable – un rez-de-chaussée – une salle de bains – un salon – un séjour – sombre – des toilettes

DÉCOUVREZ

Livre ouvert, faire observer les illustrations.
De quoi s'agit-il ? (Commentaire en langue maternelle.)
Qui a mis l'annonce ? (Le responsable de l'agence Loca-loisirs.)
À l'attention de qui ? (À l'attention des gens qui cherchent un appartement à louer.)

Corrigé
1 a2 C'est une petite annonce pour un appartement à louer près du centre de Tours.
b1 Loca-loisirs, 28, rue Michelet, à Tours.
www.loca-loisirs@club-internet.fr
2 02 47 08 60 70
3 550 € par mois

1 Petite annonce

1 ▸ Faire lire la petite annonce.
Donner la signification des mots nouveaux que les apprenants ne peuvent pas deviner : *clair, calme, 550 € par mois*. Pour les pièces de l'appartement, s'aider du dessin.

> **INFOS**
> L'appartement est annoncé avec seulement 2 pièces. On ne compte pas la cuisine, la salle de bains et les toilettes comme pièces.

2 ▸ Faire lire l'e-mail de Loca-loisirs.
Puis, demander aux apprenants d'associer chacune des six abréviations au mot qui lui correspond.

Corrigé
a étage
b chambre
c cuisine
d salle de bains
e immeuble
f parking

3 ▸ Associer les prépositions de lieu aux dessins.

Corrigé
a3, b2, c4, d1

2 Où sont les pièces ?

▸ **Demander aux apprenants de se référer au tableau de grammaire** *L'interrogation avec* où, p. 35.
Interroger ensuite les apprenants en disant :
Où est la cuisine ? Où est la chambre ?…

▸ **Faire observer le plan de l'appartement.**
Montrer l'entrée. Puis faire trouver le nom des pièces en posant des questions :
Quelle pièce est à gauche de l'entrée ? En face de la cuisine, qu'est-ce qu'il y a ? Au bout du couloir (geste), *quelle pièce il y a ? À droite ? Et à gauche ?*
Où se trouve l'immeuble ? Au coin de quelles rues ?
Est-ce qu'il y a un parking pour les voitures ?
Donner la traduction de *placard*, *étage*, *ascenseur* et *bureau* (meuble), mots que les apprenants ne peuvent deviner. (*Bureau* a déjà été vu dans le sens de pièce.)
L'appartement est à quel étage ?…
(Si le sens des mots n'est pas clair pour tous les apprenants, demander à ceux qui ont compris de mimer ce que l'on fait dans ces pièces. À défaut, c'est le professeur qui mime.)
Quels meubles est-ce qu'il y a dans la chambre ?

▸ **Faire écouter le dialogue.**
Il n'est pas nécessaire de suivre la procédure complète décrite pour les premières leçons. Le dialogue est court et ne présente pas de difficultés particulières, les mots nouveaux ayant été vus lors des activités précédentes. On se contentera d'une rapide vérification de la compréhension.
Qui pose les questions ? À qui ? À propos de quoi ?
Qu'est-ce que Monsieur Soisson demande ?…

▸ **Faire réécouter et jouer le dialogue par groupes de deux.**

ENTRAÎNEZ-VOUS

⚠ Se référer au tableau de grammaire *Préposition + nom*, p. 35.
Présenter les deux nouvelles prépositions : *avec* et *pour*.
Donner des exemples : *Je cherche un appartement pour une amie. Je cherche une chambre avec deux grands lits. C'est un appartement avec deux placards…*
Attirer l'attention sur l'expression *à côté de chez vous*.
Puis utiliser une phrase réemployant le mot *chez* (*Dans cet appartement, la chambre est au bout du couloir ; chez moi, elle est à côté du séjour. Et chez vous/chez toi ?*).

3 Du premier au dernier étage

▸ **Dessiner, au tableau, un immeuble stylisé.**
Désigner le rez-de-chaussée, puis le premier étage, le deuxième, etc.
Insister sur la prononciation des mots *deuxième* [døzjɛm] et *troisième* [tʀwazjɛm].
Continuer à faire monter l'ascenseur et demander aux apprenants de continuer l'énumération : *quatrième, cinquième, sixième… dernier étage.*

▸ **Faire observer la composition des nombres ordinaux (qui servent à classer) : nombre cardinal + -ième.**
Faire trouver l'ordinal correspondant à *vingt-cinq, trente, quarante et un…*
Seul *premier* et *dernier* dérogent à la règle.

INFOS

La notion de **rez-de-chaussée** n'existe pas dans certains pays, le niveau de la rue étant désigné comme premier niveau. Dans ce cas, le premier étage correspond au deuxième niveau. Le faire remarquer aux apprenants des pays concernés.

---

4 Les contraires

▸ **Faire travailler les apprenants par groupes de deux.**
Leur demander de trouver le contraire de chacun des adjectifs.

Corrigé
1c, 2b, 3a, 4d

Faire remarquer que les adjectifs *calme* et *sombre* ne varient pas en genre.

UNITÉ 3 • LEÇON 9

5 Comparaisons

➤ **Demander aux apprenants de se référer au tableau de grammaire *Les pronoms toniques au pluriel*, p. 35.**
Faire réviser toute la série des pronoms : *moi, toi, lui/elle, nous, vous, eux/elles.*
Demander aux apprenants de lire l'exemple de l'activité et de l'adapter aux différentes phrases.

> **Corrigé**
> 1 Près de chez vous, il y a une rue bruyante.
> 2 Chez elles, l'ascenseur est récent.
> 3 Chez moi, la cuisine est très petite.
> 4 Au-dessus de chez nous, le voisin est calme.
> 5 Chez moi, la chambre et le séjour sont clairs.

COMMUNIQUEZ

6 À vous !

➤ **Préparation au jeu de rôles**
Faire travailler les apprenants par groupes de deux.
Se référer à la rubrique *Savoir dire*, p. 35 : *Situer un lieu sur un plan* et *S'informer sur un lieu.*
Faire réfléchir les apprenants sur les expressions à utiliser.

➤ **Passer au jeu de rôles.**
Production libre.

PRONONCEZ

Articulation tirée, articulation arrondie

OBJECTIF : faire travailler l'articulation des sons [i], [y], [u] – [e], [ø], [o] – [ɛ], [œ] et [ɔ]. Passer des voyelles antérieures aux lèvres tirées aux voyelles postérieures aux lèvres arrondies.
La série intermédiaire [y], [ø], [œ] combine la position de langue des voyelles antérieures lèvres tirées [i], [e], [ɛ] et l'arrondissement des lèvres.
Faire prendre conscience du fait que l'articulation des voyelles doit être nette et tendue.

➤ **Faire écouter la première série de paires minimales.**
On appelle paire minimale deux mots qui ne diffèrent l'un de l'autre que par un seul son. La paire minimale permet de discriminer les phonèmes d'une langue *(si/su, matin/malin).*
Demander aux apprenants de répéter chaque paire minimale après l'avoir entendue.
Le professeur pourra lire lui-même cette première série (transcription, p. 116) en donnant pour consigne aux apprenants d'observer son articulation (position des lèvres) et de l'imiter.
Recommencer l'exercice si nécessaire.
Passer à la deuxième puis à la troisième série en procédant de la même façon.

Activités autocorrectives du DVD-Rom
- Les prépositions
- Les pronoms toniques

LEÇON 10

C'est par où ?

p. 36-37

- **Contenu socioculturel**
  L'environnement des Français

- **Objectifs communicatifs**
  Demander son chemin
  Indiquer une direction
  Indiquer un moyen de transport

- **Objectifs linguistiques**
  Grammaire
  L'impératif
  Prendre au présent
  Les prépositions et articles contractés
  L'adverbe *y*

  Phonétique
  Les liaisons et les enchaînements

- **Savoir-faire**
  Demander et indiquer un chemin

Mots nouveaux

après – arriver – une avenue – une banque – une bibliothèque – bien sûr – un bus – un chemin – continuer – une cour – devant – direct – (tout) droit – une école – ensuite – entrer – une fac(ulté) – un jardin – jusqu'à – là – une ligne (de métro/de bus) – loin – long(ue) – un magasin – le métro – une moto – un musée – passer – à pied – une place – un pont – la poste – prendre – une pyramide – des rollers – tourner – le travail – traverser – un vélo – un Vélib – une voiture

DÉCOUVREZ

Livre ouvert, faire examiner le plan.
De quelle ville s'agit-il ? Qu'est-ce qui l'indique ?
Demander aux apprenants s'ils ont entendu parler du musée du Louvre, de la Seine ou de l'Opéra de Paris.

1 C'est par où ?

1 ▶ Faire repérer sur le plan les éléments mentionnés dans la consigne.

Corrigé
Réponses possibles :
- Les Galeries Lafayette sont sur le boulevard Haussmann.
- Le jardin des Tuileries est entre la Seine et la rue de Rivoli.
- Il y a une banque rue Auber.
- L'avenue de l'Opéra va de l'Opéra à la place André-Malraux.

▶ Faire écouter le dialogue.
Les apprenants suivent le chemin indiqué sur le plan en même temps qu'ils écoutent le dialogue.
Demander aux apprenants d'expliquer, en langue maternelle, comment ils ont fait pour arriver jusqu'au Louvre.

▶ Repasser l'enregistrement.
Expliquer ce qui n'est pas encore compris.
Demander aux apprenants de lire (faire quelques remarques de prononciation à cette occasion) et de jouer le texte par groupes de deux.
Remarque : la succession des phases de la partie *Découvrez* décrite en détail dans les premières leçons est conservée, mais il n'est plus indispensable de séparer aussi nettement les activités.

UNITÉ 3 • LEÇON 10

ENTRAÎNEZ-VOUS

2 La bonne direction

> Se référer aux trois premiers tableaux de grammaire, p. 36.

Faire observer les trois radicaux du verbe *prendre* (prend-, pren-, prenn-) ainsi que les terminaisons au présent.
Puis faire noter l'absence de pronom personnel à l'impératif.
Faire ensuite observer le tableau *Prépositions et articles contractés*.

> Passer à l'activité.

Demander aux apprenants d'écouter/lire le dialogue une nouvelle fois.
Faire associer les éléments de la colonne gauche aux éléments de la colonne droite.

> **Corrigé**
> 1g, 2e, 3c, 4b, 5f, 6d, 7a

Demander aux apprenants d'expliquer pourquoi *vous arrivez* peut être suivi de *à* ou de *au*.
(Réponse : *vous arrivez à la* + mot féminin, *vous arrivez au* + mot masculin.)

3 Du *vous* au *tu*

> Demander aux apprenants de transformer les indications en passant du *vous* au *tu*.

Cela concerne les verbes (comme dans l'exemple), mais aussi les adjectifs possessifs.
Faire observer l'exemple.

> **Corrigé**
> Prends la rue en face de toi, puis continue tout droit. Va jusqu'à la rue de Rivoli. Traverse la rue et passe dans la cour du Louvre. Tourne à gauche : entre dans le musée sous la Pyramide.

⚠ Se référer au tableau de grammaire *L'impératif*, p. 36, pour passer du vouvoiement au tutoiement.

4 Vous allez où ?

> Faire observer l'exemple.

Demander aux apprenants de répondre aux cinq questions comme dans l'exemple.

> **Corrigé**
> 1 Oui, elle y est.
> 2 Oui, j'y passe.
> 3 Oui, il y entre.
> 4 Oui, nous y arrivons.
> 5 Oui, nous y allons.

⚠ Se référer au tableau de grammaire *L'adverbe y*, p. 36.

> Faire observer que *y* (= *à/dans/chez* + lieu) a une fonction d'adverbe.
L'adverbe *y* remplace un complément de lieu.

COMMUNIQUEZ

🗣 5 Quel est le moyen de transport ?

1 > Demander aux apprenants d'observer les dessins et de lire les légendes.

2 > Poser la question de l'exercice : *En général, comment allez-vous à l'école ou au travail ?*

> **Corrigé**
> Réponses possibles :
> En général, je vais au travail à vélo/à pied/en métro.
> Je vais à l'école à pied. Je vais à l'université en voiture/à moto.

3 > Faire écouter les trois minidialogues.
Proposer aux apprenants de dessiner le tableau suivant et de le compléter au fur et à mesure de l'écoute des dialogues.

	Où va la personne ?	Avec quel moyen de transport ?
1		
2		
3		

Faire écouter les dialogues une deuxième fois pour vérifier les réponses.

> **Corrigé**
>
> | | Où va la personne ? | Avec quel moyen de transport ? |
> |---|---|---|
> | 1 | à la gare | en bus (ligne 10) |
> | 2 | à la poste | à pied |
> | 3 | au lycée | en métro |

> Demander aux apprenants de lire et de jouer à deux ces trois dialogues (transcription, p. 116).

🗣 6 Quel est le chemin ?

> **Préparation au jeu de rôles**

Faire travailler les apprenants par groupes de deux.
Se référer à la rubrique *Savoir dire*, p. 37 : *Demander son chemin*, *Indiquer la direction* et *Indiquer le moyen de transport*.
Faire réfléchir les apprenants sur les expressions à utiliser.
Faire travailler les apprenants avec le plan en partant des Galeries Lafayette.

Corrigé
- Poste : prenez la rue Scribe en face de vous et tournez à gauche dans la rue Auber.
- Jardin des Tuileries : prenez la rue Scribe, tournez à gauche dans la rue Auber, vous arrivez place de l'Opéra. Prenez l'avenue de l'Opéra jusqu'au bout et traversez la rue de Rivoli.
- Bibliothèque : prenez la rue Scribe, tournez à gauche dans la rue Auber, vous arrivez place de l'Opéra. Prenez l'avenue de l'Opéra, tournez à gauche dans la rue des Petits-Champs. La bibliothèque est au coin de la troisième rue, à gauche.
- Place Vendôme : prenez la rue Scribe, tournez à gauche dans la rue Auber, allez jusqu'à la place de l'Opéra puis tournez à droite dans la rue de la Paix. Vous arrivez place Vendôme.

PRONONCEZ

Liaisons et enchaînements

OBJECTIF : faire repérer, prononcer et systématiser les liaisons en [z] et les enchaînements.

1 ▸ Faire écouter l'exemple.
Demander aux apprenants de le répéter en prononçant clairement les liaisons en [z] : *vous‿avez*. Procéder ainsi pour les cinq énoncés.
Écrire si nécessaire les énoncés au tableau en soulignant bien les liaisons en [z].

Corrigé
a Vous‿êtes des‿étudiants.
b Vous‿avez des‿affiches ?
c Vous‿allez chez vos‿amis.
d Elles‿ont des‿euros.
e Ils‿entrent dans‿un hôtel.

2 ▸ Faire écouter l'exemple.
Demander aux apprenants de le répéter en prononçant clairement l'enchaînement : *elle* [l] *a*. Procéder de la même manière pour les cinq énoncés. Écrire si nécessaire les énoncés au tableau en soulignant bien les enchaînements.

Corrigé
a Il [l] est à l'hôtel.
b Elle [l] a un chat.
c Il [l] y a un musée.
d Il [l] entre à l'université.
e Elle [l] habite au troisième [m] étage.

Dans la **liaison**, une consonne qui n'est pas prononcée quand le mot est isolé *(vous)* est prononcée dans l'énoncé quand le mot suivant commence par une voyelle. La liaison se fait **à l'intérieur des groupes rythmiques**.
Dans l'**enchaînement**, les sons finaux (consonne ou voyelle) sont prononcés quand les mots sont isolés. La voix ne s'interrompt pas entre les mots dans la prononciation des énoncés. L'enchaînement se produit **à l'intérieur des groupes rythmiques et entre eux**.

Activités autocorrectives du DVD-Rom
⑮ L'impératif
⑯ Prépositions et articles contractés
⑰ *Y* et le verbe *aller*

LEÇON 11

Bon voyage !

p. 38-39

- **Contenus socioculturels**
  L'environnement des Français
  Découverte touristique d'un département d'outre-mer (la Martinique)

- **Objectifs communicatifs**
  Situer un lieu sur une carte
  Donner un conseil

- **Objectifs linguistiques**
  Grammaire
  C'est + lieu/+ article + nom/+ adjectif
  Les prépositions de lieu
  On

  Phonétique
  Les liaisons interdites

- **Savoir-faire**
  Présenter des informations touristiques

Mots nouveaux

un aéroport – une agence de voyages – l'air conditionné – (au) bord (de) – une carte – un circuit – un conseil – l'est – un hélicoptère – une île – un jour – une mer – une montagne – le nord – l'ouest – parfait – une piscine – une plage – une réception – un restaurant – le sud – une télévision – une terrasse – une ville – visiter – un voyage – un week-end

DÉCOUVREZ

Livre ouvert, faire observer la carte de la Martinique.
Qu'est-ce que vous voyez sur l'illustration ? (La Martinique, une île, un hôtel au bord de la mer avec une grande piscine, une plage…)
Que vous suggère cette illustration ? (Des vacances dans un pays chaud.)
Enseigner les mots nouveaux que les apprenants vont retrouver dans le dialogue.

1 C'est où ?

▶ **Faire observer la carte de la francophonie, p. 143.**
Demander aux apprenants de situer l'île de la Martinique, comme dans l'exemple.

⚠ Se référer au tableau de grammaire *C'est*, p. 38.

Corrigé
Réponse possible :
L'île de la Martinique est dans les Antilles, en face de l'/à l'est de l'Amérique, à côté de la Guadeloupe, dans la mer des Caraïbes.

2 Une semaine à la Martinique

1 ▶ Demander aux apprenants de cacher le dialogue en haut de la double page.
Faire lire les questions de l'exercice 1 (a, b et c) pour qu'ils aient une tâche précise à remplir pendant l'écoute.
Puis, faire écouter le dialogue.
Un apprenant lit les questions posées dans l'exercice.

Corrigé
a Les deux personnes sont dans une agence de voyages.
b À l'hôtel La Marina, il y a deux bars, deux restaurants, des boutiques et une piscine. Dans la chambre, il y a une salle de bains, le téléphone, la télévision, l'air conditionné et une terrasse en face de la mer.

47

Faire observer la carte de l'île en haut de la page.

> **Corrigé**
> c Fort-de-France est à l'ouest de l'île. Saint-Pierre est au nord de l'île. Sainte-Luce est au sud de l'île.

⚠ Se référer au tableau de grammaire *Les prépositions de lieu*, p. 38.
La mise au point phonétique se fait dorénavant au fur et à mesure des besoins.

2 ▶ **Demander aux apprenants de lire le dialogue.**

> **Corrigé**
> a *On = nous*

⚠ Se référer au tableau de grammaire *On*, p. 38.

POUR ALLER PLUS LOIN

Demander aux apprenants de situer leur pays par rapport aux pays voisins et la ville où ils se trouvent par rapport aux grandes villes du pays.
Faire jouer (de mémoire, si possible) quelques répliques du dialogue.

ENTRAÎNEZ-VOUS

3 Conseils

Apprendre les mots illustrés.
Faire lire les différents items de l'exercice et demander aux apprenants d'associer les quatre conseils numérotés de a à d aux énoncés numérotés de 1 à 4.

> **Corrigé**
> 1b, 2d, 3c, 4a

4 Où et comment ?

> **Corrigé**
> 1 au sud de, au bord de
> 2 à, en
> 3 sur, en
> 4 dans, en face de/au bord de
> 5 à/au sud de

COMMUNIQUEZ

🎧 5 Quel hôtel choisir ?

▶ Faire lire les questions 1 et 2 de l'activité, puis faire écouter le dialogue.

> **Corrigé**
> 1 L'hôtel Continental est au sud, l'hôtel Pacifique est à l'ouest. L'hôtel Pacifique est au bord de la mer, l'hôtel Continental a une piscine. Les chambres de l'hôtel Pacifique ont une terrasse et la télévision, pas les chambres du Continental.
> 2 La personne de l'agence conseille l'hôtel Pacifique : il est au bord de la mer et est très sympa.

▶ **Demander aux apprenants de consulter la transcription de ce dialogue, p. 116, puis de jouer la scène par groupes de deux.**

🗣 6 À vous !

▶ **Préparation au jeu de rôles**
Faire travailler les apprenants en groupes.
Faire lire la consigne de l'activité.
Leur faire consulter la rubrique Savoir dire, p. 39 : *Situer un lieu sur une carte* et *Donner un conseil*.

▶ **Passer au jeu de rôles.**
Production libre.

PRONONCEZ

Liaisons interdites

OBJECTIF : souligner qu'on ne fait pas de liaisons entre les groupes rythmiques.

▶ **Faire écouter le premier énoncé.**
Faire remarquer qu'il n'y a pas de liaison en [z] entre le verbe et son complément s'il constitue un autre groupe rythmique.
Un phénomène d'hypercorrection se produit depuis quelque temps en réaction au laisser-aller dans le langage de certaines émissions. On entend aujourd'hui de plus en plus souvent, à la radio et à la télévision, dans un français qui se veut châtié, la liaison entre le verbe et son complément indirect dont on ne fait plus qu'un seul groupe et même quelques liaisons entre groupes !

> **Corrigé**
> 1 [nuzalɔ̃ // alaplaʒ]
> 2 [vuzɛt // apje]
> 3 [vuzale // alotɛl]
> 4 [vuzave // ynʃɑ̃bʀ]
> 5 [vizite // apje]

💿 Activités autocorrectives du DVD-Rom

⑱ Le pronom *on*
⑲ La ville de Montréal

LEÇON 12

Marseille

p. 40-41

- **Contenu socioculturel**
Découverte touristique d'une ville française (Marseille)

- **Savoir-faire**
Comprendre des informations touristiques

- **Objectif communicatif**
Décrire un lieu

Mots nouveaux

l'art contemporain – l'archéologie – un avion – un bateau – une carte postale – un château – contemporain – une destination – une gare – gratuit(e) – une heure – l'histoire – un hôtel de ville *(une mairie)* – intéressant – un kilomètre – moderne – un office du tourisme – un palais – un port – une prison – un quai – un quartier *(de ville)* – un renseignement – un TGV *(train à grande vitesse)* – un train

DÉCOUVREZ

1 Marseille, c'est où ?

▶ **Faire observer la carte de France, p. 144.**
Demander à la classe de dire où se trouve la ville de Marseille.

> **Corrigé**
> Marseille est au sud de la France, au bord de la mer Méditerranée.

2 Vrai ou faux ?

▶ **Faire observer les photos et lire le texte de présentation de la ville de Marseille.**

> **Corrigé**
> 1 Faux. C'est à 790 kilomètres.
> 2 Vrai.
> 3 On ne sait pas.
> 4 Vrai.
> 5 Vrai.
> 6 Faux. Il y a le TGV Méditerranée.

3 Où vont-ils ?

▶ **Faire observer le plan du centre de Marseille et repérer le musée Cantini.**

▶ **Faire écouter l'enregistrement.**

> **Corrigé**
> • La première personne va au fort Saint-Jean.
> • La deuxième personne va au musée d'Archéologie.

▶ **Demander aux apprenants d'imaginer la question que les personnes ont posée pour avoir ces renseignements.**

> **Corrigé**
> Réponses possibles :
> C'est où le fort Saint-Jean ?/Pardon, madame, pour aller au fort Saint-Jean ?/Pardon, monsieur, je cherche le musée d'Archéologie.

COMMUNIQUEZ

4 Carte postale

> **Faire lire la carte postale d'Audrey.**

Demander aux apprenants d'écrire une carte postale de Marseille à un(e) ami(e).

Corrigé
Réponse possible :
Cher Luigi,
Comment vas-tu ? Je suis à Marseille, dans le sud de la France, avec mon amie Isabelle. Cette ville est très sympa. Nous habitons à l'hôtel Concorde, près du Vieux-Port. Nous sommes dans une grande chambre au premier étage. La rue est bruyante : nous sommes au-dessus d'un bar. Avec Isabelle, on visite les musées : ils sont intéressants et pas chers ! Maintenant, la mer est calme : nous allons visiter les îles du Frioul et le château d'If en bateau. Je te téléphone bientôt,
Bises,
Monica

INFOS

- Pour **téléphoner** en France depuis l'étranger, on compose le 33 (indicatif de la France), puis le numéro sans le 0 (c'est-à-dire onze chiffres). Pour composer un numéro de téléphone en France, il faut compter dix chiffres : on compose le 0.
- On pourra expliquer aux apprenants, en langue maternelle, qu'un **hôtel de ville** n'est pas un hôtel où on loue des chambres mais une mairie. Le nom *hôtel* est donné à d'autres édifices publics : l'hôtel des ventes (bâtiment où se trouvent les salles de ventes, par exemple : Drouot, Christie's…), l'hôtel des impôts (bâtiment public où travaillent les fonctionnaires qui perçoivent les différents impôts), l'hôtel-Dieu (nom parfois donné au principal hôpital d'une ville quand celui-ci est ancien).

Savoir-faire *corrigés*

p. 42

1 Cherche appartement.

a Nom : Estelle Leclerc
Téléphone : 06 67 98 21 45
Cherche un appartement à louer
3 pièces, cuisine, salle de bains
Dans le centre ou près du centre
3e ou 4e étage avec ascenseur
Prix : entre 600 et 700 euros par mois

b Annonce n° 3.

2 Comment est l'appartement ?

De : hans.schulte@yahoo.fr
À : aldo.marini@yahoo.fr

Salut Aldo,
J'ai un nouvel appartement, au 33, rue du Four, au 3e étage.
La cuisine est à gauche de l'entrée. En face de la cuisine, il y a les toilettes et la salle de bains. La chambre est au bout du couloir, à droite. Il y a un grand lit. À gauche du couloir, il y a le salon salle à manger, avec une table pour six personnes, un fauteuil et une petite table. À bientôt !

3 Comment y aller ?

Productions possibles :

a – Pardon Monsieur, la rue des Étudiants, c'est par où ?
– Alors, prenez la rue du Jeu, en face de vous. Ensuite, tournez à gauche rue du Noyer, et à droite, rue de la Haute-Montée. Vous arrivez à la rue de la Nuée Bleue. Prenez cette rue à droite. Et à droite, vous avez la rue des Étudiants.

b – Pardon Madame, la place de la Cathédrale, s'il vous plaît ?
– Alors, vous prenez la rue Sainte-Hélène sur la droite. Vous continuez tout droit et vous arrivez rue du Vieux-Marché-aux-Poissons. Vous prenez cette rue à droite, puis la deuxième à gauche. Vous traversez la rue du Vieil-Hôpital et vous arrivez sur la place de la Cathédrale.

Évaluation 1

DILF A1.1

DELF A1

Le DILF

C'est un diplôme officiel du ministère français de l'Éducation nationale, de l'Enseignement supérieur et de la Recherche, validant un premier niveau de maîtrise du français (niveau A1.1 du Cadre européen commun de référence pour les langues du Conseil de l'Europe). Il évalue les contenus communicatifs et linguistiques décrits dans le Référentiel pour les premiers acquis en français.
Le DILF évalue les 4 compétences langagières : réception orale, réception écrite, production orale, production écrite.

Le DELF

Le DELF (diplôme d'études en langue française) permet de valider son niveau de français. C'est un diplôme internationalement reconnu. Il est délivré par le ministère français de l'Éducation nationale, de l'Enseignement supérieur et de la Recherche.
Six niveaux en langue ont été définis par le Conseil de l'Europe. Six diplômes leur correspondent pour la langue française : DELF A1, DELF A2, DELF B1, DELF B2, DALF C1, DALF C2.

L'examen du DELF A1

L'examen comprend une épreuve pour chacune des quatre compétences : compréhension de l'oral (écouter), compréhension des écrits (lire), production écrite (écrire), production orale (parler).

Niveau A1 du Cadre européen commun de référence pour les langues
- **Compréhension de l'oral :** réponse à des questionnaires de compréhension portant sur trois ou quatre très courts documents enregistrés ayant trait à des situations de la vie quotidienne (2 écoutes).
Durée maximale des documents : 3 minutes.
Durée de l'épreuve : 20 minutes environ. – Note sur 25.
- **Compréhension des écrits :** réponse à des questionnaires de compréhension portant sur quatre ou cinq documents écrits ayant trait à des situations de la vie quotidienne.
Durée de l'épreuve : 30 minutes. – Note sur 25.
- **Production écrite :** épreuve en deux parties (compléter une fiche, un formulaire ; rédiger des phrases simples, cartes postales, messages, légendes, sur des sujets de la vie quotidienne).
Durée de l'épreuve : 30 minutes. – Note sur 25.
- **Production orale :** épreuve en trois parties (entretien dirigé ; échange d'informations ; dialogue simulé).
Durée de l'épreuve : 5 à 7 minutes, avec une préparation de 10 minutes. – Note sur 25.
Note totale de l'examen : sur 100. Seuil de réussite pour obtenir le diplôme : 50/100.
Note minimale requise par épreuve : 5/25. – Durée totale des épreuves collectives : 1 h 20.

Quelques conseils pour les apprenants
– N'utilisez pas de dictionnaire ou de *Grammaire*.
– Si vous n'arrivez pas à faire un exercice, passez au suivant.
– Vous ne comprendrez peut-être pas tous les mots, mais ce n'est pas grave. Par exemple, en compréhension orale, concentrez-vous seulement sur un ou deux éléments précis du message pour pouvoir répondre.
– De manière générale, essayez d'écouter la radio en français, de voir des films en français sous-titrés dans votre langue, d'écouter des chansons françaises.

Évaluation 1

p. 43-44 — *corrigés*

Compréhension de l'oral

OBJECTIF Comprendre une indication ou un message simple

Message 1	dessin d	Message 4	dessin c
Message 2	dessin e	Message 5	dessin b
Message 3	dessin a		

Production orale

OBJECTIF Se présenter et présenter des personnes

Production possible :

1 – Bonjour ! Je m'appelle Sandra. Je suis colombienne. Et vous, d'où venez-vous ?
– Moi, je suis parisien. Je m'appelle Éric.
– Enchantée ! Paris, c'est super ! J'habite à Paris. Je suis étudiante, et vous ?
– Moi aussi !
– Ah oui ? Quelles études faites-vous ? Moi, j'étudie la médecine.
– Et moi, je fais pharmacie.
– C'est bien ! Je suis à l'université à la Sorbonne. Et vous, à quelle université êtes-vous inscrit ?
– Moi, je suis à Paris 8, Saint-Denis.
– Et quel âge avez-vous ? Moi, j'ai 25 ans.
– Et moi, 28.

2 Voici une photo de ma famille. Au centre, la dame aux cheveux noirs avec une robe blanche, c'est ma mère. Elle s'appelle Amalia et elle est très gentille. Derrière, debout, avec les lunettes, c'est mon père. Il s'appelle Rodolfo. Il est professeur à l'université. À gauche, c'est mon frère Fernando. Il apprend le français et ça marche bien ! Il prépare le DELF A1. Il est ingénieur commercial. Et à droite, c'est ma sœur, Patricia. Elle est journaliste.

Compréhension des écrits

OBJECTIF Identifier une personne

C'est le 5e homme de dos en partant de la gauche (ou le 4e homme de dos en partant de la droite).

Production écrite

OBJECTIF Écrire un message simple

Production possible :

De : micky_79@freenet.com
À : seb.perret@wahoo.fr

Salut Sébastien,
Je connais un bon restaurant, il s'appelle Côté Sud. L'adresse, c'est 56, rue du Péré à Périgny. Il est juste au coin de la rue du Péré et de la rue du Stade. De chez toi, prends la route d'Aytré et tourne à droite rue du Péré. Le téléphone, c'est le 05 46 55 74 03 et le site Internet, c'est www.cotesud-restaurant.com.
À bientôt !
Micky

UNITÉ 4   Au rythme du temps

LEÇON 13 — Un aller simple
p. 46-47

- **Contenu socioculturel**
  La vie quotidienne

- **Objectifs communicatifs**
  Demander et donner l'heure
  Indiquer une date
  Demander poliment

- **Objectifs linguistiques**
  Grammaire
  L'interrogation avec *quand*, *quelle*
  Partir au présent

  Phonétique
  La prononciation des chiffres
  L'opposition [s] et [z]

- **Savoir-faire**
  Réserver un billet de train

Mots nouveaux

un aller-retour – un aller simple – un après-midi – complet/complète – un départ – désolé(e) – une deuxième classe – dimanche – un(e) employé(e) – une erreur – un horaire – je voudrais – jeudi – lundi – mardi – un matin – mercredi – ou – (c'est) parfait – partir – une pendule – une place *(dans un train, un bus…)* – prochain – samedi – vendredi – une voie

DÉCOUVREZ

A. Livre ouvert, faire observer l'illustration et lire le titre.
Où se passe la scène ? (Dans une gare.)
Que font les personnes ? (Les personnes achètent des billets pour prendre le train.)

B. Livre fermé, faire écouter le dialogue.
Faire répéter et procéder à une mise au point de la prononciation.
Poser des questions pour vérifier la compréhension :
Où va le monsieur ? Quel jour est-ce que le monsieur part ? Il prend un aller simple ou un aller-retour ?

1 Quelle heure est-il ?
▶ Faire observer le billet SNCF.

▶ Faire écouter le dialogue une deuxième fois en donnant pour consigne de faire attention aux détails (horaires, dates et autres informations).
Demander aux apprenants de trouver les trois différences entre le billet de train commandé dans le dialogue et le billet de cette activité.

> **Corrigé**
> - La personne part le 15 le non le 17/05.
> - La personne part à 8 h 46 et non à 7 h 18.
> - Le prix du billet est 80 euros 10 et non 55 euros.

ENTRAÎNEZ-VOUS

2 Les pendules sont à l'heure ?

1 ▶ Livre fermé, faire écouter l'enregistrement aux apprenants.
Faire une pause après l'écoute de chaque phrase et faire répéter les apprenants.
Ensuite, livre ouvert, faire écouter l'enregistrement une nouvelle fois.
Demander aux apprenants de lire les phrases à voix haute.

UNITÉ 4 • LEÇON 13

2 ▸ Faire observer le cadran des pendules dessinées, p. 47.
Demander aux apprenants d'associer les dessins aux heures de l'exercice 1.

Corrigé
a3, b5, c2, d1, e4

⚠ Se référer au tableau de grammaire *L'interrogation*, p. 46.
Ne pas hésiter à revenir sur des notions comme *et quart*, *moins le quart* et *moins vingt* si nécessaire. La façon de dire l'heure et le rapport au temps peuvent varier d'une langue à l'autre.

3 Vous avez l'heure, s'il vous plaît ?
Pour le dernier item, demander aux apprenants de regarder leur montre et de donner l'heure.

Corrigé
1 Il est huit heures vingt.
2 Il est dix-sept heures trente./Il est cinq heures trente./ Il est cinq heures et demie.
3 Il est onze heures cinquante-cinq./ Il est midi moins cinq.
4 Il est six heures quarante-cinq./Il est sept heures moins le quart.
5 Réponse libre.

Expliquer aux apprenants qu'on n'utilise les formes *et quart*, *moins le quart* et *et demie* qu'avec des chiffres compris entre 0 et 12. Leur dire aussi que *0 heure* se dit *minuit*.

COMMUNIQUEZ

🎧 4 À la gare
▸ Avant l'écoute, demander aux apprenants de noter les informations qu'ils vont entendre dans le tableau.

▸ Faire écouter les trois annonces.

Corrigé
1 Lyon, 9 h 25, voie 3.
2 Dijon, 10 h 04, voie 7.
3 Nice, 17 h 42, voie 9.

POUR ALLER PLUS LOIN
Faire écouter l'enregistrement une nouvelle fois et faire noter le numéro de chaque TGV.
Demander aux apprenants de dire où se trouvent les trois villes de destination des TGV (après les avoir localisées sur la carte de France, p. 144).

🔊 5 Quand est-ce que vous partez ?
▸ **Demander aux apprenants de se référer aux tableaux de grammaire** *L'interrogation* et *Le verbe partir au présent*, p. 46.
Faire lire la consigne de l'activité.

▸ **Préparation au jeu de rôles**
Faire travailler chaque apprenant avec son/sa voisin(e) : l'un joue la personne qui demande des renseignements, l'autre, l'employé(e) de la SNCF. Demander aux apprenants de se référer à la rubrique *Savoir dire*, p. 47 : *Demander et donner l'heure, Indiquer une date* et *Demander poliment*.

INFOS
Sur le billet, on voit le sigle **SNCF**. Expliquer aux apprenants qu'il s'agit là du nom de la compagnie ferroviaire. C'est l'abréviation de Société nationale des chemins de fer français. Il existe deux types de confort dans les trains de la SNCF. La première classe, plus chère, avec des sièges plus confortables et moins nombreux par wagon, est fréquentée en particulier par les hommes d'affaires. La deuxième classe est fréquentée par la grande majorité des usagers de la SNCF, elle offre une qualité tout à fait correcte, mais les sièges sont un peu moins spacieux.

▸ **Passer au jeu de rôles.**
Production libre.

PRONONCEZ

A. Attention aux chiffres !
OBJECTIF : faire pratiquer les différentes prononciations des chiffres. On n'entend pas la consonne finale quand le chiffre est suivi d'un mot qui commence par une consonne (sauf *neuf*) et on fait la liaison quand le chiffre est suivi d'un mot qui commence par une voyelle.

▸ **Faire écouter le premier item.**
Faire répéter.
Procéder de la même façon pour les quatre autres items.
Ensuite, faire lire la transcription, p. 117.

Corrigé
1 Elle a deux sacs. Il est deux‿heures.
2 Ils sont six [s]. Il y a six tables. Il est six‿heures.
3 Ils sont huit [t]. Il y a huit photos. Ils‿ont huit [t] enfants.
4 Voilà neuf [f] pendules. Il a neuf‿ans.
5 Ils sont dix [s]. Voilà dix‿objets. Voilà dix sacs.

Attention !
Six et *dix* isolés se prononcent [sis] et [dis].
La liaison avec un mot terminé par *f* se fait en [v] : *neuf ans, neuf avions*.
La liaison avec un mot terminé par *x* se fait en [z] : *dix heures, dix étages*.

B. Opposer [s] et [z]
OBJECTIF : discriminer et opposer ces deux phonèmes.

> **Faire écouter le premier item.**
Faire répéter.

Corrigé
1 Il a une chaise [z]. Il est chez ses‿amis.
2 Elle prend deux [s] sacs. Elle prend deux‿objets.
3 Ils‿ont des billets. Ils [s] sont chez‿eux.
4 Vous‿avez une leçon. Vous [s] savez la leçon.
5 Il y a six‿hommes. Il y a six [s] semaines.

POUR ALLER PLUS LOIN

On peut demander aux apprenants qui ont des difficultés à discriminer les deux phonèmes d'imiter le sifflement d'un serpent [sssss] puis d'imiter le bourdonnement d'une mouche [zzzzz]. Le professeur peut lui-même donner l'exemple. Il peut aussi demander aux apprenants de mettre les doigts sur leur cou pendant qu'ils prononcent les sons : ils doivent sentir leurs cordes vocales vibrer quand ils disent [z] mais pas quand ils disent [s].
Cette distinction est particulièrement difficile pour les hispanophones qui auront intérêt, pour entendre, puis produire le son [z], à partir du mot *mismo* en accentuant la sonorité naturelle du *s* dans cette position.

Activités autocorrectives du DVD-Rom
⑳ L'heure

LEÇON 14

À Londres

p. 48-49

- **Contenu socioculturel**
  La vie quotidienne

- **Objectifs communicatifs**
  Demander la profession de quelqu'un
  Situer dans le temps

- **Objectifs linguistiques**
  Grammaire
  Faire au présent

  L'interrogation avec *est-ce que*, *qu'est-ce que*, *quand est-ce que*, *où est-ce que*
  Le genre des noms

  Phonétique
  Les trois voyelles nasales

- **Savoir-faire**
  S'informer sur les activités des autres

Mots nouveaux

un(e) acteur/actrice – un cabinet *(médical)* – une coiffure – commencer – un docteur – faire du cinéma – un groupe – une guitare – un(e) informaticien(ne) – un journal – mais – un ordinateur – possible – rentrer – le reste – une réunion – seulement – une semaine – une société – un soir – une surprise – tard ≠ tôt – tout – travailler – des vacances – un(e) vendeur/vendeuse – la vie

DÉCOUVREZ

Livre ouvert, faire observer la photo de Londres.
On peut tenter un essai de description *(le pont ancien, la Tamise, les tours)*. Donner quelques mots nouveaux pour faciliter la description.

1 Par hasard…

▶ **Livre fermé, faire écouter le dialogue.**
Poser des questions de compréhension : *Quel est le nom des deux personnes ? Où sont Isabelle et Farid ? Quelle est la profession d'Isabelle ? Où est-ce qu'elle travaille ?*…
Si les apprenants ne donnent pas la réponse, faire réentendre la partie du dialogue concernée.

▶ **Demander aux apprenants de se référer au tableau de grammaire *Le verbe faire au présent*, p. 49.**
Prononcer les différentes formes du verbe et les faire répéter.
Attention à la prononciation de *faisons* [fəzɔ̃].

▶ **Faire écouter le dialogue une deuxième fois.**

▶ **Passer à l'activité.**
Laisser les apprenants réfléchir un instant seuls (on peut leur demander d'écrire la réponse).

Corrigé
1a, 2b, 3c, 4b

▶ **Pour finir, faire lire/jouer le dialogue par groupes de deux.**

57

ENTRAÎNEZ-VOUS

2 Curiosité

▶ **Demander aux apprenants de repérer toutes les questions du dialogue.**
Attirer leur attention sur les questions : *Qu'est-ce que tu fais là ?* et *Où est-ce que tu travailles ?*

▶ **Passer à l'activité.**
Faire lire l'exemple et comparer les deux questions : *L'ordre des mots de la seconde question a changé et on a ajouté* **est-ce que**. *Où se place le signal interrogatif* **est-ce que** *?* (Après le mot interrogatif initial.)

⚠ Se référer au tableau de grammaire *L'interrogation avec* **est-ce que**, p. 49.
Insister sur la transformation de *quoi* en *qu'est-ce que*. Puis demander aux apprenants de transformer les questions de l'activité en utilisant *est-ce que*.

> **Corrigé**
> 1 Où est-ce que tu habites ?
> 2 Quand est-ce que vous arrivez ?
> 3 Qu'est-ce que vous faites maintenant ?
> 4 Comment est-ce que tu vas ?
> 5 À quelle heure est-ce qu'ils partent ?

Faire remarquer que la question *Comment tu vas ?* (item 4), transformée en *Comment est-ce que tu vas ?* dans l'exercice, peut aussi être posée d'une manière plus courante comme dans le dialogue (ligne 3) : *Comment vas-tu ?* Faire observer cette façon de dire sans parler de l'inversion verbe-sujet, point abordé en leçon 25.

3 Qu'est-ce qu'ils font ?

▶ **Présenter les cinq réponses de l'activité.**
Demander aux apprenants d'imaginer les questions qui ont été posées.

> **Corrigé**
> Réponses possibles :
> 1 À quelle heure est-ce que tu commences/pars/arrives ?
> 2 Quand est-ce que tu rentres tard/tôt ?
> 3 Où est-ce que tu vas ?
> 4 Comment est-ce que tu vas à Paris ?
> 5 Qu'est-ce qu'ils font ?

4 Qu'est-ce que vous faites dans la vie ?

▶ **Se référer au tableau de grammaire *Le genre des noms*, p. 49.**
Expliquer qu'un(e) acteur/actrice fait du cinéma et qu'un(e) serveur/serveuse travaille dans un bar ou dans un restaurant.
Faire lire l'exemple.

> **Corrigé**
> 1 Un(e) serveur/serveuse. Je suis serveur/serveuse (sans article !)
> 2 Un(e) musicien(ne). Je suis musicien(ne).
> 3 Un(e) informaticien(ne).
> 4 Un(e) photographe.
> 5 Un(e) acteur/actrice.

COMMUNIQUEZ

🎧 5 À quelle heure ?

▶ **Avant l'écoute, réviser avec la classe les nombres de 0 à 20, les écrire au tableau et les faire lire.**
Faire écouter les deux minidialogues.
Demander aux apprenants de noter pour chaque dialogue le jour et l'heure du rendez-vous. (On peut leur faire compléter un tableau.)

> **Corrigé**
> 1 Mercredi, 15 h 30.   2 Samedi, 10 h 45.

POUR ALLER PLUS LOIN

Demander aux apprenants de dire à quel endroit les personnes téléphonent.
(Réponses : 1. Au cabinet du docteur Renoir. 2. À Créa'tif coiffure.)
Puis demander avec qui ces personnes veulent prendre rendez-vous.
(Réponse : la personne du dialogue 2 veut prendre rendez-vous avec Dominique.)
Puisque la classe découvre le mot *coiffure*, on peut aussi enseigner les mots *coiffeur* et *coiffeuse*.

🗣 6 Rendez-vous

▶ **Préparation au jeu de rôles**
Faire travailler les apprenants par groupes de deux.
Demander aux apprenants de se référer à la rubrique *Savoir dire*, p. 49 : *Demander et dire la profession*.
Faire lire la consigne de l'activité.
L'un des apprenants joue le/la secrétaire, l'autre le directeur/la directrice. Le/La secrétaire indique les rendez-vous, le directeur/la directrice les note.
Faire réfléchir les apprenants aux expressions à utiliser. (Faire réutiliser les *Savoir dire* étudiés lors des leçons précédentes.)
Les apprenants peuvent inventer des détails, rajouter des informations s'ils le souhaitent.

▶ **Passer au jeu de rôles.**
Production libre.

UNITÉ 4 • LEÇON 14

PRONONCEZ

Les trois voyelles nasales

1 OBJECTIF : apprendre à discriminer les voyelles nasales [ã], [ɛ̃] et [ɔ̃].
Remarque importante : il n'y a plus que trois voyelles nasales en français parce que le [œ̃] est en voie de disparition complète et est remplacé par le [ɛ̃].

➤ **Proposer trois mots connus :** *comment, écrivain, blouson*. **Les écrire au tableau.**
Prononcer chacun d'eux en articulant bien.
Présenter les trois sons à la classe : souligner dans chacun des mots les voyelles nasales.
Puis dire ces sons : [ã], [ɛ̃] et [ɔ̃] (en partant d'un [a], d'un [ɛ], d'un [o]).
Faire répéter les apprenants.

➤ **Demander aux apprenants de dessiner un tableau de sept lignes et de deux colonnes.**

➤ **Faire écouter la première paire minimale.**
Demander aux apprenants de cocher la colonne 1 si le son nasal est dans le premier mot et dans la colonne 2 dans le cas contraire.

➤ **Puis faire écouter l'enregistrement une nouvelle fois.**
Faire une pause entre chaque nouvelle paire minimale et demander à la classe de répéter le mot qui contient un son nasal.
Il n'est utile ni d'expliquer le sens des mots ni de les écrire ou de les faire écrire : l'exercice ne doit concerner que l'oral.

> **Corrigé**
> **a** deuxième mot *(faim)*
> **b** premier mot *(bon)*
> **c** deuxième mot *(cubain)*
> **d** premier mot *(pain)*
> **e** premier mot *(son)*
> **f** premier mot *(rang)*
> **g** deuxième mot *(bon)*

POUR ALLER PLUS LOIN

Organiser un remue-méninges sur le thème des voyelles nasales.
Demander aux apprenants de trouver, en temps limité, parmi les mots, noms ou prénoms déjà étudiés, un maximum de mots comprenant une voyelle nasale.
Les faire classer dans trois colonnes : [ã], [ɛ̃] et [ɔ̃].
Les faire lire pour vérifier :
– que les mots contiennent effectivement une voyelle nasale ;
– qu'ils sont classés dans la bonne colonne.

2 OBJECTIF : faire pratiquer la discrimination auditive du genre des adjectifs et introduire la notion de dénasalisation.

➤ **Faire écouter les quatre séries de deux mots.**
Demander aux apprenants si le féminin du nom ou de l'adjectif est le premier ou le deuxième mot.

> **Corrigé**
> **a** deuxième mot *(argentine)*
> **b** premier mot *(musicienne)*
> **c** deuxième mot *(américaine)*
> **d** deuxième mot *(informaticienne)*

Activités autocorrectives du DVD-Rom
㉑ L'interrogation (2)
㉒ Le masculin et le féminin

LEÇON 15

Le dimanche matin

p. 50-51

- **Contenus socioculturels**
  La vie quotidienne
  Le sport

- **Objectifs communicatifs**
  S'informer sur une activité en cours, habituelle
  Dire quel sport on fait

- **Objectifs linguistiques**
  Grammaire
  Lire et *écrire* au présent
  Les verbes pronominaux
  Faire (de), jouer (à) + sport
  Phonétique
  La prononciation du [R]

- **Savoir-faire**
  Parler de ses habitudes

Mots nouveaux

l'athlétisme – une boîte – la campagne – déjeuner – dormir – écouter – écrire – un enfant – faire le ménage – faire les courses – le footing – en général – la gymnastique – s'habiller – jouer (à) – la journée – se laver – se lever – lire – un marché – la natation – un petit déjeuner – préparer – se reposer – le ski – le tennis – vers

DÉCOUVREZ

Livre ouvert, faire observer les cinq dessins.
Demander où sont et ce que font les personnages.
En profiter pour introduire des mots nouveaux qui faciliteront la compréhension des témoignages : *Qu'est-ce que fait le premier personnage ? (Il est dans son salon. Il fait le ménage. Il passe l'aspirateur.)*
Qu'est-ce que fait la femme dans le dessin b ? (Elle est chez elle. Elle écoute de la musique.)…

1 Qui est-ce ?

> Livre fermé, faire écouter les cinq témoignages.

> Passer à l'activité.
Demander aux apprenants d'associer chaque dessin au témoignage correspondant.
Faire réécouter les témoignages un par un.

Corrigé
1b, 2e, 3a, 4d, 5c

le dimanche = en général, tous les dimanches
dimanche (prochain) = dimanche de cette semaine

2 Qui fait quoi ?

Corrigé
1 Témoignage 3. *Erratum* : Il faut lire, dans la 1re édition : 1 Il (*et non* Elle) écoute de la musique.
2 Témoignage 1. *Erratum* : Il faut lire, dans la 1re édition : 2 Elle (*et non* Il) fait un footing.
3 Témoignage 1. *Erratum* : Il faut lire, dans la 1re édition : 3 Elle (*et non* Il) se repose l'après-midi.
4 Témoignage 4.
5 Témoignage 2.
6 Témoignage 5.
7 Témoignage 3. *Erratum* : Il faut lire, dans la 1re édition : 7 Il (*et non* Elle) écrit à ses amis.
8 Témoignage 4.

> **Demander aux apprenants ce qu'ils font le dimanche.**
Corriger la prononciation, surtout celle du [R].

UNITÉ 4 • LEÇON 15

ENTRAÎNEZ-VOUS

3 Qu'est-ce qu'ils font ?

▶ Demander aux apprenants de se référer au tableau de grammaire *Les verbes lire et écrire au présent*, p. 50. Faire remarquer les deux radicaux (*li-*, *lis-* pour le verbe *lire* ; *écri-*, *écriv-* pour le verbe *écrire*) des verbes. Faire réviser la conjugaison du verbe *faire* au présent (tableau de grammaire, p. 49).

▶ Passer à l'activité.
Demander aux apprenants de compléter les phrases avec des formes des verbes *faire*, *lire* et *écrire*.

Corrigé
1 fais, lis, écris
2 faites
3 lisez
4 écrivez
5 faites, lisons

4 Et toi ? Et elle ?

▶ Faire observer la phrase *je me repose* dans le premier témoignage, les phrases *je me lave*, *je m'habille* dans le troisième témoignage et la phrase *je me lève* dans le quatrième.

⚠ Se référer au tableau de grammaire *Les verbes pronominaux*, p. 50.
Expliquer que ces verbes pronominaux indiquent que le sujet fait l'action lui-même.
Souligner les changements de forme des pronoms : le verbe pronominal se conjugue avec un pronom de la même personne que le sujet (*je me* + verbe, *tu te* + verbe, *il/elle se* + verbe).

▶ Passer à l'activité.
Faire transformer le petit texte, conjugué avec *je*, en changeant de personne (d'abord *tu* puis *elle*).

Corrigé
• Le dimanche matin, tu te lèves à 10 heures, tu fais le ménage et après tu te laves. L'après-midi, tu te reposes, puis tu fais du tennis.
• Le dimanche matin, elle se lève à 10 heures, elle fait le ménage et après elle se lave. L'après-midi, elle se repose, puis elle fait du tennis.

5 Ils font quel sport ?

Faire observer les dessins et faire lire les légendes.
Se référer au tableau de grammaire *Faire (de), jouer (à) + nom de sport*, p. 50.
Faire associer chaque dessin à sa légende.
Demander ensuite aux apprenants de dire ce que font les personnages.

Corrigé
1e Il skie./Il fait du ski.
2f Il fait de la moto.
3a Il fait de l'athlétisme.
4b Il nage./Il fait de la natation.
5d Il fait du vélo.
6c Il fait de la gymnastique.

COMMUNIQUEZ

6 Et vous ?

▶ Préparation au jeu de rôles
Se référer à la rubrique *Savoir dire*, p. 51 : *S'informer sur une activité en cours*, *S'informer sur une activité habituelle* et *Dire quel sport on fait*.
Demander aux apprenants de discuter entre eux, au sein de leur sous-groupe. Les apprenants se posent les questions à tour de rôle et y répondent. Faire travailler le tutoiement et le vouvoiement.

▶ Passer au jeu de rôles.
Production libre.

PRONONCEZ

Le [R] : final, entre deux voyelles ou initial

OBJECTIF : choisir, parmi les trois prononciations de *r*, celle qui est identique dans les trois positions possibles dans la syllabe (initiale, finale ou à l'intérieur de la syllabe), le *r* fricatif. Il est produit par une simple friction dans l'arrière de la cavité buccale. (Le *r* n'est prononcé roulé qu'à l'initiale. De toute manière, il faudrait maîtriser aussi le *r* fricatif !)
Voici la façon la plus simple de le prononcer, en une procédure en 4 temps.
1. Sans dire aux apprenants que vous allez faire prononcer un *r* (sinon ils adopteraient leur propre prononciation), faire prononcer [a]. La bouche est grande ouverte et le professeur pourra vérifier que la langue de l'apprenant ne bouge pas pendant la prononciation du [R].
2. Faire ajouter un léger frottement de l'air au niveau de la gorge ([R] final).
3. Puis faire ajouter un [a] sans bouger ni la langue, ni la bouche : [aRa] ([R] intervocalique).
4. Supprimer le premier [a] pour obtenir [Ra] ou [R] initial, le plus difficile à produire.
Faire ensuite répéter le deuxième mot de chaque série. Passer au troisième mot de chaque série. La prononciation du [R] initial est identique à celle du [R] intervocalique. Faire répéter le mot *radio*.

▶ Activités autocorrectives du DVD-Rom
㉓ Quelques verbes au présent
㉔ Faire, jouer, aller

61

LEÇON 16

Une journée avec Laure Manaudou

p. 52-53

- **Contenus socioculturels**
  La vie quotidienne
  Le sport

- **Objectif communicatif**
  Parler des activités quotidiennes

- **Savoir-faire**
  Comprendre un article de journal simple

Mots nouveaux

bravo – des céréales – un(e) champion(ne) – se coucher – se détendre – difficile – un entraînement – s'entraîner – une famille – faire sa toilette – un fruit – habituel – jouer aux cartes – un jus d'orange – libre – midi – le monde – nager – la nuit – passer (l'après-midi) – recommencer – regarder – reprendre – retourner – sortir – se terminer – un yaourt

DÉCOUVREZ

1 Qui est-ce ?

> Demander aux apprenants de lire le titre de la leçon et d'observer les photos.

1 > Poser la question de l'exercice.

> **Corrigé**
> Laure Manaudou est une championne de natation (une nageuse).

2 > Faire lire l'article consacré à Laure Manaudou sans donner d'explications.
Demander aux apprenants ce qui bloque leur lecture. Essayer de lever les difficultés en leur faisant émettre des hypothèses de sens (deviner le sens des mots inconnus) en s'appuyant sur :
– leurs connaissances culturelles : ils savent qu'un sportif doit s'entraîner régulièrement (ici, dans une piscine) ;
– la logique du déroulement des activités au cours d'une journée.
Les apprenants travaillent par paires et s'entraident.

> Ensuite, passer à l'exercice.

> **Corrigé**
> a Vrai.
> b Faux. D'abord, elle fait sa toilette. Ensuite, elle s'habille et prend son petit déjeuner.
> c Faux. Elle fait des heures de natation l'après-midi.
> d Vrai.
> e Faux. Elle sort le samedi soir mais elle ne sort jamais les soirs de semaine.
> f Faux. Le soir, elle regarde un peu la télé et appelle des amis.
> g Vrai.

On peut attirer l'attention sur :
– le *re-* marque d'itération *(retourner, reprendre)* et donner de nouveaux exemples *(revoir, refaire…* mais pas *regarder !)* ;
– *nouveau, nouvel, nouvelle* (comme *beau, bel, belle* et placé avant le nom).

2 Quand ?

> **Corrigé**
> tous les matins vers 6 heures, ensuite, à 7 heures, jusqu'à 10 heures, puis, l'après-midi, à 15 h 30, vers 19 h 30, vers 22 heures, le samedi soir, le dimanche, jusqu'à midi, le lundi

UNITÉ 4 • LEÇON 16

> Demander aux apprenants de reprendre la phrase de l'exemple : *Que fait Laure Manaudou à ce moment-là ?* et de la décliner en changeant à chaque fois le moment de la journée.
Un apprenant pose la question à un partenaire qui y répond et qui pose la question suivante, par exemple :
– Qu'est-ce que fait Laure Manaudou ensuite ?
– Elle s'habille et prend son petit déjeuner.
Procéder de la même façon pour tous les indicateurs temporels du texte.

3 Interview

> **Faire travailler les apprenants par groupes de deux.**
À partir des indications de temps données, demander aux apprenants d'imaginer les questions de la journaliste.

COMMUNIQUEZ

4 Et vous ?

Corrigé
1 Le soir, elle regarde la télé et elle téléphone à ses amis.
Le samedi, elle va au restaurant ou au cinéma avec ses amis.
Le dimanche, elle dort jusqu'à midi et passe l'après-midi avec des amis ou avec sa famille.
2 Production libre.

5 Emploi du temps

> **Demander aux apprenants d'interroger leur voisin(e) sur son emploi du temps habituel.**
Faire réutiliser les indicateurs temporels ainsi que les *Savoir dire* étudiés dans cette unité.
Demander aux apprenants de prendre en note les éléments importants de l'emploi du temps de leur voisin(e).
Production libre.

6 Une journée avec…

> **Faire travailler chaque apprenant à partir des éléments communiqués par son/sa voisin(e).**
À la manière de l'article sur Laure Manaudou les apprenants doivent raconter la journée type de leur voisin(e).
Faire écrire l'article à la première personne du singulier *(Je me lève à six heures et quart…)*.

63

Savoir-faire *corrigés*

p. 54

1 Quel film choisir ?

a

	Julia	L'Heure d'été	John Rambo	La Maison jaune	Paris	Taken
Horaires	13 h 45 16 h 30 19 h 45 22 heures	13 h 45 16 h 30 19 h 45 22 heures	20 heures 22 h 30	16 h 30	14 h 30 20 h 30	16 h 30 22 h 30
Salles	1	2	3	3	4	4
Prix	– Après-midi 5,10 € – Soir 7 € – Étudiants 5,10 €					

b *Paris*, salle 4, 5,10 €.

2 À l'hôtel

Production possible :
– Bonjour, je voudrais connaître les heures du petit déjeuner, s'il vous plaît.
– Oui, bien sûr. C'est de 7 heures à 9 heures dans la salle à manger, ou de 8 heures à 9 heures dans votre chambre.
– Et pour les heures des repas, au restaurant ?
– Le déjeuner est de 12 h 30 à 14 h 30 et le dîner de 19 heures à 21 heures.
– Très bien, merci. Je voudrais aussi savoir à quelle heure ouvrent les magasins en ville ?
– Ils ouvrent à 9 heures. Beaucoup de magasins ferment à l'heure du déjeuner. Ensuite, ils ouvrent de 15 heures jusqu'à 19 heures.
– Et pour les horaires des films, au cinéma ?
– En général, les horaires sont toujours les mêmes : 14 heures, 16 heures, 18 heures et 20 heures.
– Une dernière question : quand passent les bus ?
– Toute la journée de 8 heures à 19 heures, tous les quarts d'heure. Par exemple, 8 h 15, 8 h 30, 8 h 45, 9 heures.
– Merci beaucoup !

3 Invitation

Production possible :
Merci beaucoup pour ton invitation, Paul. Mais dimanche, ce n'est pas possible. À midi, je déjeune avec ma famille. Dimanche après-midi, je vais au cinéma avec mon cousin et, après, je fais du tennis avec mon voisin.

4 Demande d'informations

Production possible :

De : pierre@wanadoo.fr
À : marion@yahoo.fr

Bonjour,
Je t'écris pour te donner des informations sur le club « Mon club de sport », à Toulouse. L'adresse, c'est 10, rue de Genève. Tu peux faire de la gymnastique, de la natation, du vélo, de la danse, du tennis. Il y a aussi un jacuzzi. Les horaires sont très bien, c'est ouvert tous les jours. Du lundi au vendredi, c'est de 7 heures à 21 heures. Les samedis et les dimanches, c'est de 7 heures à 18 heures. Tu peux téléphoner au 05 61 52 50 52 si tu veux.

UNITÉ 5 La vie de tous les jours

LEÇON 17 On fait des crêpes ?

p. 56-57

- **Contenus socioculturels**
  Les achats de nourriture, de boissons et de vêtements
  Les fêtes en France

- **Objectifs communicatifs**
  Demander et exprimer des besoins
  S'informer sur des habitudes
  Indiquer des quantités

- **Objectifs linguistiques**
  Grammaire
  L'article partitif *du, de la, de l', des*
  Boire, acheter et *manger* au présent
  Phonétique
  Les voyelles [œ], [ɔ] et [ø]

- **Savoir-faire**
  Parler de ses habitudes alimentaires
  Faire une liste de courses

Mots nouveaux

acheter – assez – le beurre – boire – le cidre – la confiture – une crêpe – un dîner – une eau minérale – la farine – le fromage – un gramme – il faut – inviter – un kilo(gramme) – le lait – un légume – une liste – un litre – une livre – maman – manger – des œufs – le pain – le poisson – une pomme de terre – le repas – le riz – la salade – le sucre – la viande – le vin

DÉCOUVREZ

Livre ouvert, faire observer l'illustration du dialogue.
Introduire quelques mots (*crêpe, farine, œufs et sucre*) au cours du travail sur l'illustration et faire entendre des partitifs sans les expliquer à ce stade de la leçon.

> **INFOS**
> **La Chandeleur** est toujours le mercredi qui suit le mardi gras. Ce jour que l'on fête en faisant des crêpes marque la fin de la période du carnaval et le début du jeûne du carême dans la tradition catholique. Les enfants en profitent pour se déguiser.

1 La liste de courses

Demander qui sont les personnes de l'illustration et ce qu'elles font.
Expliquer que c'est le jour de la Chandeleur, le mercredi qui suit le mardi gras, qu'on fait des crêpes en période de carnaval.

▶ **Puis, faire écouter le dialogue.**
Faire répéter le dialogue afin de procéder à une première mise au point de l'audition et de la prononciation.
S'assurer de la compréhension en posant des questions : *Qu'est-ce qu'il faut pour faire des crêpes ? Qui fait les crêpes ? Qui fait les courses ? Qu'est-ce qu'il faut acheter ? Qui est-ce qu'ils invitent ?*

▶ **Faire remarquer l'utilisation des partitifs.**
⚠ Se référer au tableau de grammaire *L'article partitif*, p. 56.

Faire trouver que l'article partitif désigne une partie d'un tout. Trouver d'autres exemples.
Faire un dessin au tableau : un cercle figurant un gâteau. Détacher une part de ce gâteau = *du gâteau*. On peut également évoquer la notion de comptable et non comptable *(un gâteau ≠ du gâteau)* et présenter les unités de mesure en expliquant qu'elles permettent de quantifier (quantité, poids…) les éléments dits « non comptables » : *un litre de lait, une bouteille d'eau minérale, un kilo de sucre, 250 grammes de beurre…*
Faire observer l'encart qui présente les notions de poids, p. 57 : un gramme, une livre (500 grammes), un kilo (1 000 grammes).

▶ Passer à l'activité 1.
1 Faire écouter à nouveau le dialogue.
Puis faire écrire la liste des courses : les apprenants notent tout ce qu'il faut acheter. (La liste sera faite de mémoire mais, si cela s'avère trop difficile, on repassera l'enregistrement.)

> **Corrigé**
> farine – œufs – beurre – confiture

2 Faire compléter la liste des courses et indiquer les quantités.

> **Corrigé**
> un kilo de farine – six œufs – un litre de lait – 250 grammes de beurre – du sucre – de la confiture – deux bouteilles de cidre – de l'eau minérale – du Coca – des céréales

(Souligner la différence de prononciation entre le singulier et le pluriel du mot *œuf*. Au singulier, on prononce : *un œuf* [œf] et au pluriel : *des œufs* [ø].)

(**POUR ALLER PLUS LOIN**)
Demander aux apprenants si un jour semblable existe dans leur pays, s'ils le fêtent et comment.

(**ENTRAÎNEZ-VOUS**)

2 Au supermarché

▶ **Demander de compléter chaque phrase avec l'un des trois mots proposés.**
Demander aux apprenants de consulter les illustrations, p. 57, présentant les nouveaux mots : *pain, poisson, salade, viande, vin…*

> **Corrigé**
> 1b, 2b, 3c, 4a, 5b

3 Les habitudes

> **Corrigé**
> Réponses possibles :
> 1 Nous mangeons du pain, des fruits et des céréales.
> 2 Nous buvons du café/du lait/du café au lait.
> 3 Nous prenons de la viande avec des légumes et après nous prenons un yaourt./Nous ne mangeons pas de viande : nous prenons beaucoup de légumes et de fruits.
> 4 Nous prenons du fromage avec du pain et de la salade.

⚠ Se référer au tableau de grammaire *Les verbes acheter et manger au présent*, p. 56.

▶ **Faire remarquer :**
– la prononciation de *mangeons* : on place un *e* après le *g* pour conserver la prononciation [ʒ] ;
– la prononciation du verbe *acheter* au présent ;
– les 3 radicaux du verbe *boire* au présent.
▶ **Faire conjuguer oralement ces trois verbes.**

4 Non…

▶ **Demander de transformer les phrases positives en phrases négatives, comme dans l'exemple.**

> **Corrigé**
> Réponses possibles :
> 1 Non, il n'y a pas de salade, mais il y a des légumes.
> 2 Non, je ne bois pas de thé, je bois du café.
> 3 Non, nous ne mangeons pas de légumes le soir, nous mangeons du fromage.
> 4 Non, je ne bois pas de vin avec le poisson, je bois de l'eau minérale.
> 5 Non, je ne prends pas de fromage, je prends un yaourt.

⚠ Se référer au tableau de grammaire *Le verbe boire au présent*, p. 56.

(**COMMUNIQUEZ**)

🎧 5 Qu'est-ce qu'on mange ?

▶ **Avant l'écoute, prévenir les apprenants qu'ils vont devoir noter les informations qu'ils vont entendre pour faire la liste des courses (ce qu'il faut acheter à manger, mais aussi à boire).**
Faire écouter l'enregistrement une fois.

> **Corrigé**
> du poisson, des pommes de terre, du fromage, une bouteille d'eau minérale

UNITÉ 5 • LEÇON 17

POUR ALLER PLUS LOIN

Demander aux apprenants si les courses sont pour le déjeuner ou bien pour le dîner. (Réponse : pour le déjeuner.)
Les inviter à vérifier la réponse en consultant la transcription, p. 118.
Leur demander de lire le dialogue avec leur voisin(e).

6 Qu'est-ce que vous prenez aux repas ?

➤ **Faire lire la consigne de l'activité, l'exemple et l'encadré** *En général, en France, on prend…*
Demander aux apprenants de se référer à la rubrique *Savoir dire*, p. 57 : *Demander et exprimer des besoins*, *S'informer sur des habitudes* et *Indiquer des quantités*.
Faire réfléchir les apprenants aux questions qu'ils veulent poser.

> **Ce que vous dites pour…**
> • s'informer sur l'heure
> – *À quelle heure est-ce qu'on mange chez vous ?*
> • s'informer sur des habitudes
> – *Qu'est-ce que tu manges au petit déjeuner ?*
> – *Est-ce que tu manges de la viande tous les jours ?*
> • interroger sur la quantité
> – *Combien de bouteilles d'eau minérale vous achetez par semaine ?*
>
> **Ce que l'autre personne dit pour…**
> • indiquer une heure
> – *On mange à 13 heures et à 20 h 30.*
> • exprimer ses habitudes
> – *Je prends toujours du thé, des céréales et un jus de fruits.*
> • exprimer une quantité
> – *Entre 12 et 16 bouteilles d'eau minérale par semaine.*

➤ **Passer au jeu de rôles.**
Faire travailler chaque apprenant avec son/sa voisin(e) : l'un pose les questions, l'autre y répond, puis ils inversent les rôles.
Production libre.

PRONONCEZ

Opposer les voyelles [œ], [ɔ] et [œ], [ø]

OBJECTIF : faire discriminer et prononcer les voyelles moyennes.
Les voyelles centrales : [y], [œ], [ø] ont l'articulation tirée des voyelles antérieures [i], [e], [ɛ] et l'arrondissement des lèvres des voyelles postérieures [u], [o], [ɔ].

➤ **Faire écouter le premier énoncé et le faire répéter.**
Le professeur prononce à son tour en montrant bien la position de ses lèvres.

➤ **Faire écouter et répéter les quatre autres énoncés de la série.**
Procéder de la même façon pour la série suivante (items 2a à e).
Grâce à des exemples, on peut expliquer aux apprenants que :
– le son [œ] est orthographié *-œu + r*, *-eu + r* (*sœur, beurre, vendeur, acteur, chauffeur, peur*) ou *-eu + l*, *-eu + n* (*veulent, déjeune*). La voyelle est suivie d'une consonne : la syllabe finale est fermée. Le son est ouvert.
– le son [ø] est orthographié *-eu*, *-eux* ou *-eut* (*feu, jeux, veut, peut*). La voyelle finale n'est pas suivie d'un son de consonne : la syllabe est « ouverte ». Le son est « fermé ».
– de même, le son [ɔ] est orthographié *-o + r*, *-o + n*, *-o + l* ou *-o + b* (*encore, porte, sport, téléphone*). La syllabe est « fermée ». Le son est « ouvert ».

Activités autocorrectives du DVD-Rom
㉕ Les aliments
㉖ Articles partitifs et quantités

LEÇON 18

Il est comment ?

p. 58-59

- **Contenu socioculturel**
  Les achats de nourriture, de boissons et de vêtements

- **Objectifs communicatifs**
  Rapporter des événements passés
  Exprimer une opinion

- **Objectifs linguistiques**
  Grammaire
  Le passé composé avec *avoir*
  La formation du participe passé
  L'accord de l'adjectif *beau*
  Phonétique
  L'accent d'insistance

- **Savoir-faire**
  Parler de sa journée

Mots nouveaux

beau/bel/belle – bon(ne) – chaud – la cuisine *(nourriture)* – un dessert – dîner – excellent – faire les magasins – hier – un inspecteur de police – des pâtes – prendre un verre – seul(e) – simple

DÉCOUVREZ

A. Livre ouvert, faire observer les deux illustrations.
Un homme (Fabien) dans un magasin d'articles de sport essaie des chaussures de ski et des jeunes gens dînent dans un restaurant.

B. Livre fermé, faire écouter le dialogue.
Qui est-ce qui parle ? (Deux hommes ; ils se disent tu.)
De quoi ? (De ce qu'ils ont fait la veille. L'un deux, Fabien, a acheté des vêtements de ski, puis a dîné dans un petit restaurant italien avec sa sœur. L'autre a travaillé et dîné seul.)

1 Message

➤ **Faire examiner le document.**
Faire remarquer les deux petits téléphones (un vert et un rouge) dans le bas du document.

Corrigé
1 c
2 a Vrai.
  b Vrai.
  c On ne sait pas.
  d Vrai.

2 Écoutez le dialogue et dites ce que Fabien a fait hier.

➤ **Faire noter ce que Fabien a fait.**
Copier les verbes au passé composé au tableau.

Corrigé
- Fabien a fait les magasins.
- Il a acheté des chaussures.
- Il a pris un pull chaud.
- Il a dîné au restaurant avec sa sœur.
- Il a mangé une pizza.
- Sa sœur et lui n'ont pas pris de dessert.

UNITÉ 5 • LEÇON 18

ENTRAÎNEZ-VOUS

3 Hier...

1 ▶ Se référer au tableau de grammaire *Le passé composé*, p. 58, puis passer à l'activité.

Corrigé
a acheter
b dîner
c manger
d passer
e faire
f prendre

2 ▶ Demander aux apprenants de réécrire le texte au passé.

Corrigé
Hier, j'ai fait les courses... J'ai acheté un sac pour Mathieu et un tee-shirt pour Alex. Ensuite, j'ai déjeuné avec Anne. J'ai pris le train pour Lyon à 15 heures. Et le soir, j'ai dîné chez ma mère.

4 Qu'est-ce qu'ils ont fait ?

▶ Faire lire l'exemple.
Demander aux apprenants d'imaginer les questions qui ont été posées.

Corrigé
Réponses possibles :
1 Qu'est-ce qu'elle a fait hier ?
2 Vous avez déjeuné au restaurant ?
3 Est-ce qu'ils ont passé une bonne journée ?
4 Est-ce que tu as pris le métro pour aller au restaurant ?
5 Qu'est-ce qu'il a fait ?/Où est-ce qu'il a bu un café ?

5 C'est joli, non ?

▶ Se référer au tableau de grammaire *L'accord de l'adjectif* beau, p. 58.
Faire lire l'exemple.

▶ Se référer à la rubrique *Savoir dire*, p. 59 : *Exprimer une opinion*.
Demander aux apprenants de proposer une réponse pour chaque phrase.

Corrigé
Réponses possibles :
1 Oui, il est très beau.
2 Non, elles ne sont pas jolies/elles sont chères.
3 Il est très bon.
4 Oui, et il n'est pas cher.

Faire remarquer que l'adjectif *beau*, placé devant un nom qui commence par une voyelle, devient *bel* : *un bel acteur, un bel objet, un bel hôtel*.

COMMUNIQUEZ

6 Qu'est-ce que vous avez fait hier ?

Faire écouter le dialogue.

Corrigé
Vers 20 heures, cet homme a téléphoné à sa mère. Ensuite, il a dîné chez sa voisine.
Ensuite, son amie et lui ont pris un verre au Café de la gare.

POUR ALLER PLUS LOIN

Demander aux apprenants de dire où se situe le Café de la gare. (Réponse : c'est un café à côté de chez lui.)
Puis demander qui est Anne Barreau. (Réponse : c'est la voisine de cet homme et c'est une amie.)

7 L'alibi

▶ Préparation au jeu de rôles
Faire travailler les apprenants par groupes de deux.
Se référer à la rubrique *Savoir dire*, p. 59 : *Rapporter des événements passés* et *Exprimer une opinion*.
L'un des apprenants joue l'inspecteur de police, l'autre répond à ses questions.
Faire réfléchir les apprenants aux expressions à utiliser.
Les apprenants sont libres d'inventer l'histoire qu'ils veulent à partir de ce qu'ils ont déjà étudié.
Faire utiliser le vouvoiement.

Ce que vous dites pour...
• vous informer sur l'heure
– *Qu'est-ce que vous avez fait hier entre 17 heures et 21 heures ?*
• demander de dire le nom
– *Comment s'appelle votre ami(e) ?*
• demander la profession de quelqu'un
– *Quelle est votre profession ?*

Ce que l'autre personne dit pour...
• rapporter des événements passés
– *J'ai visité le musée du Louvre et après j'ai vu mon copain Omar.*
• exprimer une opinion
– *Ce musée est très intéressant et très grand.*

▶ Passer au jeu de rôles.
Production libre.

PRONONCEZ

La mise en relief : l'accent d'insistance

OBJECTIF : apprendre à mettre en relief un élément du message.

➤ **Demander aux apprenants de cacher les phrases de l'activité.**
Faire lire la consigne.

➤ **Préciser :**
– que l'accent d'insistance ne se confond pas avec l'accent rythmique qui est conservé (à la différence de ce qui se passe dans les langues à accent de mot) mais qu'il s'ajoute à lui ;
– qu'il se place sur la première ou la deuxième syllabe du mot ;
– qu'il n'est pas un accent de force (comme en anglais, en allemand ou en espagnol, par exemple) mais plutôt un accent de longueur : la syllabe qui le porte est en général légèrement plus longue que les autres.

➤ **Faire écouter le premier item.**
Demander aux apprenants d'identifier le mot accentué.
Faire répéter l'énoncé en mettant l'emphase sur la syllabe accentuée.
Faire lire les items, p. 59.
Bien faire observer les syllabes accentuées (mises en relief en gras souligné).

Activités autocorrectives du DVD-Rom
㉗ Le passé composé (1)

LEÇON 19 — Chère Léa...

p. 60-61

- **Contenu socioculturel**
  Découverte touristique

- **Objectifs communicatifs**
  Parler d'événements passés
  Interroger sur le moment et la durée

- **Objectifs linguistiques**
  Grammaire
  Le passé composé avec *être*
  Pour et *dans* + durée future
  Phonétique
  Rythmes, liaisons et enchaînements

- **Savoir-faire**
  Écrire une carte postale

Mots nouveaux

une année – un bisou – cadeau – descendre – devenir – là-bas – magnifique – marcher – une minute – monter – mourir – naître – un parc – revenir – une soirée – tomber – venir

DÉCOUVREZ

Livre ouvert, faire observer l'illustration.
Quelle ville d'Espagne est évoquée par ces éléments architecturaux ? (Barcelone et les productions de Gaudí.)

1 Carte postale

▶ **Demander aux apprenants de lire plusieurs fois la carte.**
S'assurer par des questions que sont bien compris :
– la situation de communication : *Qui écrit ? À qui ? À propos de quoi ?*
– et le contenu : *Où est Mathilde ? Avec qui ? Comment sont-ils allés à Barcelone ?*

▶ **Passer à l'activité.**

> **Corrigé**
> 1 Étienne et Mathilde sont arrivés à Barcelone vendredi. (Possibilité d'introduire l'expression : *il y a deux jours*).
> 2 Ils sont à Barcelone pour le week-end.
> 3 Mathilde est allée faire des courses avec Alicia. Elles ont marché toute la journée.
> 4 Samedi soir, Mathilde est allée au restaurant avec Alicia et Étienne.
> 5 Ils sont rentrés à deux heures du matin.
> 6 À Barcelone, ils ont visité le musée Picasso et le parc Güell.
> 7 Ils rentrent dans deux jours/mardi.

2 Repérages

▶ **Faire relever, sur la carte postale, tous les verbes au passé composé.**

> **Corrigé**
> sommes arrivés, sommes allées, avons marché, sommes allés, sommes rentrés, avons passé, avons visité, sommes allés

1 ▶ Demander aux apprenants de classer les verbes selon qu'ils sont conjugués avec l'auxiliaire *être* ou avec l'auxiliaire *avoir*.

> **Corrigé**
> a Verbes conjugués avec l'auxiliaire *avoir* : *marcher, passer, visiter.*
> b Verbes conjugués avoir l'auxiliaire *être* : *arriver, aller, rentrer.*

2 ▶ Demander aux apprenants d'observer les verbes au passé composé de la carte postale et plus particulièrement leur participe passé et leur auxiliaire.
Demander ensuite dans quel cas le participe passé s'accorde avec le sujet.

> **Corrigé**
> Le participe passé s'accorde avec le sujet quand il est utilisé avec l'auxiliaire *être*.

⚠ Se référer au tableau de grammaire *Le passé composé avec l'auxiliaire être*, p. 60.

ENTRAÎNEZ-VOUS

3 Qu'est-ce qu'ils ont fait à Barcelone ?

1 ▶ Demander aux apprenants d'associer les questions (numérotées de a à e) aux réponses correspondantes (numérotées de 1 à 5).

> **Corrigé**
> a3, b5, c4, d2, e1

2 ▶ Demander aux apprenants d'écrire les participes passés employés et de faire l'accord si nécessaire.

> **Corrigé**
> 1 Étienne et elle sont arrivés vendredi.
> 2 Non, samedi, elles ont fait des courses.
> 3 Ils ont visité le musée Picasso.
> 4 Elle est allée au restaurant avec Alicia et Étienne.
> 5 Non, ils sont rentrés à la maison.

4 Combien de temps ?

▶ Demander aux apprenants de se référer à la rubrique *Savoir dire*, p. 61 : *Interroger sur le moment et la durée.*

▶ Passer à la mise en pratique en faisant compléter l'activité.

> **Corrigé**
> 1 Tu es restée combien de temps ?
> 2 Elles sont parties pour combien de temps ?
> 3 Tu reviens dans combien de temps ?
> 4 Combien de temps est-ce qu'il faut pour aller en ville ?

⚠ Se référer au tableau de grammaire *Pour et dans + durée future*, p. 60.

COMMUNIQUEZ

🎧 5 De retour de Barcelone

Faire lire les questions de l'activité.
Ensuite, faire écouter une fois le dialogue enregistré.
Demander aux apprenants de répondre aux questions.

> **Corrigé**
> 1 Mathilde est rentrée de Barcelone mardi dernier.
> 2 Elle y est restée cinq jours.
> 3 Elle y retourne avec Étienne le mois prochain.
> 4 Elle y retourne pour deux semaines.

💬 6 Et vous ?

▶ **Préparation au jeu de rôles**
Faire travailler les apprenants en sous-groupes.
Se référer à la rubrique *Savoir dire*, p. 61 : *Parler d'événements passés* et *Interroger sur le moment et la durée*.

> Ce que vous dites pour…
> • parler d'événements passés
> – *La semaine dernière, je suis allé(e) en Normandie.*
> • dire ce que l'on fait en général
> – *Non, cette année j'y suis allé(e) trois ou quatre fois.*
> • s'informer sur une activité
> – *Et toi, est-ce que tu es parti(e) ?*
>
> Ce que l'autre personne dit pour…
> • s'informer sur une activité
> – *Qu'est-ce que tu as fait la semaine dernière ?*
> • s'informer sur une activité habituelle
> – *Tu y vas souvent ?*
> • interroger sur la durée
> – *Tu es resté(e) combien de temps ?*

▶ **Passer au jeu de rôles.**
Les apprenants se posent les questions à tour de rôle et y répondent.
Production libre.

UNITÉ 5 • LEÇON 19

PRONONCEZ

Groupes rythmiques, liaisons et enchaînements

OBJECTIF : travailler sur les groupes rythmiques (également unités de syntaxe et de sens). Réviser les liaisons et les enchaînements.

1 ▶ Faire lire les consignes et l'exemple.
Faire lire les quatre phrases de l'activité.
Demander aux apprenants de les diviser en groupes rythmiques : leur dire de les marquer par une double barre (//).

> **Corrigé**
> a À quelle heure // sont-elles allées // en ville ?
> b Elles sont revenues // chez elles // à six heures.
> c Elles ont acheté un cadeau // à leurs amies.
> d Elles sont allées // au théâtre // et au concert.

2 ▶ Demander ensuite aux apprenants de marquer les liaisons et les enchaînements.

> **Corrigé**
> a À quelle [l] heure // sont-_elles allées // en ville ?
> b Elles sont revenues // chez_elles // à six_heures.
> c Elles_ont_acheté un cadeau // à leurs_amies.
> d Elles sont_allées // au théâtre // et au concert.

Il n'y a pas de liaison entre les groupes, mais on fait toujours les enchaînements consonantiques et vocaliques de sorte qu'il n'y ait pas interruption de la voix entre les groupes.
Enchaînements vocaliques : *allées en* (item a), *acheté un* (item c), *et au* (item d).

3 ▶ Faire écouter les enregistrements.
Demander aux apprenants de prononcer les phrases.

Activités autocorrectives du DVD-Rom
- ㉘ Le passé composé (2)
- ㉙ Les indicateurs de temps
- ㉚ *Pour* et *dans* + durée

LEÇON 20 — Les fêtes

- **Contenu socioculturel**
  Les fêtes en France

- **Savoir-faire**
  Évoquer des fêtes traditionnelles

- **Objectif communicatif**
  Comprendre des souvenirs

Mots nouveaux

bonne année – un(e) copain/copine – une enquête – exister – (faire) la fête – fêter – un feu d'artifice – un gâteau – un groupe *(de musiciens)* – un mariage – un moment – le muguet – Noël – le nouvel an – une pâtisserie – romantique – un souvenir

DÉCOUVREZ

1 Qui dit quoi ?

➤ **Faire travailler les apprenants par groupes de deux.**
Leur demander de lire le titre de la leçon, l'introduction et d'observer les photos.

➤ **Faire lire ensuite les quatre témoignages.**
S'assurer de la compréhension en posant des questions.
Donner la signification des mots que les apprenants ne peuvent pas deviner : *une boîte (de nuit), pâtisserie, mariage, bateau, groupe (de musiciens)*… Utiliser les illustrations pour les mots représentés dans les photos *(Arc de triomphe, feu d'artifice)*.
Faire associer chaque témoignage à la personne qui l'a dit.

> **Corrigé**
> 1d, 2a, 3c, 4b

2 Photos de fête

1 ➤ **Faire travailler les apprenants en sous-groupes.**
Leur demander de relever dans les textes les fêtes mentionnées.
Faire associer une photo à chacun des témoignages.

> **Corrigé**
> a7, b1, c3, d4

2 ➤ **Faire associer ensuite les trois photos restantes avec l'une des fêtes citées.**

> **Corrigé**
> a5, b2, c6

3 Qu'est-ce qu'on fait pour… ?

➤ **Faire associer les fêtes numérotées de 1 à 7 aux activités numérotées de a à g.**

> **Corrigé**
> 1e, 2a, 3f, 4b, 5g, 6d, 7c

UNITÉ 5 • LEÇON 20

POUR ALLER PLUS LOIN

Faire travailler les apprenants en sous-groupes. Attribuer à chaque groupe l'une des sept photos de la leçon.

Demander aux groupes de faire une description (orale ou écrite) de leur photo.

Autoriser les apprenants à chercher un ou deux mots de vocabulaire dans un dictionnaire bilingue (il faut limiter la recherche aux mots absolument nécessaires à la description).

Une fois que tous les groupes sont prêts, leur demander de présenter leur travail à la classe.

Corrigé

Réponses possibles :
(Les mots soulignés sont des mots inconnus des apprenants, qu'ils ont pu trouver dans un dictionnaire.)

1 On voit un marché de Noël. Il a neigé.
2 On voit une grande banderole portée par des gens. Sur la banderole, on lit : 1er mai, et des initiales (Ce sont les initiales des syndicats qui participent à la manifestation pour célébrer la fête du Travail.)
3 On voit un cœur et deux fleurs. C'est une carte postale pour la Saint-Valentin.
4 Dans la rue, des musiciens jouent de leurs instruments. Ils défilent pour la fête de la Musique, le 21 juin.
5 Dans une assiette, il y a des crêpes.
6 C'est bientôt minuit, le nouvel an commence. Pour le réveillon, le repas de minuit, on boit du champagne pour fêter la nouvelle année.
7 Sur la photo, on voit l'Arc de triomphe et les Champs-Élysées. C'est la nuit. Dans le ciel noir de Paris, il y a un grand feu d'artifice.

COMMUNIQUEZ

4 Et dans votre pays ?

> Faire travailler les apprenants en sous-groupes. Leur demander de répondre aux questions 1 et 2 de l'activité et de discuter entre eux.
Production libre.

5 Souvenirs, souvenirs…

> Faire travailler chaque apprenant à partir des témoignages présentés en haut de la double page.
Production libre.

INFOS

- **La Saint-Valentin :** le 14 février, c'est la fête de l'Amour et des Amoureux. Les couples s'offrent des fleurs, vont au restaurant…
- **La fête du Travail :** Le 1er mai est toujours un jour férié. Les gens vendent ou achètent du muguet, porte-bonheur.
- **La fête des Mères :** le quatrième dimanche du mois de mai, on fête les mamans. Les maris offrent un cadeau à la mère de leurs enfants, qui présentent eux aussi un petit cadeau à leur mère. (En juin, il existe aussi une fête des Pères.)
- **Le 14 juillet :** cette fête nationale commémore la prise de la Bastille lors de la Révolution française de 1789.
- **Noël :** on célèbre cette fête (religieuse pour certains) le 25 décembre, souvent en famille, autour d'un bon repas (foie gras, huîtres, dinde et bûche de Noël au dessert). La veille, il y a très souvent un repas de réveillon de Noël.
- **Le nouvel an :** le 31 décembre, veille du jour de l'an, c'est la Saint-Sylvestre, les Français organisent des réveillons ou y participent (au restaurant, chez des amis…). À minuit, tous les convives échangent leurs vœux pour l'année qui commence.

Voir aussi le reportage *Décorations de fêtes* (partie Vidéo du DVD-Rom, unité 5).

Savoir-faire *corrigés*

p. 64

1 Vous avez deux messages.

pain, salade, œufs, beurre, fromage, deux bouteilles d'eau

2 Habitudes alimentaires

Production possible :

En général, dans mon pays, pour le petit déjeuner, on prend du café ou du thé, du pain, du beurre et de la confiture, du fromage et des œufs. Et on prend aussi un jus de fruits.
Pour mon petit déjeuner, moi, je prends des céréales avec du lait et des fruits. Je bois un café au lait et je prends aussi du fromage avec du pain.

3 Une bonne journée ?

Production possible :

– Salut, ça va ?
– Oui, ça va bien.
– Qu'est-ce que tu as fait aujourd'hui ?
– Ce matin, j'ai fait les magasins avec ma mère.
– Et qu'est-ce que tu as acheté, alors ?
– On a acheté des chaussures, un manteau et une robe. Je suis fatiguée parce qu'on est allées dans beaucoup de magasins !
– Ah bon ? Raconte !
– J'ai acheté les chaussures dans un magasin à côté de chez moi. Nous avons acheté le manteau et la robe de maman dans un magasin à l'autre bout de la ville !
– Et comment sont tes chaussures ?
– Elles sont très belles !
– Et elles sont de quelle couleur ?
– Rouge ! J'adore le rouge !

4 Une belle fête !

De : emma@hotmail.fr
À : caroline@yahoo.com

Bonjour Caroline,
Je t'écris pour te raconter une très belle fête. Hier soir, j'ai organisé une soirée surprise pour le retour de Natacha. Elle est rentrée de Russie. J'ai invité tous les élèves de notre cours de français. Chaque personne a apporté quelque chose. Nous avons préparé un repas français. Nous avons cuisiné tout l'après-midi. Chaque invité a préparé un petit poème en français pour Natacha. Pendant la soirée, ils ont lu les poèmes. Natacha a remercié tout le monde, elle a passé une très bonne soirée. Tout le monde est parti à 2 heures du matin. Aujourd'hui, je suis très fatiguée !
Emma

UNITÉ 6   Vivre avec les autres

LEÇON 21   C'est interdit !

p. 66-67

- **Contenu socioculturel**
  Les comportements rituels

- **Objectifs communicatifs**
  Demander, donner et refuser une permission
  Exprimer des interdictions

- **Objectifs linguistiques**
  Grammaire
  Pouvoir au présent
  La négation de l'impératif
  Les pronoms COI après l'impératif affirmatif
  Phonétique
  L'opposition [ʃ] et [ʒ]

- **Savoir-faire**
  Demander et donner une permission

Mots nouveaux

un alcool – une arrivée – un CD – un(e) chien(ne) – le chocolat – une classe *(école)* – donner – excusez-moi – fumer – important(e) – interdire – un médecin – un passeport – permis *(participe passé de* permettre*)* – pouvoir – un (téléphone) portable – utiliser

DÉCOUVREZ

Livre ouvert, faire observer les trois illustrations.
Qu'est-ce qu'elles représentent ?
(Dans un avion, une dame téléphone. L'hôtesse [mot nouveau] dit qu'on ne peut pas utiliser son portable.)
(Un monsieur avec un petit chien demande une chambre à la réception d'un hôtel. Mais on n'accepte pas les chiens dans cet hôtel.)
(Dans un restaurant, une femme fume. Un serveur arrive. Il dit poliment qu'on ne peut pas fumer dans ce restaurant.)

1 Où est-ce qu'ils sont ?

▶ **Livre fermé, faire écouter une première fois les trois dialogues.**
Quel dessin correspond à quel dialogue ?
Faire dire où se trouvent les différentes personnes.

Corrigé
1 Elles se trouvent dans un restaurant.
2 Elles se trouvent à la réception d'un hôtel.
3 Elles se trouvent dans un avion.

2 Qu'est-ce qu'ils ne peuvent pas faire ?

▶ **Avant de commencer l'activité, demander aux apprenants de se référer au tableau de grammaire** *Le verbe* pouvoir *au présent*, **p. 66.**
Souligner les trois radicaux du verbe : *peu-, pouv-, peuv-*. Faire entendre la prononciation de *peux* (voyelle finale fermée) opposée à *peuvent* (voyelle suivie d'un son de consonne, donc ouverte).
Faire écouter les trois dialogues une deuxième fois. Faire relever dans chacun des dialogues ce que les personnes ne peuvent pas faire.

Corrigé
1 Elle ne peut pas fumer dans la salle du restaurant.
2 Il ne peut pas prendre son chien dans sa chambre.
3 Elle ne peut pas utiliser son portable dans l'avion.

▶ **Faire lire et jouer les dialogues par groupes de deux.**

ENTRAÎNEZ-VOUS

3 Et ici ?

> Faire travailler les apprenants en sous-groupes.

   Corrigé
   1 Au cinéma : on peut voir un film. On peut manger du pop-corn. On peut entrer dix minutes après le début du film. On ne peut pas parler avec son/sa voisin(e). On ne peut pas fumer. On ne peut pas prendre son chien.
   2 Dans la salle de classe : on peut étudier. On peut écouter le professeur. On peut répondre aux questions. On ne peut pas parler avec ses amis. On ne peut pas écouter de la musique. On ne peut pas manger.
   3 Au restaurant : on peut manger. On peut boire. On peut parler avec ses amis. On peut parfois prendre son chien. On ne peut pas regarder la télévision. On ne peut pas faire des courses.

4 Qu'est-ce qui est permis ?

> Demander aux apprenants de se référer au tableau de grammaire *La négation de l'impératif*, p. 66 et à la rubrique *Savoir dire*, p. 67 : *Exprimer des interdictions*.

Faire lire la consigne de l'activité et l'exemple.
Faire observer les pictogrammes.

> Passer à l'activité.

Faire travailler les apprenants par paires.
Chaque apprenant demande à son/sa voisin(e) s'il peut fumer, prendre son chien avec lui, tourner à gauche, traverser, téléphoner.
Les voisin(e)s répondent par la négative en utilisant une interdiction.

   Corrigé
   Réponses possibles :
   1 – Est-ce que je peux fumer ici ?
      – Non, il est interdit de fumer ici.
   2 – Est-ce que je peux prendre mon chien avec moi ?
      – Non, il est interdit de prendre son chien.
   3 – Est-ce qu'on peut tourner à gauche ?
      – Non, on ne peut pas tourner à gauche.
   4 – Est-ce que je peux téléphoner ?
      – Ne téléphone pas.
   5 – Est-ce que je peux traverser ici ?
      – Non, tu ne peux pas traverser ici/il est interdit de traverser/il n'est pas permis de traverser./ Ne traverse pas.

5 Qu'est-ce qu'ils disent ?

> Attirer l'attention des apprenants sur la dernière phrase du troisième dialogue : *Téléphonez-lui à l'aéroport, à l'arrivée.*

⚠ Se référer au tableau de grammaire *Les pronoms compléments indirects (COI) à l'impératif*, p. 66.

> Passer à l'activité.

   Corrigé
   1 moi   4 lui
   2 toi   5 nous
   3 vous   6 leur

COMMUNIQUEZ

6 Au régime

> Préparation au jeu de rôles

Faire observer le tableau *Cholestérol*, qui présente les bons et les mauvais aliments pour lutter contre le cholestérol.
Faire réfléchir les apprenants à ce qu'on peut faire et ne pas faire quand on fait un régime.
Ce que l'on peut faire : aller au travail à pied, faire du sport, manger des fruits et des légumes, manger du poisson, des pâtes…
Ce que l'on ne peut pas faire : manger du beurre, manger des pommes de terre, manger du chocolat, boire de l'alcool…
Se référer à la rubrique *Savoir dire*, p. 67 : *Demander, donner et refuser une permission* et *Exprimer des interdictions*.

> Ce que vous dites pour…
> • s'informer sur des habitudes
> – *Qu'est-ce que vous mangez habituellement ?*
> • exprimer une interdiction
> – *On ne peut pas manger du pain avec des pommes de terre.*
> – *Désolé, vous ne pouvez pas manger de gâteaux.*
> • exprimer des besoins
> – *Il faut manger beaucoup de fruits et de légumes.*
> • indiquer des quantités
> – *Vous pouvez manger 100 grammes de viande le midi.*
>
> Ce que l'autre personne dit pour…
> • parler de ses habitudes
> – *En général, je ne mange pas de légumes et je bois beaucoup de Coca. J'aime manger du pain et des pommes de terre.*
> • demander une permission
> – *Je peux manger des gâteaux ?*

UNITÉ 6 • LEÇON 21

➤ **Passer au jeu de rôles.**
L'un des apprenants joue le médecin, l'autre le patient qui veut faire un régime. Le patient demande des permissions et exprime des besoins, le médecin donne ou refuse des permissions suivant les cas et exprime des interdictions.
Production libre.

PRONONCEZ

Opposer [ʃ] et [ʒ]

OBJECTIF : discriminer les phonèmes : [ʃ] sourd et [ʒ] sonore.

➤ **Avant de faire écouter l'enregistrement, prononcer les deux symboles.**
Faire dessiner un tableau à deux colonnes (une colonne [ʃ] et une colonne [ʒ]).
Expliquer aux apprenants qu'ils devront cocher la colonne correspondant au son qu'ils entendront.

> **Corrigé**
> [ʃ]   1, 2, 3, 6, 8
> [ʒ]   4, 5, 7

➤ **Présenter ensuite aux apprenants les graphies correspondant aux sons :**
– [ʃ] s'écrit *ch* (comme dans *chaussure, acheter, chien*) ;
– [ʒ] s'écrit *j* ou *ge* (comme dans *je, rouge*).
Souligner que *Je sais pas* [ʒəsɛpa] devient *J(e) sais pas* [ʃɛpa].

Activités autocorrectives du DVD-Rom
㉛ Les pronoms COI à l'impératif
㉜ L'interdiction

LEÇON 22 — Petites annonces

p. 68-69

- **Contenus socioculturels**
  Les comportements rituels
  Le monde du travail

- **Objectifs communicatifs**
  Exprimer la possibilité, le savoir-faire, la volonté
  Exprimer l'obligation

- **Objectifs linguistiques**
  Grammaire
  Vouloir et *savoir* au présent
  Il faut + infinitif
  Le futur proche
  Phonétique
  Les semi-voyelles [ɥ] et [w]

- **Savoir-faire**
  Conseiller quelqu'un

Mots nouveaux

un(e) candidat(e) – contacter – déjà – dire – dynamique – un entretien – un(e) étranger/étrangère – une expérience – indispensable – jeune – une langue – une lettre – minimum – un mot – parfois – un point faible – un point fort – privé – un problème – une qualité – la réception (d'un hôtel) – un(e) réceptionniste – réserver – la restauration – savoir – souriant(e) – vouloir

DÉCOUVREZ

Faire observer l'illustration.
Qu'est-ce que font les quatre garçons ? (Ils sont assis. Ils attendent.)
Quel âge ont-ils ? (Ils sont jeunes. Ils ont entre 25 et 30 ans.)
Ils ne se parlent pas. Ils ne se regardent pas.

1 F cherche travail

1 ▸ Faire lire la petite annonce.
Vérifier la compréhension en posant des questions.
Quel est l'emploi proposé ? (Un emploi de réceptionniste dans un hôtel de Nice.)

▸ Passer à l'activité.

Corrigé
a H = homme, F = femme
b Qualités demandées : avoir entre 25 et 35 ans – être souriant et dynamique – parler anglais, espagnol et italien – possibilité de travailler parfois le week-end. Expliquer les mots *souriant* et *dynamique*.

2 ▸ Avant d'écouter l'enregistrement (transcription, p. 118), faire dessiner un tableau à trois colonnes.
Dans la première colonne, faire écrire les éléments du profil recherché, la deuxième et la troisième colonne servant à noter les points forts et les points faibles du candidat.

▸ Passer à l'exercice.
Faire écouter le dialogue une première fois.
Faire remarquer : *Je vais avoir 22 ans*. Le jeune homme n'a pas (encore) 22 ans.

⚠ Se référer au tableau de grammaire *Le futur proche*, p. 68.

UNITÉ 6 • LEÇON 22

Demander aux apprenants de dire, d'après ce qu'ils ont noté dans leur tableau, quels sont les points forts et les points faibles du candidat.

> **Corrigé**
> a deux personnes
> b la directrice, madame Davoust et un candidat
> c
>
> | Profil | Points forts | Points faibles |
> |---|---|---|
> | entre 25 et 35 ans | | La personne n'a pas entre 25 et 35 ans (elle a 22 ans). |
> | souriant(e) | On ne sait pas. | On ne sait pas. |
> | dynamique | La personne fait du tennis et de la natation. | |
> | Parle anglais, allemand et espagnol. | Parle anglais et allemand. | Ne parle pas espagnol. |
> | Peut travailler, parfois, le week-end. | oui | |

La personne n'a pas entre 25 et 35 ans et ne parle pas espagnol, mais elle a une expérience d'un an à la réception d'un hôtel à Berlin en Allemagne, parle allemand et anglais, et elle est dynamique (sportive).

> **Faire travailler les apprenants par paires.**

Leur demander de lire la transcription du dialogue p. 118, puis de jouer la scène.

ENTRAÎNEZ-VOUS

2 *Pouvoir, vouloir* ou *savoir* ?

> **Demander aux apprenants de se référer au tableau de grammaire *Le verbe vouloir au présent*, p. 68.**

Noter les trois radicaux du verbe : *veu-*, *voul-*, *veul-* et la prononciation du *eu* de *veux* (fermé) différent de celui de *veulent* (ouvert).

⚠ Se référer au tableau de grammaire *Le verbe savoir au présent*, p. 68.

Souligner les deux radicaux du verbe : *sai-*, *sav*. Inviter les apprenants à se référer à la rubrique *Savoir dire*, p. 69 : *Exprimer la possibilité*, *Exprimer le savoir-faire* et *Exprimer la volonté*.

> **Passer ensuite à l'activité.**

Demander aux apprenants de compléter les phrases avec l'un des trois verbes suivants : *pouvoir, vouloir, savoir*.

> **Corrigé**
> 1 sait
> 2 peux
> 3 voulez
> 4 peuvent
> 5 pouvons

3 Que faire ?

> **Se référer à la rubrique *Savoir dire*, p. 69 : *Exprimer l'obligation*, ainsi qu'au tableau de grammaire *Il faut + infinitif*, p. 68.**

Faire lire la consigne de l'activité ainsi que l'exemple.

> **Corrigé**
> Réponses possibles :
> 1 Il faut téléphoner à l'office de tourisme de Paris.
> 2 Il faut prendre des cours dans un institut de langues.
> 3 Il faut téléphoner à la gare.
> 4 Il faut aller dans une agence immobilière.

4 Ils vont le faire.

Lire l'exemple.

> **Corrigé**
> 1 Non, mais je vais le faire./je vais déjeuner.
> 2 Non, mais il va y venir/il va venir chez moi.
> 3 Non, mais ils vont partir (aujourd'hui).
> 4 Non, mais nous allons y aller.
> 5 Non, mais elle va le faire./elle va se lever.
> 6 Non, mais ils vont le faire./Ils vont se promener.

COMMUNIQUEZ

🎧 5 Cours particulier

> **Faire lire les trois questions avant l'écoute.**

Faire écouter le dialogue (transcription, p. 118). Ce dialogue ne contient pas de difficultés particulières. Poser les trois questions de l'exercice.

> **Corrigé**
> 1 Sa fille ne parle pas un mot d'anglais après un an de cours à l'école.
> 2 Elle ne sait pas : deux ou trois heures de cours par semaine.
> 3 L'étudiant peut venir le lundi, le mercredi et le vendredi soir, après 18 heures.

Si les apprenants ont des problèmes de compréhension, faire réécouter les passages qui contiennent les réponses aux questions.

🎭 6 Un entretien

> **Préparation au jeu de rôles**

Faire travailler les apprenants par groupes de deux. Faire lire la consigne de l'activité et la petite annonce.

L'un des apprenants joue le directeur du restaurant, l'autre le/la candidat(e).
Faire réfléchir les apprenants aux expressions à utiliser.
Faire jouer la scène en s'inspirant du dialogue de la leçon.

> **Ce que vous dites pour…**
> • demander l'âge
> – *Vous avez quel âge ?*
> • demander des informations
> – *Combien d'années d'expérience est-ce que vous avez ?*
> – *Est-ce que vous parlez anglais ?*
> • exprimer la possibilité
> – *Est-ce que vous pouvez commencer lundi prochain ?*
>
> **Ce que l'autre personne dit pour…**
> • se présenter
> – *J'ai 23 ans, j'ai trois années d'expérience dans la restauration.*
> • donner des informations
> – *J'ai habité cinq ans à Portsmouth, en Angleterre.*
> • exprimer un savoir-faire
> – *Je sais parler anglais.*

➤ **Passer au jeu de rôles.**
Production libre.

PRONONCEZ

Les semi-voyelles [ɥ] et [w]

OBJECTIF : discriminer et prononcer les semi-voyelles [ɥ] et [w].

➤ **Présenter les phonèmes [ɥ] et [w] à la classe.**
[ɥ] = un [y] prononcé très rapidement dans la même syllabe que la voyelle qui le suit.
[w] = un [u] prononcé très rapidement dans la même syllabe que la voyelle qui le suit.
Proposer des mots connus : *mois, trois, oui, lui, huit*.
Les écrire au tableau.
Faire répéter les apprenants.

➤ **Passer à l'activité.**

Corrigé
1 [ɥ] cuisine
2 [w] oui
3 [ɥ] bruyant
4 [w] Louis
5 [ɥ] aujourd'hui

Activités autocorrectives du DVD-Rom
㉝ *Pouvoir, vouloir, savoir*
㉞ *Le futur proche*

LEÇON 23

Qu'est-ce qu'on lui offre ?

p. 70-71

- **Contenus socioculturels**
  Les comportements rituels
  Le monde du travail

- **Objectifs communicatifs**
  Faire des propositions
  Accepter ou refuser une proposition

- **Objectifs linguistiques**
  Grammaire
  Connaître au présent
  Les pronoms COD *le, la, l', les*
  Les pronoms COI *lui, leur*
  Phonétique
  Le e caduc

- **Savoir-faire**
  Organiser une réunion ou une soirée

Mots nouveaux

adorer – un agenda – un anniversaire – un art – choisir – un(e) collègue – connaître – le goût – une idée – un(e) invité(e) – laisser – un lieu – nouveau/nouvel/nouvelle – offrir – original – une organisation – la peinture – un plat – pourquoi – quitter – (partir à) la retraite

DÉCOUVREZ

A. Le professeur apporte en classe de menus objets, un petit livre, une fleur…
Il donne un objet en récompense à un membre de la classe. Il dit en regardant la classe : *Je fais un petit cadeau à X… Je lui offre un livre J'ai choisi ce cadeau parce ce qu'il/elle aime lire…*
On peut poursuivre cette introduction. Le professeur s'approche de quelqu'un dans la classe, montre à la classe les deux ou trois objets qu'il a apportés et dit : *Qu'est-ce qu'on offre à X ? Qu'est-ce qu'on lui offre ? Quel cadeau est-ce que vous choisissez ? On lui offre des fleurs parce que c'est son anniversaire ?*

B. Faire observer l'illustration.
Quel cadeau est-ce que la jeune femme offre à la femme ?

1 Quel cadeau choisir ?

1 ▶ Livre fermé, faire écouter le dialogue.
Faire lire les phrases de l'exercice.
Puis, faire écouter l'enregistrement une deuxième fois.

Corrigé
a Faux. C'est son départ de l'agence. Elle part à la retraite.
b Vrai.
c Vrai.
d Vrai.
e On ne sait pas.
f Faux. Ils ne peuvent pas lui offrir ce cadeau parce que le directeur lui achète un livre.

2 ▶ Faire lire le dialogue.
Demander aux apprenants de dire ce que remplacent les pronoms *lui* (on lui offre un cadeau) et *la* (tu la connais bien).

Corrigé
- *Lui* remplace *à Colette* (offrir quelque chose à quelqu'un).
- *La* remplace *Colette* (connaître quelqu'un).

83

Demander ensuite aux apprenants d'expliquer la différence entre les deux pronoms.
Dans le premier cas, *lui* est un pronom d'objet indirect (il y a une préposition entre le verbe et l'objet) ; dans le second cas, *la* est un pronom d'objet direct.

▶ Demander aux apprenants de se référer aux tableaux de grammaire *Les pronoms compléments d'objet direct (COD)* et *Les pronoms compléments d'objet indirect (COI)*, p. 70.

ENTRAÎNEZ-VOUS

2 Réponse à tout

Corrigé
1 les   4 le
2 la   5 le
3 l'

3 *Lui* ou *leur* ?

Corrigé
1 Non, elle ne leur a pas écrit.
2 Oui, je lui offre des fleurs.
3 Non, je ne lui fais/nous ne lui faisons pas de cadeau.
4 Oui, je leur téléphone.
5 Non, ils ne lui parlent pas.

4 Qu'est-ce qu'ils font ?

Corrigé
Réponses possibles :
1 À quelle heure est-ce qu'il prend son bus/train ?
2 Est-ce que ta femme invite ses parents au restaurant ?
3 Est-ce que vous achetez le journal ?
4 Qu'est-ce que tu offres à ton fils pour son anniversaire ?

5 E-mail

Corrigé
lui, l', lui, leur, les, la

COMMUNIQUEZ

6 L'anniversaire surprise

▶ **Préparation au jeu de rôles**
Faire travailler les apprenants par paires.
Se référer à la rubrique *Savoir dire*, p. 71 : *Faire des propositions, Accepter une proposition* et *Refuser une proposition*.
Faire réfléchir les apprenants aux expressions à utiliser.

Ce que vous dites pour…
• faire une proposition
– *On peut organiser une fête pour l'anniversaire de Luigi.*
– *Téléphonons à ses amies pour leur dire de venir.*
• s'informer sur une date
– *Est-ce que c'est vendredi ou samedi son anniversaire ?*
• refuser une proposition
– *Non, on ne connaît pas ses goûts.*
– *Non, ce cadeau n'est pas très original.*

Ce que l'autre personne dit pour…
• accepter une proposition
– *Oui, c'est une très bonne idée.*
• s'informer sur l'organisation
– *Où est-ce qu'on peut faire cette fête ?*
– *Qu'est-ce qu'on prépare comme plats ?/ Quels plats on prépare ?*
– *Qu'est-ce qu'on peut faire comme surprise ?/ Quelle surprise on lui fait ?*
• faire une proposition
– *On peut lui offrir des CDs ? Et pourquoi pas des rollers ?*

▶ Passer au jeu de rôles.
Production libre.

PRONONCEZ

Le *e* caduc

OBJECTIF : faire travailler la différence entre graphie et phonie (les *e* écrits ne sont pas toujours prononcés).

▶ **Livre fermé, faire écouter le premier énoncé.**
Livre ouvert, faire écouter de nouveau le premier énoncé en demandant aux apprenants d'observer comment il est écrit.
Faire comparer la graphie et la phonie.
Demander aux apprenants de trouver le *e* caduc.
Procéder ainsi avec les cinq autres énoncés.

Corrigé
1 Je le connais. [ʒəlkonɛ]
2 Je ne sais pas. [ʒənsɛpa]
3 On le voit. [ɔ̃lwa]
4 Vous le faites. [vulfɛt]
5 Nous le savons. [nulsavɔ̃]
6 Je ne mange pas ça. [ʒənmɑ̃ʒpasa]

Activités autocorrectives du DVD-Rom
35 Les pronoms COD
36 Les pronoms COD et COI

LEÇON 24

Le candidat idéal...

p. 72-73

- **Contenus socioculturels**
  Les comportements rituels
  Le monde du travail

- **Savoir-faire**
  Se présenter dans un cadre professionnel

- **Objectif communicatif**
  Comprendre des conseils

Mots nouveaux

à l'heure – avant – un cheveu/des cheveux – correctement – court(e) – une entreprise – exactement – faire attention – familier/familière – idéal(e) – le matériel informatique – un œil/des yeux – poser (des questions) – une présentation – raconter – respecter – réussir

DÉCOUVREZ

1 Qu'est-ce que c'est ?

▶ **Faire observer l'illustration de la leçon.**
Une jeune femme consulte un écran d'ordinateur. Elle est à l'agence nationale pour l'emploi (ANPE). (Cette agence aide les gens à trouver du travail.)

▶ **Faire lire le document présenté sur la double page.**
Demander ce qu'on peut y lire. (Des conseils.)
Demander aux apprenants de dire qui l'a écrit et pour qui.

> **Corrigé**
> - C'est un document de l'ANPE.
> - L'ANPE a écrit ce document pour aider les candidats à chercher un travail. Le document donne des conseils pour réussir un entretien.

2 Et quoi encore ?

▶ **Faire travailler les apprenants en sous-groupes.**

> **Corrigé**
> Réponses possibles :
> - Regardez sur un plan comment aller à votre entretien.
> - Partez tôt de chez vous./Arrivez à l'heure à votre rendez-vous.
> - N'allez pas à votre rendez-vous en rollers.
> - Ne dites pas *tu* à la personne en face de vous.

3 Les erreurs

▶ **Faire entendre le dialogue (transcription, p. 119) une ou deux fois.**

> **Corrigé**
> La candidate n'a pas cherché d'informations sur l'entreprise.
> Elle raconte sa vie personnelle.
> Elle ne parle pas correctement et utilise des mots familiers : *ouais, j'ai pas…*
> Elle ne pose pas de questions sur l'entreprise.

85

COMMUNIQUEZ

4 Et dans votre pays ?
Production libre.

5 À vous !
▶ **Faire travailler les apprenants en sous-groupes.**
Faire lire la consigne de l'activité.
Production libre.

POUR ALLER PLUS LOIN

Demander aux apprenants de relire, dans la double page de la leçon, tous les mots qui contiennent un son nasal : [ã], [ɔ̃] ou [ɛ̃].
Faire classer ces mots dans trois colonnes distinctes correspondant chacune à un son nasal.

[ã] *comment, entretien, document, encore, candidate, avant, attention, présentation, vêtements, pendant, souriant(e), correctement, entreprise, Agence, emploi, suivantes, exactement, étranger*

[ɔ̃] *conseils, informations, attention, présentation, répondez, racontez, questions, on*

[ɛ̃] *entretien, informations, voisin*

Demander aux apprenants de prononcer chacun des mots en insistant bien sur la prononciation des voyelles nasales.
Mettre en commun les réponses de chaque groupe de deux personnes.
Écrire les réponses au tableau dans trois colonnes.
Attirer l'attention des apprenants sur les mots qui possèdent plus d'une voyelle nasale :
– *entretien* [ɑ̃tʁətjɛ̃]
– *attention* [atɑ̃sjɔ̃]
– *pendant* [pɑ̃dɑ̃]
– *présentation* [pʁezɑ̃tasjɔ̃]
– *informations* [ɛ̃fɔʁmasjɔ̃]

Faire relever les différentes façons d'écrire chaque son.

[ã] *an, en, am (campagne), em (temps)*
[ɔ̃] *on, om (complet)*
[ɛ̃] *in, im (important), ain (main), un (brun)*

Savoir-faire *corrigés*

p. 74

1 Règlement intérieur

Production possible :
1 *Il est interdit de fumer dans l'école.*
2 Il n'est pas permis de téléphoner pendant les cours.
3 On ne peut pas arriver en retard.
4 Il est interdit d'entrer dans le bureau du directeur.
5 Les élèves ne peuvent pas manger en classe.
6 Il n'est pas permis de discuter pendant les cours.
7 Ne parlez pas trop fort à la bibliothèque.
8 On ne peut pas tutoyer les professeurs.
9 Ne laissez pas les lumières allumées après les cours.
10 Écouter de la musique à l'école, ce n'est pas possible.

2 Fête d'anniversaire

Production possible :

De : reza.yas@hotmail.fr
À : theo.marchal@yahoo.fr

Salut Théo,
Je suis d'accord pour faire une fête chez moi pour l'anniversaire de Mathilde samedi. Est-ce que tu peux préparer un plat ? Mathilde aime la cuisine italienne. Et les invités, tu leur téléphones, d'accord ? Tu connais bien ses amis. Pour le cadeau, offrons-lui des livres ou des CDs. On peut aussi lui acheter des fleurs. À samedi !
Yasmine

3 Baby-sitter

Production possible :
– Je cherche une baby-sitter pour mon fils Hugo et ma fille Morgane. Vous êtes intéressée ?
– Oui, je veux travailler le week-end comme baby-sitter.
– Vous aimez les bébés ? Hugo a un an et Morgane a deux ans.
– Oui, j'aime beaucoup les bébés.
– Et vous pouvez travailler parfois le soir ?
– Je peux le lundi et le jeudi.
– Très bien. Vous savez parler aux enfants ?
– Oui, j'ai l'habitude, et je connais beaucoup de jeux.
– Vous pouvez aussi répondre au téléphone ?
– Pas de problème. Je parle bien français.
– Bon, mais il faut commencer demain.
– D'accord !

4 Petit guide

Production possible :

Pendant les leçons
– Écoutez avec attention.
– Prenez des notes.
– Communiquez avec les autres élèves.
– Posez des questions à votre professeur.
– Parlez correctement.

Après les leçons
– Faites vos exercices.
– Écoutez la radio en français.
– Regardez des films en français.
– Cherchez des informations sur Internet.

Évaluation 2

DELF A1

Compréhension de l'oral

OBJECTIF 1 — Comprendre l'emploi du temps d'une personne

1 Vers 5 heures, très tôt.
2 Vers 7 heures.
3 c
4 a
5 b

OBJECTIF 2 — Comprendre des horaires

Image 1 : dialogue n° 3, 16 h 30
Image 2 : dialogue n° 4, 20 heures
Image 3 : dialogue n° 2, 9 h 18
Image 4 : dialogue n° 1, 21 heures

Production orale

OBJECTIF 1 — Demander des informations

Production possible :
– À quelle heure est-ce que tu te lèves le matin ?
– Quelles activités fais-tu le week-end ?
– Quand est-ce que tu organises la prochaine fête ?
– Où est-ce que ta famille habite ?
– Qu'est-ce que tu fais pour ton anniversaire ?

– De quelle couleur est ta nouvelle robe ?
– Dans quels pays est-ce qu'on parle le français ?
– Quel est ton numéro de téléphone ?
– Est-ce que tu vas souvent au restaurant ?
– Quand est-ce que tu fais les courses ?

OBJECTIF 2 — Faire des courses

Production possible :
– Bonjour. Je voudrais des tomates s'il vous plaît.
– Combien de kilos ?
– Combien coûte le kilo ?
– C'est 2 €.
– 2 kg, alors. Et je vais prendre du poisson. C'est bien 17 € le kilo ?
– Oui, c'est ça.
– Donnez-moi un kilo de poisson.
– Voilà, madame.
– Le fromage, c'est 20 € le kilo, donc 250 grammes, c'est 5 € ?
– C'est exact.
– Très bien. Donc, 250 grammes de fromage, et je vais prendre un kilo de ces fruits. Ça fait combien, au total ?
– Eh bien, 4 € pour les tomates, 17 € de poisson, 5 € le fromage et 2,10 € les fruits. Ça fait 28,10 €.

Évaluation 2

p. 75-76 — *corrigés*

Compréhension des écrits

OBJECTIF Comprendre un récit simple

1a, 2c, 3b, 4b

Production écrite

OBJECTIF 1 Parler d'événements passés

Production possible :

> **De :** caterina_doglio@libero.it
> **À :** alex19@yahoo.fr
>
> Cher Alex,
> Je suis allé en Grèce la semaine dernière, à Athènes. J'ai beaucoup aimé les cafés. J'ai pris un cours de grec et j'ai visité beaucoup de musées. J'ai rencontré plusieurs personnes très sympathiques. J'ai aimé la musique et la cuisine du pays.
> À bientôt !
> Caterina

OBJECTIF 2 Refuser une proposition

> **De :** luc@yahoo.fr
> **À :** famillerego@yahoo.fr
>
> Cher Fabien, chère Alexandra,
> Merci pour votre invitation, mais nous ne pouvons pas venir. Le 1er juin, nous allons chez les parents de Clara. Nous vous souhaitons un joyeux anniversaire de mariage. Passez une bonne journée !
> À bientôt !
> Xavier et Clara

UNITÉ 7 — Un peu, beaucoup, passionnément…

LEÇON 25 — Enquête

p. 78-79

- **Contenus socioculturels**
  Le cadre de vie
  Les loisirs et les vacances

- **Objectifs communicatifs**
  Exprimer des goûts et des préférences
  Exprimer la fréquence et l'intensité

- **Objectifs linguistiques**
  Grammaire
  La fréquence et l'intensité avec *beaucoup (de)*, *peu (de)*
  Les pronoms *en* et *ça*
  La négation *ne… plus*

  Phonétique
  Le *e* entre deux consonnes

- **Savoir-faire**
  Parler de ses loisirs

Mots nouveaux

une activité – aujourd'hui – détester – une discothèque – Internet – des loisirs – un magazine – un opéra – une préférence – préférer – un questionnaire – répondre – le sexe – le théâtre

DÉCOUVREZ

A. Livre ouvert, faire observer l'illustration.
Une femme fait une enquête dans la rue.
Un homme lit un livre pendant ses loisirs.

B. Faire émettre des hypothèses sur le sujet de l'enquête.

1 Les loisirs des Français

1 ▸ Demander aux apprenants de lire le titre de la leçon et le questionnaire.
La femme fait une enquête. Elle pose des questions à un monsieur dans la rue.

2 ▸ Demander aux apprenants de poser des questions à leurs voisin(e)s pour connaître leurs goûts.
Les apprenants ont lu le dialogue et reprendront probablement des questions du questionnaire de mémoire.

Corrigé
Réponses possibles :
- Est-ce que vous aimez lire ? Regarder la télé ? Aller sur Internet ?
- Est-ce que vous aimez voyagez ? Quand ? Où ?
- Quels sports est-ce que vous faites ?

3 ▸ Faire écouter le dialogue une première fois.
Puis, repasser l'enregistrement. Les apprenants suivent sur le questionnaire et notent les réponses. Leur laisser le temps de les noter.

Corrigé
1 H, 26/35 (26 ans).
2 Non, je n'en fais plus.
3 beaucoup
4 avec des amis
5 le cinéma, le théâtre
6 lire (un livre, un journal, un magazine)
7 chez moi
8 dans les bars

▸ Demander aux apprenants de lire la transcription, p. 119.
Faire jouer le dialogue en sous-groupes.

UNITÉ 7 • LEÇON 25

4 ➤ Attirer l'attention des apprenants sur deux phrases du dialogue transcrites dans le livre.
a *J'ai fait du sport, mais aujourd'hui, non… je n'en fais plus.*
b *J'aime beaucoup le cinéma… […] Mais l'opéra et les musées, non… Je déteste ça !*
Demander aux apprenants de dire ce que remplace *en* dans la phrase a et ce que remplace *ça* dans la phrase b.

> **Corrigé**
> **a** *En* remplace *du sport*. On aurait pu dire : *Je ne fais plus de sport.*
> **b** *Ça* remplace *l'opéra et les musées*. On aurait pu dire : *Je déteste l'opéra et les musées.*

➤ **Demander aux apprenants de se référer aux tableaux de grammaire** *Le pronom en* et *Le pronom ça*, **p. 78.**
Il est intéressant de faire remarquer la syntaxe des questions 2, 4, 6, 7 et 8 de l'enquête, qui sont du type inversion : *Faites-vous du sport ? (= Est-ce que vous faites du sport ?), Avec qui sortez-vous ? (= Avec qui est-ce que vous sortez ?)…*
L'inversion est la forme grammaticalement la plus correcte pour l'écrit et rend la question plus formelle.

ENTRAÎNEZ-VOUS

2 Un peu, beaucoup…

➤ **Faire lire l'exemple.**
Demander aux apprenants de répondre aux questions en utilisant à chaque fois le pronom *en*.

⚠ Se référer au tableau de grammaire *La fréquence et la quantité*, p. 78.

> **Corrigé**
> Réponses possibles :
> **1** Oui, il en a fait un peu/beaucoup.
> **2** Oui, j'en ai beaucoup/un peu.
> **3** Oui, elle en a un peu/beaucoup.
> **4** Oui, j'en lis beaucoup/un peu.

3 Pas du tout !

➤ **Faire observer l'exemple de l'activité.**

⚠ Se référer au tableau de grammaire *La négation : ne… plus*, p. 78.

➤ Demander aux apprenants d'imaginer la fin des phrases 1 à 4 en utilisant *en* et *ne… plus*.

> **Corrigé**
> Réponses possibles :
> **1** J'aime bien manger des pommes de terre mais je n'en mange plus, je n'en veux plus.
> **2** J'aime acheter des CDs mais je n'en achète plus, je n'ai plus d'argent.
> **3** J'adore prendre des photos mais je n'en prends plus, je n'ai plus le temps.
> **4** J'aime beaucoup offrir des cadeaux à mes amis mais je n'en offre plus, je n'ai plus d'idées.

4 Question de goût

➤ **Faire lire les questions numérotées de 1 à 5 et les réponses numérotées de a à e.**
Demander aux apprenants d'associer chaque question à une réponse.

> **Corrigé**
> 1c, 2b, 3a, 4e, 5d

POUR ALLER PLUS LOIN

Présenter à la classe une série de photos, cartes postales, illustrations d'aliments, plats cuisinés, sports ou activités diverses *(prendre le métro, manger au restaurant, faire les courses dans un supermarché…)* et interroger les apprenants : ils doivent dire s'ils aiment ou s'ils détestent l'objet ou l'activité présentés. On peut introduire quelques nouveaux mots de vocabulaire.

5 J'aime… je déteste…

➤ **Faire lire le tableau.**
Demander aux apprenants de dessiner un tableau similaire.
Leur faire compléter à l'écrit le tableau avec les choses qu'ils aiment et les choses qu'ils détestent.
Production libre.

COMMUNIQUEZ

6 À vous !

➤ **Faire lire la consigne de l'activité.**
Faire travailler chaque apprenant avec son/sa voisin(e) : l'un pose les questions du questionnaire et l'autre y répond, puis ils inversent.
Se référer à la rubrique *Savoir dire*, p. 79 : *Exprimer des goûts et des préférences, Exprimer la fréquence* et *Exprimer l'intensité*.

> **Ce que vous dites pour…**
> • s'informer sur des habitudes
> – *Est-ce que tu fais beaucoup de sport ?*
> – *Le week-end, est-ce que tu sors un peu, beaucoup ou pas du tout ?*
> • interroger sur les goûts
> – *Est-ce que tu aimes bien aller au cinéma ?*
>
> **Ce que l'autre personne dit pour…**
> • exprimer la fréquence ou l'intensité
> – *Non, je ne fais pas beaucoup de sport. Je joue au tennis une fois par semaine.*
> • exprimer des goûts et des préférences
> – *Non, je déteste le théâtre. Je préfère aller au cinéma.*

Production libre.

➤ **Demander à chaque apprenant de présenter les goûts de son/sa voisin(e) à la classe.**

PRONONCEZ

Le *e* entre deux consonnes

OBJECTIF : apprendre à identifier et à prendre en considération les *e* caducs.

➤ **Faire lire le premier item.**
Demander aux apprenants d'identifier les *e* caducs (que l'on appelle aussi *e* muets) : ce sont les *e* de mots tels que *le, je, de, ce, me, te, se* qui se trouvent devant un mot qui commence par une consonne ; le *e* caduc se trouve ainsi entre deux consonnes.
Faire souligner les *e* caducs.
Faire prononcer la phrase.
Procéder de la même manière pour les quatre autres items.

Corrigé
1 J'aim*e* beaucoup l*e* cinéma. [ʒɛmbokulsinema]
2 J*e* n'aim*e* pas l*e* poisson. [ʒnɛmpalpwasɔ̃]
3 Il fait un peu d*e* sport l*e* dimanche. [ilfɛɛ̃pødspɔrldimɑ̃ʃ]
4 Vous avez beaucoup d*e* travail ? [vuzavebokudtʀavaj]
5 J'ador*e* l*e* théâtre ! [ʒadɔrlteatʀ]

➤ **Puis faire écouter l'enregistrement.**
Demander aux apprenants de répéter les phrases une nouvelle fois en imitant l'enregistrement.

Activités autocorrectives du DVD-Rom
㊲ Le pronom *en*
㊳ Les pronoms compléments
㊴ La négation

LEÇON 26

Quitter Paris

P. 80-81

- **Contenus socioculturels**
Le cadre de vie
Les loisirs et les vacances

- **Objectifs communicatifs**
Demander et exprimer une opinion
Exprimer une contestation

- **Objectifs linguistiques**
Grammaire
La cause avec *pourquoi, parce que*
Trop/Assez + adjectif, *trop de/assez de* + nom
Tout(e), tous/toutes
Phonétique
L'opposition par l'intonation

- **Savoir-faire**
Parler des avantages et des inconvénients de différents styles de vie

Mots nouveaux

l'argent – un avantage – avoir raison – changer – comprendre – se connaître – ensemble – un espace vert – être fatigué – gagner – ici – imaginer – un inconvénient – se marier – (tout le) monde *(= toutes les personnes)* – ouvert – penser – la pollution – pour ou contre – trop – vivre

DÉCOUVREZ

Faire rapprocher le titre *Quitter Paris* et l'illustration : un village à la campagne.
Qu'est-ce qu'on voit sur l'illustration ?
Caractériser ce village : *petit, calme, vert, reposant…*
À quoi s'oppose le petit village dans la campagne ?

1 Pour ou contre ?

> **Faire travailler les apprenants en sous-groupes.**
Livre fermé, faire écouter le dialogue (une ou deux fois si nécessaire).

1 Faire émettre des hypothèses sur le contenu du texte. Opposer la ville et la campagne.

Corrigé
2 b
3 a • Avantages de Paris : il y a des théâtres, des cinémas. On peut sortir tous les jours dans les bars ou en boîte. Il y a des magasins ouverts le dimanche.
• Inconvénients de Paris : Il y a trop de voitures, trop de pollution, pas assez d'espaces verts. C'est trop bruyant.
b • Avantages de la campagne : pas de voitures, pas de pollution, des espaces verts, du calme.
• Inconvénient ou avantage selon le point de vue : tout le monde se connaît.

ENTRAÎNEZ-VOUS

2 Pour quelle raison ?

> **Attirer l'attention des apprenants sur la question** *Pourquoi est-ce que vous partez à la campagne ?* **et sur la réponse** *Parce qu'à Paris, il y a trop de voitures…* **(lignes 7-10).**

⚠ Se référer au tableau de grammaire *L'expression de la cause*, p. 80.
Demander aux apprenants d'imaginer une réponse avec *parce que* à chacune des cinq questions.

> **Corrigé**
> Réponses possibles :
> 1 Elle est fatiguée parce qu'elle sort tous les soirs en boîte.
> 2 Elle va au travail à pied parce qu'elle aime se promener le matin.
> 3 Je change d'appartement parce que je voudrais une grande terrasse.
> 4 Il part à Marseille parce qu'il veut habiter à côté de la mer.
> 5 On/Je lui offre un cadeau parce qu'aujourd'hui c'est son anniversaire.

3 *Trop* ou *pas assez* ?

▶ **Se référer au tableau de grammaire *Trop et assez*, p. 80.**
Demander aux apprenants de compléter les phrases avec *trop* ou *pas assez* + adjectif ou *trop de* et *pas assez de* + nom.

> **Corrigé**
> 1 pas assez de, trop de
> 2 trop, pas assez
> 3 pas assez de
> 4 trop, pas assez de
> 5 pas assez

4 *Tout*

▶ **Se référer au tableau de grammaire *Tout*, p. 80.**
Faire lire la consigne de l'activité.

> **Corrigé**
> 1 toute
> 2 tous
> 3 tout
> 4 toutes
> 5 toutes

5 *Tous* ou *toutes* ?

▶ **Demander aux apprenants de répondre aux questions en utilisant *tous* ou *toutes*.**
Attention à l'accord des participes passés et des adjectifs !
Dans ces phrases *tous* et *toutes* sont des pronoms.

> **Corrigé**
> 1 Oui, ils sont tous venus.
> 2 Oui, elles sont toutes magnifiques.
> 3 Oui, ils sont tous arrivés.
> 4 Oui, ils sont tous sur la table.
> 5 Oui, elles sont toutes mariées.

COMMUNIQUEZ

6 Qu'en pensez-vous ?

▶ **Faire lire les quatre questions.**
Faire réfléchir les apprenants à leurs réponses, à leurs justifications.
Se référer à la rubrique *Savoir dire*, p. 81 : *Demander et exprimer une opinion*.
Faire également utiliser les *Savoir dire* de la leçon 25, p. 79 : *Exprimer des goûts et des préférences*, *Exprimer la fréquence* et *Exprimer l'intensité*.

▶ **Faire travailler les apprenants en sous-groupes pour la mise en commun des réponses et des justifications.**

> **Corrigé**
> Réponses possibles :
> 1 Je préfère vivre à la campagne parce que c'est plus calme.
> 2 Je déteste voyager avec des amis parce que les personnes ne sont pas souvent d'accord. Quand je voyage seul, je visite les musées, je me promène dans les villes…
> 3 J'adore faire les courses au supermarché parce que j'y trouve tout, mais j'aime aussi le marché parce que c'est sympa.
> 4 Travailler beaucoup, moi je n'aime pas du tout ça, mais gagner peu d'argent, ce n'est pas très intéressant. Je préfère ne pas trop travailler et gagner assez d'argent pour vivre !

▶ **Faire remarquer la présence d'un nouveau verbe : *vivre*.**
Demander aux apprenants de le conjuguer au présent, les aider et écrire les formes conjuguées au tableau.
Introduire le participe passé : *vécu*.

PRONONCEZ

Opposer des termes par l'intonation

OBJECTIF : apprendre à mettre en relief deux éléments du message pour marquer une opposition.

▶ **Faire écouter le premier énoncé.**
Demander aux apprenants de le répéter en imitant l'intonation pour bien marquer l'opposition.
Expliquer aux apprenants que cette mise en relief se marque par l'intonation (montante/descendante).
Procéder de la même façon pour les quatre autres énoncés.

UNITÉ 7 • LEÇON 26

> **POUR ALLER PLUS LOIN**
>
> Faire travailler les apprenants en sous-groupes.
> Demander à chaque groupe de bien observer la photo illustrant la leçon et d'en faire une description.
> Faire réutiliser le vocabulaire déjà étudié.
> Autoriser les apprenants à chercher dans un dictionnaire bilingue (ou à interroger le professeur à ce propos) les quelques mots nécessaires à leur description.
> Demander ensuite à quelques groupes de présenter leur travail à la classe.
>
> **Corrigé**
> Réponse possible :
> (Les mots soulignés sont des mots inconnus des apprenants, qu'ils ont pu trouver dans un dictionnaire.)
> Sur la photo de la leçon 26, on voit un petit <u>village</u> français à la campagne. Il y a des maisons, <u>une église</u>, et à côté du village, il y a une <u>rivière</u>, une petite île, des arbres et des <u>champs</u>. C'est très vert.

Activités autocorrectives du DVD-Rom

④⓪ Les adverbes de quantité
④① *Tout*

LEÇON 27

Vivement les vacances ! p. 82-83

- **Contenus socioculturels**
Le cadre de vie
Les loisirs et les vacances

- **Objectifs communicatifs**
Exprimer des goûts
Donner des conseils

- **Objectifs linguistiques**
Grammaire
Les verbes pronominaux au présent et au passé composé
La place du pronom à l'impératif avec un verbe pronominal
Phonétique
L'alternance [ɛ] et [ə]

- **Savoir-faire**
Comparer des goûts et des habitudes

Mots nouveaux

s'amuser – arrêter – se baigner – bref – se calmer – le camping – un commentaire – enfin – s'ennuyer – une glace – une habitude – une opinion – parce que – une pause-café – un point de vue – rêver – le soleil – super – toujours – un(e) vacancier/vacancière – vivement – vraiment

DÉCOUVREZ

Livre fermé, faire décrire l'illustration.
Il s'agit d'une petite ville au bord de la mer. L'illustration évoque les vacances. À rapprocher du titre.

1 Vivement les vacances !

1 ▶ Faire écouter le dialogue une première fois.

> **Corrigé**
> Trois femmes parlent de leurs vacances.

2 ▶ Faire lire la question posée et procéder à une nouvelle écoute du dialogue.
Demander de dire où chacune des trois femmes dort pendant les vacances.
Si l'endroit n'est pas explicitement mentionné, demander aux apprenants de faire des déductions ou d'émettre des hypothèses.

> **Corrigé**
> • La première dort chez son frère et sa femme, à Arcachon.
> • La deuxième dort dans un camping dans le Cantal.
> • La troisième dort dans un hôtel en Sicile.

3 ▶ Faire travailler les apprenants en sous-groupes.
Leur donner pour consigne de relever ce que chaque femme aime faire pendant les vacances.
(Les membres du sous-groupe peuvent se répartir les tâches : l'un note ce qu'aime la première femme, un autre s'intéresse à la deuxième, etc.).
Faire écouter l'enregistrement (une ou deux fois).

> **Corrigé**
> • La première femme adore passer les vacances avec sa famille : ils vont à la plage, ils se baignent, ils s'amusent, ils mangent des glaces, ils se reposent.
> • La deuxième femme aime beaucoup le calme et la nature. Elle et son ami/mari adorent faire du camping.
> • La troisième femme part toujours/aime partir à l'étranger.

UNITÉ 7 • LEÇON 27

> **POUR ALLER PLUS LOIN**
>
> Demander aux apprenants de chercher où se trouvent Arcachon et le Cantal.
> Faire chercher sur une carte où se trouve la Sicile par rapport à la France.

ENTRAÎNEZ-VOUS

2 Conseils

▶ Demander aux apprenants de se référer au tableau de grammaire *Les verbes pronominaux*, p. 82.
Faire compléter chaque phrase avec le verbe pronominal entre parenthèses.

> **Corrigé**
> 1 repose-toi
> 2 baignez-vous
> 3 amusez-vous
> 4 promène-toi
> 5 couchez-vous

3 Ne faites pas ça !

▶ Faire travailler les apprenants en sous-groupes.
Chaque apprenant doit imaginer, pour chacun des cinq verbes pronominaux de l'activité, un conseil à donner à son partenaire.

▶ Faire utiliser l'impératif négatif, comme dans l'exemple.

> **Corrigé**
> Réponses possibles :
> 1 Ne te lève pas trop tard. Prends un bon petit déjeuner.
> 2 Ne te couche pas trop tard. Repose-toi bien.
> 3 Ne t'habille pas trop. Il fait chaud aujourd'hui : mets une robe.
> 4 Ne t'achète pas de crêpes maintenant. Attends : tu vas dîner dans 30 minutes.
> 5 Ne te promène pas dans les rues la nuit. Rentre chez toi en taxi.

4 Habitudes de vacances

▶ Faire lire le texte.
Demander aux apprenants de le réécrire en utilisant le passé composé.

> **Corrigé**
> Cette année, en vacances, je me suis levé(e) tous les jours à 10 heures du matin. L'après-midi, je me suis baigné(e), je me suis reposé(e). Et le soir, avec Luc, nous nous sommes promenés un peu sur la plage. Ensuite, on est allés dans un bar ou en boîte, on s'est amusés et on s'est couchés tard. Les vacances, quoi !

COMMUNIQUEZ

🎧 5 Alors, ces vacances ?

1 ▶ Avant de faire écouter l'enregistrement, donner pour consigne aux apprenants de repérer si l'opinion de la personne qui parle est positive ou négative.
Ensuite, faire écouter une fois chaque énoncé.
Interroger les apprenants après chaque énoncé.

> **Corrigé**
> • Opinion positive : 1, 3, 6.
> • Opinion négative : 2, 4, 5.

2 ▶ Faire écouter les énoncés une nouvelle fois, après avoir donné pour consigne de relever, dans chacun d'eux, les expressions d'opinion.

> **Corrigé**
> 1 Qu'est-ce que c'est bien !
> 2 Ce n'est pas très intéressant !
> 3 C'est vraiment beau !
> 4 Ça n'a pas beaucoup d'intérêt !
> 5 Je me suis ennuyée !
> 6 J'adore ! C'est super !

🎧 6 Souvenirs de vacances

▶ Faire travailler les apprenants par groupes de deux.
Faire lire la consigne.
Se référer à la rubrique *Savoir dire*, p. 83 : *Exprimer des goûts* et *Donner des conseils*.

> Ce que vous dites pour…
> • s'informer sur une activité
> – *Où est-ce que tu es allé(e) en vacances l'année dernière ?*
> • demander une opinion
> – *Est-ce que tu as aimé ?*
> – *Comment est-ce que tu as trouvé l'hôtel ?*
>
> Ce que l'autre personne dit pour…
> • parler d'événements passés
> – *L'année dernière, je suis allé(e) en vacances à la Réunion.*
> • exprimer des goûts
> – *C'est vraiment beau ! L'île est magnifique.*
> • s'informer sur une activité
> – *Et toi, est-ce que tu es parti(e) ?*

Celui/Celle qui a écouté le récit de son/sa voisin(e) raconte à son tour ses dernières vacances.
Production libre.

PRONONCEZ

L'alternance [ɛ] et [ə] dans quelques verbes

OBJECTIF : discriminer les phonèmes [ɛ] et [ə] et prononcer distinctement les formes différentes d'un même verbe au présent.

1 ▶ Livre fermé, faire écouter les cinq énoncés.
Les faire répéter.

2 ▶ Livre ouvert, faire lire les phrases tout en repassant l'enregistrement.
Les apprenants doivent souligner le son [ɛ]. Demander ensuite aux apprenants de dire, pour chaque item, quelle est la personne du verbe qui contient ce son.

Corrigé
a Tu te l<u>è</u>ves.
b Je me prom<u>è</u>ne.
c Ils app<u>e</u>llent.
d Elle ach<u>è</u>te.
e Il se l<u>è</u>ve.

Activités autocorrectives du DVD-Rom
㊷ Les verbes pronominaux
㊸ Les vacances

LEÇON 28

Les Français en vacances

p. 84-85

- **Contenus socioculturels**
  Le cadre de vie
  Les loisirs et les vacances

- **Objectif communicatif**
  Exprimer des préférences

- **Savoir-faire**
  Parler des vacances

Mots nouveaux

août – le couple – culturel – juillet – juin – location – pratique – principalement – rencontrer – une résidence secondaire – un résultat – sportif/sportive – tranquille

DÉCOUVREZ

1 Quelles sont les questions ?

▶ **Demander aux apprenants de lire les résultats de l'enquête présentés dans la double page.**
Faire remarquer que ces résultats sont regroupés en six rubriques.
Expliquer que chaque rubrique correspond à un groupe de réponses à une question.
Demander aux apprenants de retrouver les six questions de l'enquête.

Corrigé
Réponses possibles :
1 Où est-ce que vous passez vos vacances ?/Où passez-vous vos vacances ?
2 Est-ce que vous passez vos vacances en France ou à l'étranger ?/Passez-vous vos vacances en France ou à l'étranger ?
3 Où habitez-vous pendant les vacances ?/Où est-ce que vous habitez pendant les vacances ?
4 Quand est-ce que vous partez en vacances ?/Quand partez-vous en vacances ?
5 Pourquoi partez-vous en vacances ?
6 Avec qui partez-vous en vacances ?/Comment partez-vous en vacances ?

2 Vrai ou faux ?

▶ **Demander de relire les résultats de l'enquête.**
Faire lire le texte, p. 84 : *Des vacances, oui… mais alors tranquilles !*
Faire relever et corriger les erreurs.

Corrigé
Il y a trois affirmations fausses.
1 *Ne partez pas en juin et en juillet* : 80 % des Français partent en vacances en juillet ou en août.
2 *Ils détestent la campagne et adorent la plage* : Des quatre items cités, c'est la ville qui est le moins populaire (19 %) et la mer le plus populaire (53 %). La campagne arrive en deuxième position (34 %).
3 *Les Français dorment en général dans des campings* : 34 % des Français restent en famille ou chez des amis.

COMMUNIQUEZ

3 Et vous ?

▶ **Faire travailler les apprenants par groupes de deux.**
Faire lire l'énoncé et l'exemple.
Demander aux apprenants de répondre aux questions de l'enquête.
Faire justifier les réponses.
Production libre.

4 Portrait

▶ **Demander aux apprenants de faire le portrait de leur voisin(e) par écrit à partir des informations recueillies dans l'activité 3 pour raconter quel type de vacancier il/elle est.**
Production libre.

5 Devinettes

▶ **Ramasser tous les portraits et les redistribuer dans la classe.**
Faire lire les portraits écrits par d'autres apprenants.
Demander à la classe de deviner de qui il s'agit.

Savoir-faire *corrigés*

p. 86

1 Enquête téléphonique

1 Sexe F
2 Âge 26/35
3 a en France
  b à la mer, à la montagne
4 en couple
5 en voiture
6 en août
7 chez des amis ou dans sa famille, en location

2 Ça ne va pas !

Production possible :

– Bonjour. Nous ne sommes pas contents de l'appartement que nous vous avons loué. Il ne nous plaît pas du tout !
– Bonjour monsieur, bonjour madame. Pourquoi, qu'est-ce qui se passe ?
– L'appartement est trop bruyant. Il n'est pas assez grand et il y a trop de voitures en bas de l'immeuble, on ne peut pas se garer.
– Mais il a beaucoup de charme et il a des avantages : les commerces juste à côté, la vue sur la mer…
– La vue sur la mer ? Avec ce grand boulevard qui passe en bas de l'immeuble, on ne peut pas ouvrir la fenêtre, il y a trop de pollution ! Non, ce n'est pas possible. Nous voulons un autre appartement, avec des espaces verts. Cet appartement n'est pas assez calme.
– Bon, je vais essayer de vous trouver un autre appartement.

3 Le temps des vacances

Production possible :

> Chère Adriana,
> Tes vacances se passent bien, je suis contente pour toi ! Nous, à Venise, c'est fantastique ! Oui, Angela est avec moi. Nous avons trouvé un hôtel très sympa. Nous nous promenons dans la ville, nous visitons beaucoup de musées. Samedi soir, nous sommes allées danser dans une discothèque. Nous nous sommes bien amusées ! Hier matin, nous nous sommes levées à 7 heures pour faire le tour de la ville en bateau. Je pense bien à toi.
> Je t'embrasse.   Salima

4 Conseillez-les.

Production possible :

– Salut Marc, ça va ?
– Bonjour Alfredo. Ça va bien. Tu as eu mon message ?
– Oui, bien sûr. Vous voulez passez vos vacances chez nous ? Ça nous fait plaisir !
– Merci ! Alors, il faut partir quand ?
– Si vous aimez la chaleur, partez plutôt de décembre à mars. Ne choisissez pas juillet et août, c'est la saison des pluies.
– Ah, d'accord. Donc, on prend des vêtements d'été ?
– Oui, emportez des vêtements très légers. Ne prenez pas de pulls ou de manteaux, ce n'est pas nécessaire.
– OK. Et qu'est-ce qu'on peut visiter ?
– Il y a beaucoup de choses à voir chez nous. Mais, dans les grandes villes, faites attention. Ne vous promenez pas trop tard le soir. Venez dîner à la maison samedi, nous allons préparer des photos et des cartes pour vous donner des idées de visite !
– Super ! À samedi, alors !

5 Les vacances dans votre pays

Production possible :

Mon pays est très touristique. Alors, évitez, si vous pouvez, les mois de juillet et août, et décembre et janvier. En général, les touristes préfèrent les plages, le soleil. Mais chez moi, la montagne est très agréable aussi. Alors, choisissez de découvrir la nature. Bien sûr, il faut adorer marcher ! Mais c'est très beau ! Ne dormez pas dans des hôtels. Il existe la possibilité de louer des chambres dans les maisons des habitants. C'est très pratique et tout le monde se parle et se connaît. Téléphonez à l'ambassade, demandez des renseignements. Bonnes vacances !

UNITÉ 8   Tout le monde en parle

LEÇON 29   Enfant de la ville
p. 88-89

- **Contenus socioculturels**
Les rapports socioculturels
Les symboles de la France

- **Objectifs communicatifs**
Rapporter un événement récent
Rapporter des états et des habitudes passés

- **Objectifs linguistiques**
Grammaire
La formation de l'imparfait
Le passé récent : *venir de* + infinitif

Phonétique
Consonnes sourdes et sonores

- **Savoir-faire**
Raconter des souvenirs

Mots nouveaux

un album – un article – une chanson – un chaton – comme – un corps – demander – une enfance – une époque – un fan – une grand-mère – un grand-père – heureux/heureuse – une interview – malade – des parents – particulier – le slam – un souvenir – un texte

DÉCOUVREZ

Livre ouvert, faire observer l'illustration.
Que voit-on ?
(Un enfant, seul, regarde la ville. À quoi pense-t-il ?)
(La couverture d'un album de Grand Corps Malade : Enfant de la ville.)

1 L'interview

1 ▶ Faire lire le titre de la leçon et l'introduction de l'article.

Corrigé
a C'est un artiste. Il écrit des textes/du slam.
b Parce que *Musik* demande à un fan de parler chaque semaine de son artiste préféré.
Parce que Grand Corps Malade vient de sortir un nouvel album de slam.
c Thomas parle de l'enfance de Grand Corps Malade.

2 ▶ Faire écouter l'interview, livre fermé.

Corrigé
a Faux. Il voulait être prof de sport.
b Faux. Il passait des heures avec ses copains.
c Vrai.
d On ne sait pas.
e Vrai.
f On ne sait pas.

▶ Faire écouter de nouveau pour que les apprenants vérifient leurs réponses ou les complètent.

S'assurer que le texte de l'interview a bien été compris en posant quelques questions supplémentaires :
Pourquoi est-ce que Thomas nous parle de l'enfance de Grand Corps malade ?
Pourquoi est-ce que sa mère l'appelait « petit chaton bleu » ?

UNITÉ 8 • LEÇON 29

ENTRAÎNEZ-VOUS

2 Qu'est-ce qu'ils viennent de faire ?

➤ **Demander aux apprenants de se référer au tableau de grammaire *Le passé récent*, p. 88.**
Faire lire l'exemple.

➤ **Passer à l'activité.**
Dans cette activité, on ne travaille que le passé récent utilisé par rapport à un moment présent.

> **Corrigé**
> Réponses possibles :
> 1 Il vient de partir pour l'aéroport.
> 2 On vient d'en acheter un beaucoup plus grand.
> 3 Mon train vient d'arriver.
> 4 Ils viennent d'en boire un grand verre.
> 5 Nous venons de faire un exercice de français.

3 Souvenirs d'enfance

➤ **Demander aux apprenants de se référer au tableau de grammaire *L'imparfait*, p. 88.**
Reprendre les imparfaits de l'interview et faire trouver qu'ils sont utilisés pour exprimer :
– un état passé *(C'était une belle époque./Il aimait le foot./Il était assez calme.)* ;
– ou des habitudes passées *(Il écoutait beaucoup de chansons…)*.

> **Corrigé**
> Quand j'étais petit, nous habitions au Japon avec mes parents. J'allais dans une école française, à Tokyo. Mon père travaillait à l'Institut de langues, il était professeur de français. Tous les étés, avec ma sœur, nous allions chez mon grand-père et ma grand-mère en France. Ils avaient une maison à la campagne, à côté de Dijon. Avec ma sœur, nous aimions beaucoup cette maison.

4 Pourquoi ?

➤ **Faire travailler les apprenants par groupes de deux.**
Leur demander d'associer les questions numérotées de 1 à 5 aux réponses de a à e.

> **Corrigé**
> 1d, 2b, 3e, 4a, 5c

COMMUNIQUEZ

5 Micro-trottoir

➤ **Avant l'écoute, demander aux apprenants de lire les questions et de prendre des notes en écoutant l'enregistrement.**

Faire écouter les quatre témoignages.

> **Corrigé**
> • La première personne voulait être boulanger parce que son père était boulanger.
> • La deuxième personne voulait être professeur d'espagnol parce que, dans sa classe, il y avait une Espagnole très belle.
> • La troisième personne voulait travailler dans une gare parce qu'elle aimait beaucoup les trains.
> • La quatrième personne voulait être actrice parce qu'elle aimait bien aller au cinéma avec son père.

6 À vous !

➤ **Faire travailler les apprenants par paires.**

⚠ Se référer à la rubrique *Savoir dire*, p. 89 :
Rapporter des états passés et *Rapporter des habitudes passées*.
Faire lire la consigne de l'activité et les questions. Laisser les apprenants réfléchir à ce qu'ils vont raconter.

> Ce que vous dites pour…
> • rapporter des habitudes passées
> – *Quand j'étais petit(e) je faisais toujours des crêpes avec ma mère pour la Chandeleur.*
> – *Tous les matins, j'allais à l'école à vélo.*
> • rapporter des états passés
> – *Je n'étais pas un enfant calme, et j'aimais bien faire du vélo, j'allais très vite.*
> – *J'habitais dans une maison en ville.*
> – *Je voulais être sculpteur parce que j'adorais l'art.*

➤ **Passer à l'activité.**
Les apprenants répondent aux questions et écoutent le récit de leur voisin(e).

PRONONCEZ

Opposer consonnes sourdes et sonores

OBJECTIF : faire travailler la discrimination et la prononciation des paires minimales suivantes : [t]/[d], [p]/[b], [k]/[g].

➤ **Avant d'écouter l'enregistrement, prononcer les trois paires minimales.**
Proposer des exemples simples : *tu/du* [ty]/[dy], *port/bord* [pɔr]/[bɔr], *cou/goût* [ku]/[gu].

Puis proposer des exemples plus complexes : *traquer/draguer* [trake]/[drage], *portait/bordait* [pɔrtɛ]/[bɔrdɛ], *cadeau/gâteau* [kado]/[gato].

> **Passer à l'activité.**
Faire écouter le premier énoncé et le faire répéter. Procéder de la même manière pour les quatre autres énoncés.

> **Demander aux apprenants de consulter la transcription des énoncés, p. 120.**
Les faire lire à haute voix.
Si la question est posée, expliquer que les consonnes sourdes ([p], [t], [k]) ne font pas vibrer les cordes vocales alors que les consonnes sonores ([b], [d], [g]) le font. Ces six consonnes sont appelées occlusives car l'air qui les produit rencontre un obstacle total (la bouche fermée) qui, lorsqu'il se libère, produit une petite explosion, un bruit.

Activités autocorrectives du DVD-Rom

㊹ L'imparfait
㊺ Le passé récent

LEÇON 30 — Fait divers

p. 90-91

- **Contenu socioculturel**
  Reportage à la radio

- **Objectifs communicatifs**
  Rapporter des événements passés
  Décrire les circonstances d'une action

- **Objectifs linguistiques**
  Grammaire
  Les emplois du passé composé et de l'imparfait
  Phonétique
  L'opposition [f]/[v] et [ʃ]/[ʒ]

- **Savoir-faire**
  Raconter un fait divers

Mots nouveaux

un accident – arriver *(un événement)* – une autoroute – un blessé – un camion – une circonstance – en plus – un fait – glissant(e) – heurter – un(e) journaliste – une nouvelle – se passer *(un événement)* – pleuvoir – un reportage – rouler – suivre – terrible – terrifié(e) – vite – un vol

DÉCOUVREZ

A. Livre ouvert, faire observer l'illustration.
Qu'est-ce qu'on voit sur l'illustration ?
(Un journaliste interviewe une jeune femme en vélo. Elle a été témoin d'un accident. Un camion est couché sur la route.)
(On voit des files de voitures, pare-chocs contre pare-chocs.)

B. Expliquer le titre *Fait divers*.
Les divers événements de la vie quotidienne : accidents de la route, vols, incendies…

1 Qu'est-ce qui s'est passé ?

➤ Faire deviner ce qui s'est passé.

1 ➤ Faire lire les questions.
Livre fermé, faire écouter le reportage radio une première fois.

Quelle est la station de radio qui donne l'information ?
Où se trouvent le journaliste et le témoin ?
Que faisait le témoin quand l'accident s'est produit ?
Faire entendre le dialogue une deuxième fois.
Poser les questions de l'exercice.

Corrigé
a L'accident s'est passé sur l'autoroute A9, à côté de Nîmes.
b Il y a eu onze blessés.
c Le camion s'est couché sur la route.
d Les voitures ont voulu s'arrêter.
e Les voitures ont heurté le camion.

2 ➤ Faire lire les deux questions et faire écouter le reportage une nouvelle fois.

Corrigé
a Les voitures n'ont pas pu s'arrêter parce qu'elles roulaient trop vite et parce que la route était glissante.
b Mme Besson a vu l'accident parce qu'elle traversait le pont au-dessus de l'autoroute.

2 Passé composé ou imparfait ?

> Demander aux apprenants de dire le temps qu'ils ont utilisé pour répondre aux questions de l'activité 1 exercices 1 (les faits) et 2 (les circonstances).

> **Corrigé**
> 1 Pour décrire les faits, on utilise le passé composé.
> 2 Pour décrire les circonstances, on utilise l'imparfait.

⚠ Se référer au tableau de grammaire *Les emplois du passé composé et de l'imparfait*, p. 90.

> Faire jouer le dialogue pour terminer cette phase de la leçon.

ENTRAÎNEZ-VOUS

3 Mais pourquoi ?

> Demander aux apprenants d'associer les phrases numérotées de 1 à 5 avec les phrases de a à e.

> **Corrigé**
> 1c, 2b, 3e, 4a, 5d

4 Passé composé ou imparfait ?

> **Corrigé**
> 1 Hier soir ? Non, je ne suis pas allé(e) au cinéma avec elles, j'avais trop de travail.
> 2 Nous faisions un footing toutes les semaines et, un jour, nous avons arrêté.
> 3 Quand tu as téléphoné, j'étais sous la douche.
> 4 Nous sommes rentrées très tôt ce matin et vous dormiez.

5 Avant…

> Faire lire l'exemple.

Demander aux apprenants d'imaginer quatre phrases sur ce modèle.

> **Corrigé**
> Réponses possibles :
> 1 Avant, j'habitais en ville. Et un jour, j'ai acheté une maison à la campagne.
> 2 Avant, je faisais de la gymnastique tous les matins. Et un jour, j'ai arrêté parce que j'avais trop de travail.
> 3 Avant, je faisais les courses au marché. Et un jour, il y a eu un supermarché.
> 4 Avant, je travaillais le dimanche. Et un jour, j'ai arrêté.

COMMUNIQUEZ

🎧 6 Pas tous d'accord !

> Faire lire la consigne.

Faire écouter les trois témoignages.
Faire observer le dessin.
Demander aux apprenants d'identifier le témoignage correct.

> **Corrigé**
> Seul le deuxième témoignage est correct.

(On pourra, si nécessaire, faire écouter l'enregistrement une deuxième fois quand les apprenants observeront le dessin.)

🗣 7 Au voleur !

> Faire travailler les apprenants par groupes de deux.

Faire lire la consigne du jeu de rôles.
Se référer à la rubrique *Savoir dire*, p. 91 : *Rapporter des événements passés*, *Décrire les circonstances de l'action* et *Rapporter des états passés*.
L'un des apprenants, la victime, raconte ce qu'il lui est arrivé, l'autre lui pose des questions.
Laisser les apprenants préparer le jeu de rôles et réfléchir aux expressions, aux temps et au vocabulaire à utiliser.

Ce que vous dites pour…
- rapporter des événements passés
– *On m'a volé ma voiture !*
- décrire les circonstances de l'action
– *Quand le voleur est arrivé, je venais de sortir pour dire au revoir aux enfants. Je ne l'ai pas vu arriver. Les clés étaient dans la voiture, l'homme est parti tout de suite.*
- rapporter des états d'esprit passés
– *J'étais triste parce que mon sac et mon téléphone portable étaient dans la voiture. J'étais aussi terrifié(e) : je n'ai pas vu l'homme arriver.*

Ce que l'autre personne dit pour…
- demander des informations
– *Qu'est-ce qui vous arrive ?*
– *Qu'est-ce qui s'est passé exactement ?*
- exprimer une opinion
– *Je n'aime pas ça du tout !*
- exprimer l'obligation
– *Il faut téléphoner à la police.*

UNITÉ 8 • LEÇON 30

➤ **Faire jouer la scène en s'inspirant du témoignage de Mme Besson dans le dialogue de la leçon.**
Production libre.

PRONONCEZ

Les oppositions [f] et [v], [ʃ] et [ʒ]

OBJECTIF : discriminer et prononcer les consonnes [f] et [v], [ʃ] et [ʒ].

A ➤ **Présenter les phonèmes [f] et [v] à la classe.**

➤ **Passer à l'exercice.**

> **Corrigé**
> 1 [f] C'est faux. [v] Ça ne vaut rien.
> 2 [f] C'est à faire. [v] C'est à voir.
> 3 [f] Ils sont neufs. [v] Elles sont neuves.
> 4 [f] C'est un sportif. [v] C'est une sportive.

B ➤ **Prononcer et faire prononcer les phonèmes [ʃ] et [ʒ].** (Ils ont déjà été étudiés dans la leçon 21.)

➤ **Passer à l'exercice.**
Faire écouter la première phrase.
Demander aux apprenants s'ils entendent les sons [ʃ] ou [ʒ].
Procéder de la même manière pour les quatre autres énoncés.
Faire prononcer les phrases.

> **Corrigé**
> 1 Il a fait une [ʃ] chute.
> 2 Elle a [ʃ] acheté une [ʒ] jupe.
> 3 [ʃ] Je peux [ʒ] jouer ?
> 4 [ʒ] Je t'attends [ʃ] chez moi.
> 5 [ʒ] Je n(e) [ʃ] l'achète pas [ʃ] cher.

Activités autocorrectives du DVD-Rom
㊻ Le passé composé et l'imparfait
㊼ Dans le journal

LEÇON 31

Ma première histoire d'amour

p. 92-93

- **Contenu socioculturel**
  Rapports socioculturels

- **Objectifs communicatifs**
  Situer des événements dans le temps
  Exprimer le but

- **Objectifs linguistiques**
  Grammaire
  Le moment
  Le but : *pour* + infinitif
  Les participes passés

  Phonétique
  L'opposition [i], [y] et [u]

- **Savoir-faire**
  Raconter une première expérience

Mots nouveaux

à partir de – un amour – un(e) amoureux/amoureuse – apprendre – un casting – de… à … – une jupe – jusqu'en – neuf/neuve

DÉCOUVREZ

Observer l'illustration.
Que voit-on sur l'illustration ?
(Un petit garçon et une petite fille jouent.
Ils sourient… Ces enfants sont heureux ensemble.)

1 Je me souviens…

1 ▶ Faire écouter une fois l'introduction du reportage.

▶ **Faire lire les questions de l'exercice et demander aux apprenants d'y répondre.**

> **Corrigé**
> a C'est le 14 février.
> b On parle de la Saint-Valentin.
> c La question du journaliste est : *Est-ce que vous vous souvenez de votre première histoire d'amour ?*

2 ▶ Faire lire les questions posées, puis faire écouter l'enregistrement en entier.

▶ Faire prononcer les années si on ne l'a déjà fait en donnant au début de chaque classe la date du jour.
mille-neuf cent quatre-vingt-cinq, deux mille, deux mille un…
Faire compléter le tableau.

> **Corrigé**
>
> | | C'était en quelle année ? | Où s'est passée la rencontre ? | Ils avaient quel âge ? |
> |---|---|---|---|
> | 1 | On ne sait pas. | en Irlande | 15 ans |
> | 2 | en 2000 | dans le train (Paris-Bordeaux) | lui 20 ans, elle 22 ans |
> | 3 | de 1994 à 1996 | à l'école | 8 ans |
> | 4 | en 1985 | en vacances à la mer | 16 ans |

Une deuxième écoute peut être nécessaire pour finir de remplir la grille de réponse.

UNITÉ 8 • LEÇON 31

2 C'était quand ?

▶ Se référer au tableau de grammaire *Situer dans le temps*, p. 92.

> **Corrigé**
> 1 C'est le 14 février.
> 2 C'était en 2000.
> 3 Notre premier bébé est né cinq ans plus tard.
> 4 J'ai été amoureuse de lui de 94 à 96.
> 5 Eh oui, jusqu'en 96 !
> 6 À partir de seize ans, je suis parti avec des copains, à la mer.

⚠ Se référer aux tableaux de grammaire *Situer dans le temps* et *Les participes passés*, p. 92.
C'est le bon moment pour apprendre (ou réviser) les mois de l'année : *janvier, février, mars, avril, mai, juin, juillet, août, septembre, octobre, novembre, décembre.*

ENTRAÎNEZ-VOUS

3 La vie amoureuse de Rodin

▶ Faire lire la consigne.

▶ Demander aux apprenants d'écrire un texte résumant la vie amoureuse d'Auguste Rodin en partant des dates et des indications données.
Faire utiliser les mots *le, en, de... à, jusqu'en, à partir de, ... plus tard* pour situer des événements dans le temps.
Faire écrire le texte au passé composé.

> **Corrigé**
> Réponse possible :
> Auguste Rodin est né le 12 novembre 1840 à Paris. Il a rencontré Rose Beuret en 1864. Ils ont vécu ensemble de 1864 à 1917. Ils ont eu un enfant en 1866. Rodin a rencontré Camille Claudel plus tard, en 1883. À partir de cette année, et jusqu'en 1898, ils ont eu une histoire d'amour.

INFOS

Auguste Rodin (Paris, 1840-Meudon, 1917) : sculpteur français. Son œuvre, qui domine la sculpture européenne de la fin du XIXe siècle et du début du XXe siècle, représente à la fois l'aboutissement du romantisme et la naissance de l'art moderne. Avec une technique extraordinaire du modelage, il a rendu le mouvement et la force expressive de l'attitude : *Le Baiser* (1886), *Les Bourgeois de Calais* (1889), *Balzac* (1897), *Le Penseur* (1904).

---

4 C'est évident !

▶ Se référer au tableau de grammaire *Le but*, p. 92.
Demander aux apprenants d'imaginer la réponse à chacune des questions de l'activité.
Faire utiliser *pour* + infinitif.

> **Corrigé**
> Réponses possibles :
> 1 Elle est partie en Afrique pour faire du camping.
> 2 J'ai téléphoné pour réserver une chambre d'hôtel.
> 3 Je viens à vélo pour me détendre.
> 4 Il va dans une école de langues pour apprendre le français.
> 5 Je vais au supermarché pour faire les courses.

COMMUNIQUEZ

5 Le casting

▶ Faire lire la consigne.

▶ Faire écouter l'enregistrement une première fois.
Demander aux apprenants de relever toutes les dates.

▶ Faire écouter l'enregistrement une deuxième fois.
Demander aux apprenants de dire à quoi correspondent les dates.

> **Corrigé**
> • 16 janvier 1980 : naissance de Juliette Henry.
> • De 1996 à 1998 : elle fait du théâtre à Bordeaux.
> • À partir de 1998 et jusqu'en 2000 : elle prend des cours de théâtre, rue Blanche, à Paris.
> • Un an plus tard (en 2001) : elle joue dans *Astérix et Obélix*, au cinéma.

À l'occasion de cette activité, introduire le mot *naissance*.

6 La première fois...

▶ Faire travailler les apprenants par paires.
Faire lire les quatre thèmes de l'activité.
Faire réfléchir les apprenants à leurs réponses et aux expressions à utiliser.
Production libre.

109

Ce que vous dites pour…
- situer des événements dans le temps
– *J'ai rencontré mon ami(e) l'année dernière.*
- exprimer le but
– *J'étudiais dans un institut de langues pour apprendre le français.*
– *Je suis parti avec mes amis pour faire du camping au bord de la mer.*

Ce que l'autre personne dit pour…
- s'informer sur une date
– *Tu as rencontré cette personne en quelle année ?*
- s'informer sur une durée
– *Combien d'années est-ce que vous avez vécu ensemble ?*
- s'informer sur un lieu
– *C'était dans quel pays ? C'était où ?*

ENTRAÎNEZ-VOUS

Opposer [i], [y] et [u]

OBJECTIF : discriminer et prononcer les trois phonèmes [i], [y] et [u].

➤ **Livre fermé, faire écouter le premier énoncé.**
Demander aux apprenants de le répéter.
Bien insister sur la distinction des trois sons de l'exercice.

➤ **Rappeler que [y] a la position de langue de [i] alliée à la position de lèvres arrondies de [u].**
Pour prononcer [y], prononcer [i] et, sans bouger la langue, arrondir les lèvres.

➤ **Rappeler aux apprenants de faire les liaisons et les enchaînements.**
Procéder de la même manière pour les quatre autres énoncés.
Livre ouvert, faire écouter tous les énoncés une nouvelle fois.
Demander aux apprenants de les lire.

1. Il est venu chez vous ? [ilɛvənyʃevu]
2. Elle a mis une jupe rouge. [ɛlamiynʒypʀuʒ]
3. Vous avez lu le livre ? [vuzavelyləlivʀ]
4. Elle est partie sur la route. [ɛlɛpaʀtisyʀlaʀut]
5. Il a mis un blouson neuf. [ilamiɛ̃bluzɔ̃nœf]

Activités autocorrectives du DVD-Rom
- ㊽ La date
- ㊾ Le but et la cause

LEÇON 32

La 2 CV... et autres symboles !

p. 94-95

- **Contenu socioculturel**
  Les symboles de la France

- **Savoir-faire**
  Écrire une courte biographie

- **Objectif communicatif**
  Situer des événements dans le temps

Mots nouveaux

une baguette – célèbre – le champagne – une construction – un coq – un croissant – exister – fabriquer – une guerre – la haute couture – une information – (à) la manière (de) – un parapluie – un pays – une roue – un symbole – une tour

DÉCOUVREZ

1 De quoi ça parle ?

➤ **Demander aux apprenants de cacher le texte de la leçon.**
Faire observer et décrire la photo en haut de la page 95.

➤ **Faire lire le titre et l'introduction (le chapeau) de l'article.**
Demander aux apprenants de dire quel est le sujet de l'article.
Le sujet de l'article, c'est l'histoire d'une voiture devenue célèbre : la 2 CV, aussi appelée *deudeuche*.
Qu'évoque pour vous « Quatre roues sous un parapluie » ? Une voiture de luxe ? Une voiture très simple ?

2 Repérages

➤ **Faire lire l'article.**
1 ➤ **Faire relever tous les noms donnés à la 2CV.**

> **Corrigé**
> quatre roues sous un parapluie, la toute petite voiture (TPV), la 2 CV (la deux-chevaux), la nouvelle Citroën, la « deudeuche », la petite Citroën préférée des Français

2 ➤ **Faire relever toutes les indications de temps.**

> **Corrigé**
> d'abord, et puis, plus tard, aujourd'hui, en 1935, alors, quatre ans plus tard, le 3 septembre 1939, le 4 septembre, finalement, le 7 octobre 1948, à partir de là, jusqu'en 1990, le 27 juillet 1990, aujourd'hui, tous les ans

3 En résumé

➤ **Faire lire l'article une nouvelle fois.**
Demander aux apprenants de compléter le tableau présenté dans le livre.

> **Corrigé**
> 2 Quatre ans plus tard, le 3 septembre 1939, la première 2CV est née.
> 3 Le 4 septembre, c'était la guerre et, chez Citroën, on a tout arrêté.
> 4 Le 7 octobre 1948, on a présenté la nouvelle Citroën aux Français.
> 5 Le 27 juillet 1990, on a arrêté de fabriquer la petite Citroën préférée des Français.
> 6 Tous les ans, les amis de la « deudeuche » se rencontrent en France, en Finlande, en Hollande mais aussi dans d'autres pays du monde.

111

COMMUNIQUEZ

4 Les symboles de la France

1 ▶ Faire observer les photos des pages 94 et 95.
Demander aux apprenants d'associer chaque photo (numérotées de 1 à 10) à l'un des mots de l'exercice (numérotés de a à j).

> **Corrigé**
> a10, b3, c6, d8, e5, f4, g9, h7, i1, j2

2 ▶ Faire travailler les apprenants par paires.
Leur demander de choisir les trois éléments qui symbolisent le mieux la France pour eux.
▶ Faire comparer le choix des apprenants.

5 Moi, la tour Eiffel

▶ Faire lire la consigne de l'activité.
À la manière de *Quatre roues sous un parapluie*, les apprenants doivent écrire un petit article présentant la tour Eiffel.

> **Corrigé**
> Réponse possible :
> La tour Eiffel est née le 31 mars 1889. Son père est Gustave Eiffel. Sa construction a coûté 1 200 000 euros. Elle a trois étages. Elle est grande, brune et très célèbre. On l'utilise pour la radio et la télévision.

POUR ALLER PLUS LOIN

Demander aux apprenants de faire des recherches sur Internet ou en bibliothèque pour trouver plus d'informations sur la tour Eiffel. Tous les éléments trouvés (nombre de mois de construction, nombre de touristes chaque année, etc.) seront alors ajoutés à l'article sur la Tour.

INFOS

En novembre 2002, **la tour Eiffel** a fêté son 20 millionième visiteur.

Savoir-faire *corrigés*

p. 96

1 Blog

Notre mariage : une journée fantastique !

Production possible :

11 heures	Le matin, nous nous sommes mariés à la mairie. La famille proche était là : parents, frères et sœurs, oncles et tantes, cousins.
13 heures	Nous avons déjeuné en famille.
15 heures	Nous avons accueilli les invités à l'église. Tout le monde était là, il y avait 150 personnes. Nous étions si heureux !
17 heures	Nous sommes allés dans un grand jardin pour prendre des photos. Il faisait très beau, c'était très agréable.
19 heures	Nous avons organisé une soirée dans une très grande salle. Tout le monde a dîné, dansé. C'était formidable ! Un très beau mariage !

2 Amis d'enfance

Production possible :

– Salut ! C'est incroyable, tu n'as pas changé !
– Toi non plus, c'est amusant ! Qu'est-ce que tu fais aujourd'hui ?
– Eh bien, je suis professeur, et toi ?
– Moi, je suis informaticien. Je me suis marié juste après le lycée et j'ai cinq enfants.
– Félicitations ! Moi, après le lycée, j'ai fait des études à l'université et j'ai décidé de travailler à l'étranger. J'ai beaucoup voyagé. Je ne me suis pas mariée et je n'ai pas eu d'enfants.
– C'était sympa, le lycée ! Je suis content de te revoir, j'ai souvent pensé aux copains du lycée. Au travail, ce n'est plus la même chose.
– C'est vrai. Mais tu vois, on vient de se retrouver aujourd'hui !

3 Faits divers

Production possible :

J'ai écouté un reportage à la radio, sur le Festival de Cannes. La journaliste a raconté ce qui s'est passé en fin d'après-midi. D'abord, Catherine Deneuve et Björk sont arrivées vers 18 heures au Palais des festivals pour présenter leur film *Dancer in the dark*. Catherine Deneuve portait une très belle robe noire Yves Saint Laurent et Björk une robe rose très originale. Elles étaient magnifiques toutes les deux. Ensuite, elles sont restées un long moment devant les photographes, puis elles sont entrées dans le Palais des festivals. Et là, il y a eu un petit acccident, quand la voiture de Jean Reno est arrivée. Un photographe traversait la route et la voiture l'a un peu heurté. Mais ça s'est bien terminé. Le photographe n'a pas été blessé. Jean Reno est sorti de la voiture et il a fait une photo avec lui.

4 Fête du cinéma

Production possible :

Mon premier souvenir de film au cinéma

J'avais six ans et mes parents m'ont emmené(e) voir un dessin animé, *Les 101 Dalmatiens*. C'était merveilleux ! J'ai adoré le film surtout parce que je rêvais d'avoir un chien ! J'en parlais tous les jours à mes parents. J'entrais dans une salle de cinéma pour la première fois, j'étais très impressionné(e). Et en plus, nous avons mangé une glace pendant le film. Je découvrais un monde nouveau. À partir de six ans, j'ai adoré le cinéma !

UNITÉ 9 On verra bien !

LEÇON 33 Beau fixe

p. 98-99

- **Contenu socioculturel**
  La météo

- **Objectifs communicatifs**
  Faire une prévision
  Exprimer une probabilité ou une certitude

- **Objectifs linguistiques**
  Grammaire
  Le futur simple
  Phonétique
  Les consonnes doubles

- **Savoir-faire**
  Parler du temps qu'il fera

Mots nouveaux

allumer – briller – un bulletin météo – certain(e) – certainement – une chance – croire – un degré – demain – faire beau temps – s'inquiéter – la météo – un nuage – un parapluie – la pluie – sûr(e) – la température – le temps (qu'il fait)

DÉCOUVREZ

A. Livre fermé, faire observer l'illustration.
Une femme présente le bulletin météo à la télévision.

B. Faire décoder les petits dessins.
Les nombres indiquent la température en degrés.

1 Quel temps fera-t-il ?

➤ Avant de faire écouter l'enregistrement, faire cacher le texte du dialogue et faire réviser les points cardinaux : *le nord, le sud, l'est, l'ouest.*

➤ Faire écouter le dialogue (une ou deux fois) et faire observer les deux cartes de France.
Demander aux apprenants de dire quelle carte correspond aux prévisions météorologiques annoncées à la radio.

Corrigé
La carte correspondant au temps décrit à la radio est la carte de la p. 99 (la seule différence entre les deux cartes concerne la région de Strasbourg : il y pleuvra toute la journée).

2 Repérages

1 ➤ Faire repérer sur la carte de France, p. 144, les villes suivantes : Lille, Brest et Marseille.

➤ Faire écouter le dialogue une nouvelle fois.
Demander aux apprenants de dire le temps qu'il fera demain dans ces villes.

Corrigé
a Il pleuvra toute la journée à Lille et il fera 15 degrés.
b À Brest, vous aurez/il y aura du soleil le matin mais l'après-midi il y aura des nuages et peut-être un peu de pluie. Il fera 20 degrés.
c À Marseille, le soleil brillera certainement toute la journée et il fera 23 degrés.

UNITÉ 9 • LEÇON 33

2 ➤ **Faire lire le dialogue.**
Demander aux apprenants de relever les verbes utilisés pour faire des prévisions météorologiques. Leur demander de dire à quel temps ces verbes sont conjugués.

> **Corrigé**
> Il pleuvra, vous aurez du soleil, des nuages arriveront, vous aurez peut-être un peu de pluie, le soleil brillera, il fera 15 degrés, il ne pleuvra pas, il fera beau
> Tous ces verbes sont conjugués au futur : le locuteur fait des projections dans l'avenir.

➤ **Demander ensuite aux apprenants de se référer au tableau de grammaire** *Le futur simple*, **p. 98.**
Pour la formation du futur simple, on peut faire remarquer que les terminaisons sont proches de celles du verbe *avoir* au présent : *-ai, -as, -a, -ons, -ez, -ont*. On fera aussi remarquer que, pour la plupart des verbes, il suffit de rajouter ces terminaisons à la forme infinitive du verbe pour obtenir un verbe au futur simple.

⚠ Pour les exceptions, se référer à la partie *Futurs irréguliers* du tableau de grammaire *Le futur simple*, p. 98.

ENTRAÎNEZ-VOUS

3 Est-ce qu'ils le feront ?
➤ **Demander aux apprenants de conjuguer les verbes entre parenthèses au futur simple.**

> **Corrigé**
> 1 aurez
> 2 arriveront
> 3 fera
> 4 seras
> 5 finirons

4 Tu crois ?
Se référer à la rubrique *Savoir dire*, p. 99 : *Exprimer une probabilité* et *Exprimer une certitude*.
Demander aux apprenants de répondre aux cinq questions de l'activité par une probabilité ou une certitude.

> **Corrigé**
> Réponses possibles :
> 1 Je suis sûr(e) qu'ils viendront.
> 2 Je suis certain(e) que tu pourras faire ce travail.
> 3 Elle dira certainement oui.
> 4 Vous aurez peut-être le temps.
> 5 Je crois que nous y serons à 14 heures.

COMMUNIQUEZ

5 Vous en êtes sûr ?
➤ **Avant l'écoute, faire lire la consigne.**
Faire écouter les six énoncés.
Faire dessiner un tableau à trois colonnes : *peu probable, probable, certain*.
Faire compléter le tableau au fur et à mesure en cochant la colonne adéquate.

> **Corrigé**
> 1 peu probable
> 2 probable
> 3 certain
> 4 probable
> 5 peu probable
> 6 certain

6 Bulletin météo
➤ **Préparation au jeu de rôles**
Faire travailler les apprenants par paires.
Se référer à la rubrique *Savoir dire*, p. 99 : *Faire une prévision, Exprimer une probabilité* et *Exprimer une certitude*.
Faire lire la consigne de l'activité.

➤ **Faire dessiner une carte du pays de l'apprenant.**
Faire chercher les prévisions météorologiques du lendemain dans un journal.
Laisser du temps aux apprenants pour préparer leur bulletin météo qu'ils présenteront à la classe (le travail de préparation peut se faire hors de la classe, en bibliothèque ou à la maison).
Lors de la présentation, les apprenants doivent réutiliser le vocabulaire étudié dans la leçon, le futur simple, ainsi que les expressions de prévision, de probabilité et de certitude.
Production libre.

PRONONCEZ

Les consonnes doubles
OBJECTIF : les consonnes doubles se prononcent comme des consonnes simples. Elles ne sont doubles que dans la graphie.
(Ces consonnes présentent une difficulté particulière pour les apprenants italiens et arabes.)

▸ **Livre fermé, faire écouter le premier énoncé et le faire répéter.**
Procéder de la même manière pour les quatre autres énoncés.

▸ **Ensuite, livre ouvert, faire lire à haute voix.**

▸ **Demander aux apprenants d'expliquer ou leur expliquer, en français ou dans leur langue, le rôle des consonnes doubles.**

Corrigé
1 *Apprennent :* les deux *n* servent à dénasaliser le [ɑ̃]. On dit *apprendre* [apʀɑ̃dʀ] mais *apprennent* [apʀɛn].
Remarque : si une lettre *e* précède des consonnes doubles, elle se prononce [e].
2 *Appareil, annonce :* les consonnes doubles se prononcent comme des consonnes simples.
3 *Bulletin :* on n'entend pas [by/lə/tɛ̃] mais [byltɛ̃].
4 *Erreur :* le double *r* indique ici que la première lettre se prononce [e] et non pas [ə].
5. *Classez :* le double *s* indique le son [s]. S'il n'y avait qu'un seul *s*, on entendrait [klaze]. *Colonnes :* voir *apprennent* (item 1).

Activités autocorrectives du DVD-Rom
㊾ Le futur simple
㊿ La météo

LEÇON 34

Projets d'avenir

p. 100-101

- **Contenus socioculturels**
  L'avenir
  Les projets

- **Objectifs communicatifs**
  Parler de ses intentions
  Situer dans le temps

- **Objectifs linguistiques**
  Grammaire
  L'expression du futur : présent, futur proche, futur simple
  Phonétique
  Consonne + [R]

- **Savoir-faire**
  Prendre un rendez-vous

Mots nouveaux

un avenir – le bac(alauréat) – un boulot – une crêperie – s'embrasser – essayer – les études – facile – une félicitation – longtemps – un projet

DÉCOUVREZ

A. Observer l'illustration.
L'illustration montre une crêperie. Faire deviner qu'il s'agit d'un petit restaurant où on mange des crêpes.

B. Demander si des membres du groupe ont des projets d'avenir. Quels projets ?
Ouvrir une crêperie, est-ce que quelqu'un a ce projet d'avenir ?

1 Qu'est-ce qu'elles vont faire ?

➤ Livre fermé, faire écouter le dialogue une première fois.
Faire lire les questions.

> **Corrigé**
> 1a et c

2 ➤ Faire écouter le dialogue une deuxième fois.
Demander aux apprenants de relever les différents projets de Sophie et de Justine.

> **Corrigé**
> - Projets de Sophie : se reposer (elle part deux semaines au Maroc) ; trouver un travail (peut-être en Corse où son frère ouvre une crêperie dans un ou deux mois).
> - Projets de Justine : travailler (elle va donner des cours de tennis au club Océan tout l'été) ; faire des études (elle entre à la fac en octobre).
> - Projet commun : essayer de se voir en septembre.

2 Repérages

➤ Faire lire le dialogue.

1 ➤ Faire travailler les apprenants par groupes de deux.
Demander aux apprenants de relever les différents temps utilisés pour exprimer le futur (notion de projet dans un avenir plus ou moins proche).

Corrigé
- **Le présent :** je pars demain, mon frère ouvre une crêperie dans un ou deux mois, je commence à travailler la semaine prochaine, en octobre, j'entre à la fac, on s'appelle, alors, on se rappelle bientôt.
- **Le futur simple :** il fera beau, j'essaierai de trouver un travail, on verra, on pourra peut-être se voir en septembre, je serai à la maison.
- ***Aller* + infinitif :** qu'est-ce que tu vas faire, je vais d'abord me reposer, je vais donner des cours de tennis au club Océan.

⚠ Se référer au tableau de grammaire *L'expression du futur*, p. 100.

2 ▸ Faire repérer les indications de temps.

Corrigé
d'abord, demain, deux semaines, après, dans un ou deux mois, (pas) tout de suite, pour l'été, la semaine prochaine, tout l'été, en octobre, en septembre, bientôt

⚠ Se référer au tableau de grammaire *L'expression du futur*, p. 100.

ENTRAÎNEZ-VOUS

3 C'est pour quand ?

▸ **Demander aux apprenants de compléter les phrases.**

Corrigé
1 ce soir
2 dans une semaine
3 bientôt
4 l'année prochaine
5 tout de suite

4 Qu'est-ce qu'ils ont l'intention de faire ?

▸ **Faire travailler la succession des actions au futur en utilisant le futur proche (*aller* + infinitif), puis le futur simple.**
Demander aux apprenants d'indiquer les actions des différentes personnes à partir des verbes à l'infinitif.
Faire lire l'exemple.

Corrigé
1 Nous allons d'abord dîner dans une crêperie et, après, nous irons au cinéma.
2 Elle va d'abord se reposer et, après, elle finira son travail.
3 Tu vas d'abord aller à la banque et, après, tu passeras à la poste.
4 Je vais d'abord lire le journal et, après, je sortirai le chien.

COMMUNIQUEZ

🎧 5 Tu seras là ?

1 ▸ **Faire écouter le dialogue une fois.**
Faire lire la première question et demander aux apprenants d'y répondre.

Corrigé
Pierre et Philippe vont dîner ensemble le mardi 15 septembre, dans un mois.

2 ▸ **Faire lire la deuxième question.**
Faire écouter le dialogue une deuxième fois.

Corrigé
Pierre et Philippe ne peuvent pas se rencontrer avant le 15 septembre parce que Philippe part d'abord quatre ou cinq jours à Paris (pour son travail) et après ça, il part dix jours en Autriche pour des vacances.

6 À vous !

▸ **Faire travailler les apprenants par groupes de deux.**
Faire lire la consigne de l'activité.
L'un des apprenants interroge son/sa voisin(e) sur ses projets. L'autre répond et exprime ses intentions.
Se référer à la rubrique *Savoir dire*, p. 101 : *Parler de ses intentions et de ses projets* et *Situer dans le temps*.

> Ce que vous dites pour…
> • faire des projets, exprimer une intention
> – *Demain, j'ai rendez-vous chez le dentiste.*
> – *Ce week-end, je pars à la mer avec des amis.*
> – *Pour les prochaines vacances, je vais partir au Sénégal avec mes parents.*
> – *L'année prochaine, j'habiterai en Italie pour étudier l'art à Florence.*
> • dire l'heure
> – *Mon rendez-vous est à 17 heures.*
>
> Ce que l'autre personne dit pour…
> • s'informer sur les projets d'une personne
> – *Qu'est-ce qui vous arrive ?*
> – *Qu'est-ce qui s'est passé exactement ?*
> • s'informer sur l'heure
> – *À quelle heure est-ce que tu as ton rendez-vous ?*
> • situer dans le temps
> – *Et qu'est-ce que tu feras l'année prochaine ?*

▸ **Faire jouer la scène en s'inspirant des dialogues de la leçon.**
Production libre.

UNITÉ 9 • LEÇON 34

PRONONCEZ

Consonne + [R]

OBJECTIF : discriminer et prononcer les consonnes [p]/[b] suivies de [R], puis les consonnes [f]/[v] suivies de [R].

1 ▶ Faire dessiner un tableau à deux colonnes [pR], [bR].

Faire écouter la première série de huit mots.
Demander aux apprenants de cocher la colonne adéquate.
Repasser ensuite l'enregistrement et faire répéter les apprenants, mot à mot.

> **Corrigé**
> [pR] b prendre, e prix, f préférer, h pratique
> [bR] a célèbre, c nombre, d membre, g brun

Le but de l'exercice n'est pas d'écrire les mots ni même de les reconnaître, il s'agit juste d'exercer la discrimination de deux sons proches l'un de l'autre.

2 ▶ Faire dessiner un tableau à deux colonnes [fR], [vR].

Faire écouter la seconde série de huit mots.
Demander aux apprenants de cocher la colonne adéquate.

> **Corrigé**
> [fR] b France, e frais, f fromage, h fragile
> [vR] a vrai, c ouvrir, d livre, g vraiment

Repasser ensuite l'enregistrement et faire répéter les apprenants, mot à mot.

▶ **Une fois les deux exercices terminés, on pourra faire lire les transcriptions des mots, p. 121, pour continuer le travail de prononciation.**

Activités autocorrectives du DVD-Rom
㊾ Situer dans le temps

LEÇON 35

Envie de changement
p. 102-103

- **Contenus socioculturels**
  L'avenir
  Les projets

- **Objectif communicatif**
  Exprimer une condition

- **Objectifs linguistiques**
  Grammaire
  La condition et l'hypothèse : *si* + présent, futur
  Le moment : *quand* + futur
  Autres verbes irréguliers au futur
  Phonétique
  Les voyelles arrondies

- **Savoir-faire**
  Évoquer des projets

Mots nouveaux

avec plaisir – un changement – une cheminée – d'abord – dépense – facilement – faire des travaux – installer – mettre – une salle à manger – supprimer – tout de suite

DÉCOUVREZ

A. Faire observer l'illustration.
Que voit-on ? (Un jeune couple visite un appartement.)

B. Faire émettre des hypothèses sur les intentions du couple.
Quelles sont leurs intentions ?

1 Que vont-ils faire ?

1 ▸ Livre fermé, faire écouter les deux premières répliques du dialogue.
Faire lire les quatre questions de l'exercice et demander aux apprenants d'y répondre.

Corrigé
a Un homme et une femme. Ils se disent *tu*.
  Ce sont l'homme et la femme de l'illustration.
b Ils se trouvent dans un appartement.
c Ils le visitent.
d Le sujet de la discussion : est-ce qu'ils vont acheter cet appartement et quels travaux ils feront s'ils l'achètent.

2 ▸ Faire écouter l'enregistrement en entier (une ou deux fois).
Faire travailler les apprenants par groupes de deux.

▸ **Faire émettre des hypothèses sur le sens de quelques mots nouveaux.**
Faire dire aux apprenants comment ils ont deviné le sens grâce au contexte ;
– *peinture* : changer la couleur des murs ;
– *supprimer un mur* : ça fera un grand salon ;
– *dépenses* : quand on aura un peu d'argent.

▸ **Faire lire les questions de l'exercice.**
Demander aux apprenants d'y répondre.

UNITÉ 9 • LEÇON 35

> **Corrigé**
> a En premier, il faudra changer la couleur *(repeindre)* des murs des chambres et supprimer le mur entre le salon et le séjour pour avoir une grande pièce.
> b Plus tard, quand ils auront un peu d'argent, ils installeront peut-être une cheminée dans le salon. Dans un an ou deux, ils changeront peut-être la cuisine.

▶ Faire lire la transcription du dialogue et faire jouer la scène.

ENTRAÎNEZ-VOUS

2 D'accord, mais quand ?

▶ **Demander aux apprenants de se référer au tableau de grammaire** *Le moment*, **p. 102.**
Faire lire l'exemple de l'activité.
Demander aux apprenants d'imaginer, comme dans l'exemple, une réponse possible aux quatre questions de l'activité.
Faire utiliser *quand* + futur.

> **Corrigé**
> Réponses possibles :
> 1 On achètera cette maison quand on aura assez d'argent.
> 2 Tu commenceras à manger quand tout le monde sera à table.
> 3 Je retournerai au cinéma quand j'aurai le temps.
> 4 Vous pourrez prendre ma voiture quand vous arrêterez de rouler trop vite.

3 Et si… et si…

▶ **Faire lire les débuts de phrases numérotés de 1 à 4 et les fins de phrases numérotées de a à d.**
Demander aux apprenants d'associer les débuts de phrases avec les fins correspondantes.

> **Corrigé**
> 1d, 2a, 3c, 4b

⚠ Se référer au tableau de grammaire *La condition et l'hypothèse*, p. 102.

4 Trouver des excuses

▶ **Faire lire l'exemple de l'activité.**
Sur le modèle de l'exemple, demander aux apprenants d'imaginer des réponses négatives à chacune des questions de l'activité en trouvant des excuses.

> **Corrigé**
> Réponses possibles :
> 1 Non, nous n'irons pas à la fête. Ça va être beaucoup trop bruyant.
> 2 Non, il ne pourra pas téléphoner. Il va rentrer beaucoup trop tard.
> 3 Non, on n'ira pas au cinéma. On n'aura pas assez de temps.
> 4 Non, nous n'emmènerons pas les enfants. Ça ne sera pas possible.
> 5 Non, nous ne ferons pas de vélo. Nous nous reposerons.

COMMUNIQUEZ

5 À quelle condition ?

1 ▶ **Avant d'écouter l'enregistrement, demander aux apprenants de noter la question qui sera posée au début de chaque dialogue.**
Faire écouter le premier dialogue.
Demander aux apprenants de citer la question.
Procéder de la même manière pour les deux autres dialogues.

> **Corrigé**
> • Dialogue 1 : Tu veux aller au cinéma, ce soir ?
> • Dialogue 2 : Est-ce que vous partez en vacances cet été ?
> • Dialogue 3 : Alors, vous pourrez venir à notre petite fête ?

2 ▶ **Faire écouter l'enregistrement une nouvelle fois.**
Demander aux apprenants de répondre aux trois questions de l'exercice.

> **Corrigé**
> a Ils iront au cinéma samedi s'il n'y a pas trop de monde.
> b Ils partiront en vacances cet été si Christophe ne change pas de travail.
> c Ils iront à la fête si le mari de la femme va bien.

6 La maison de mes rêves

▶ **Faire travailler les apprenants en sous-groupes.**
Se référer à la rubrique *Savoir dire*, p. 103 : *Exprimer une condition* et *Parler de ses intentions et de ses projets*.
Faire réfléchir les apprenants à leurs réponses et au vocabulaire à utiliser.
Les apprenants pourront s'inspirer de l'exemple et le compléter.
Production libre.

PRONONCEZ

Les voyelles arrondies

OBJECTIF : travailler la prononciation des voyelles arrondies : [y], [u], [ø], [œ], [o], [ɔ] et [ə].

▸ **Demander aux apprenants de lire et de prononcer les énoncés 1 à 5.**
Faire ensuite écouter l'enregistrement.
Demander aux apprenants de le répéter et de se corriger si nécessaire.
Bien insister sur la prononciation des voyelles de l'exercice.
Rappeler aux apprenants de faire les liaisons et les enchaînements.

> **Corrigé**
> 1 Tu es heureux ? [tyɛzøʁø]
> 2 On peut se retrouver au port à deux heures. [ɔ̃pøsəʁətʁuveopɔʁadøzœʁ]
> 3 Tout est bon chez eux. [tutebɔ̃ʃezø]
> 4 Tu es venu au bureau pour me voir ? [tuɛvənyobyʁopuʁməvwaʁ]
> 5 Il faut d'abord trouver un jour et une heure pour le rendez-vous. [ilfodabɔʁtʁuveɛ̃ʒuʁeynœʁpuʁləʁɑ̃devu]

POUR ALLER PLUS LOIN

Écrire les phrases ci-dessous au tableau.
1. Thomas porte un chapeau bleu.
2. Paul est heureux de boire de l'eau dans son bol.
3. Carole a deux vélos : un bleu et un jaune.
Ensuite, faire lire les phrases.

On peut aussi demander aux apprenants de dessiner un tableau à trois colonnes, puis d'écouter les mots suivants : *poule, rouler, musée, nouveau, sucre, légume, vous, tu.*
Demander aux apprenants de cocher la colonne [y] ou [u] selon le son qu'ils entendent.

> **Corrigé**
>
> | | [y] | [u] |
> |----------|-----|-----|
> | 1 poule | | ✓ |
> | 2 rouler | | ✓ |
> | 3 musée | ✓ | |
> | 4 nouveau| | ✓ |
> | 5 sucre | ✓ | |
> | 6 légume | ✓ | |
> | 7 vous | | ✓ |
> | 8 tu | ✓ | |

Activités autocorrectives du DVD-Rom
- 53 Le moment et l'hypothèse
- 54 Révisions

LEÇON 36

Le pain, mangez-en !

p. 104-105

- **Contenu socioculturel**
  L'avenir

- **Savoir-faire**
  Parler de l'avenir

- **Objectif communicatif**
  Exprimer des hypothèses

Mots nouveaux

une boulangerie – un commerce – une conséquence – correspondre – une différence – un document – en moyenne – fantastique – même – un message – probable – une publicité

DÉCOUVREZ

1 Qu'est-ce qui se passera si… ?

1 ▸ Faire observer le document.
Demander aux apprenants de répondre à la question.

> **Corrigé**
> 1c : le document est une publicité.

Vérifier la compréhension de cette publicité en posant quelques questions aux apprenants.
Qu'est-ce qu'on voit sur le document ?
(Beaucoup de types de pain.)
Qu'est-ce que vous en concluez sur la nourriture des Français ?
(Ils mangent beaucoup de pain.)

2 ▸ Faire lire le document 1.
Demander aux apprenants de répondre aux trois questions de l'exercice. (Pour la question a, on acceptera des réponses en langue maternelle.)

> **Corrigé**
> a Ce document dit : les Français doivent continuer à manger du pain.
> b En 1900, un Français mangeait 328 kilos de pain par an ; aujourd'hui, il en mange 58 kilos.
> c Si nous ne mangeons plus de pain, il n'y aura peut-être plus de boulangers, nos enfants ne pourront alors pas connaître le goût de la baguette.

3 ▸ Faire lire le document 2.
Donner les réponses de mémoire.

> **Corrigé**
> a 74 % des pains achetés sont des baguettes.
> b 83 % des Français mangent du pain tous les jours.
> c Il y a 34 000 boulangeries en France.

2 Et quoi encore ?

▸ Faire lire l'exemple.
Demander aux apprenants d'imaginer d'autres conséquences possibles.

> **Corrigé**
> Réponses possibles :
> Si vous ne mangez pas de pain, la France sans sa baguette ne sera plus la France/vous n'aurez plus assez de vitamines/vous serez malades/votre alimentation ne sera plus équilibrée…

3 Demain, ce sera comment ?

▸ Faire lire la liste proposée dans l'activité.
Demander aux apprenants de la compléter à l'écrit.

> **Corrigé**
> Réponses possibles :
> *Un jour peut-être…* tous les pays seront amis, il n'y aura plus de personnes malades, tout le monde aura assez d'argent pour vivre bien, il y aura des espaces verts dans toutes les rues, tout le monde aura une résidence secondaire au bord de la mer, à la campagne ou à la montagne…

COMMUNIQUEZ

4 Qu'en pensez-vous ?

> **Faire travailler les apprenants par paires.**

Leur demander de relire les phrases de l'activité 3 et d'en discuter entre eux : est-ce que les idées sont peu probables, probables ou certaines ?
Faire réviser et utiliser les différents *Savoir dire* de l'unité 9.
Faire lire l'exemple.
Production libre.

POUR ALLER PLUS LOIN

À la manière de la publicité *Si vous ne mangez pas de pain, un jour, il n'y en aura plus*, les apprenants doivent imaginer et écrire une publicité sur le sujet de leur choix (les journaux, l'école, le cinéma, les musées…).
Organiser une grande exposition de toutes les publicités.
Demander à tous les apprenants de voter, à bulletin secret, pour la publicité qu'ils jugent être la meilleure.
Pour le vote, faire respecter des critères communs : qualité du français, originalité de l'idée, originalité de la publicité, humour…
On peut aussi demander aux apprenants de faire des recherches sur Internet ou à la bibliothèque sur le pain. Combien de différents types de pains existe-t-il dans le monde ? Avec quels différents types de céréales fait-on du pain ? Comment et avec quoi mange-t-on du pain (en France, dans le pays de l'apprenant…) ? Quels sont les différents noms du pain ?
Faire mettre toutes les informations en commun.
Demander aux apprenants de réaliser un dossier, en français, sur le pain, son histoire, ses recettes et sa place dans l'alimentation des Français.

Savoir-faire *corrigés*

p. 106

1 Projets

De : alessandro15@befree.it
À : andyjonas@wahoo.ch

Salut Andreas,
Je suis content d'avoir de tes nouvelles. Moi, j'ai arrêté mon travail à Bergame. Ce n'était pas une bonne expérience. Je n'ai pas aimé. Maintenant, je vais faire un voyage en Italie pour voir tous mes amis. Ça durera un mois, je pense. Après, je ferai comme toi, je chercherai un travail en France. Quand tu seras en France, en novembre, et moi aussi, on pourra se voir. Ce sera sympa !
À bientôt,
Alessandro

2 Rendez-vous

Production possible :
A   Salut, comment vas-tu ?
B   Bien, et toi ?
A   Très bien, merci. Qu'est-ce que tu fais demain ? On peut se voir ?
B   Demain ? On peut se voir à midi pour déjeuner, si tu veux. Et après, on pourra faire les magasins jusqu'à 14 heures.
A   Ah non, je ne peux pas. À 12 h 30, j'ai rendez-vous chez le médecin et après, je vais déjeuner avec ma mère.
B   D'accord. Alors, à la sortie du travail, à 17 heures ?
A   Non plus, je vais chercher les enfants à l'école et après, je vais faire les courses. Mais à 18 h 30, je serai libre. Et toi ?
B   Pas moi, non. À 18 h 30, j'ai mon cours de yoga.
A   Après ton cours, alors ? J'ai un dîner chez des amis, mais à 21 heures seulement.
B   Je suis désolé(e), juste après le cours de yoga, je vais dîner en famille. Je n'aurai pas le temps. On se verra un autre jour, d'accord ?

3 Horoscope

a Bélier : travail (3)
Taureau : argent (4)
Gémeaux : lieu de vie (5)
Cancer : repos (6)
Lion : amour (2)
Vierge : voyage (1)

b Production possible :
Radio Luna, bonjour. Voici votre horoscope pour la journée de demain.
Bélier : vous n'aurez pas beaucoup de travail. La journée au bureau sera tranquille.
Taureau : faites attention, vous aurez des problèmes d'argent.
Gémeaux : demain, vous trouverez l'appartement ou la maison que vous cherchez.
Cancer : la journée sera difficile. Vous serez très fatigué(e).
Lion : votre petit(e) ami(e) va vous quitter. Vous devrez sortir de chez vous, vous rencontrerez des gens nouveaux.
Vierge : vos projets de voyage se réaliseront. Vous apprendrez une bonne nouvelle.

Évaluation 3

DELF A1

Compréhension de l'oral

OBJECTIF Comprendre des goûts et des préférences

1 a
2 faire le ménage
3 c
4 a
5 faire la vaisselle, le ménage en général
6 faire du vélo
7 c
8 c
9 b
10 faire les courses

Production orale

OBJECTIF 1 Évoquer des projets

Production possible :
Si je réussis mes études de français, je pourrai travailler dans un pays francophone. Je vais beaucoup étudier pour avoir le DELF. Ensuite, je travaillerai quelques mois dans mon pays. Quand j'aurai un peu d'argent, je ferai un voyage au Canada, un en Suisse et en France et un en Afrique francophone. Dans chaque pays, je chercherai un emploi. Si j'en trouve un, alors je le prendrai et je resterai !

OBJECTIF 2 Exprimer une opinion et contester

Production possible :
– Bonjour, je voudrais des renseignements sur le programme des activités.
– Oui, bien sûr. Que désirez-vous savoir ?
– Je voudrais connaître les horaires d'ouverture de la salle de ping-pong.
– C'est ouvert toute la journée et une heure coûte 5 €.
– Comment ? Mais sur votre site Internet, le ping-pong était gratuit !
– Nous avons changé le règlement. Il y avait trop de demandes.
– Bon. Et le tennis, alors ?
– Nous l'avons supprimé, il n'y avait pas assez de demandes.
– Quels sports est-ce qu'on peut pratiquer ?
– La voile, le vélo, le volley. Toutes ces activités sont payantes.
– Nous ne sommes pas d'accord ! Nous n'avons pas reçu ces informations avant de venir !
– Il y a eu des changements.
– Bon, il nous reste la natation ou la randonnée.
– Non, pas aujourd'hui. Pour la natation, la mer est trop mauvaise et pour la randonnée, le guide arrivera demain.
– Nous ne sommes vraiment pas contents ! Nous allons écrire une lettre de réclamation à la direction ! Ce soir, au moins, il y aura le spectacle prévu ?
– Non, désolé(e). Le spectacle commencera la semaine prochaine.

Évaluation 3

p. 107-108 *corrigés*

Compréhension des écrits

OBJECTIF Comprendre un message simple

1 b
2 b
3 dans la nouvelle maison de Vanessa.
4 b

Production écrite

OBJECTIF Raconter des événements passés

Production possible :

De : aurélie.mous@yahoo.fr
À : omar.bong@yahoo.fr

Salut Omar,
Je viens d'acheter un appartement. C'est un deux pièces. J'ai fait des travaux. J'ai cassé un mur (avant, c'était un trois pièces). Maintenant, j'ai un grand salon-salle à manger et une chambre. J'ai aussi refait toute la peinture. J'ai installé des meubles. Tout est prêt ! Je t'invite chez moi pour voir l'appartement. Samedi prochain, tu seras libre ?
Je t'embrasse,
Aurélie

DVD-ROM : EXPLOITATION PÉDAGOGIQUE DE LA VIDÉO

INTRODUCTION

La vidéo

– La vidéo *Nouveau Taxi ! 1*, incluse dans le DVD-Rom, constitue un matériel didactique conçu pour enseigner le français comme langue étrangère et langue seconde. Elle peut être utilisée en complément de la méthode de français *Nouveau Taxi ! 1* (même progression grammaticale et thématique, lexique similaire enrichi d'environ 20 à 30 % de mots nouveaux) ou en complément de toute autre méthode de français langue étrangère de niveau 1.
– Elle est destinée à des apprenants grands adolescents ou adultes, de niveau débutant ou faux-débutant (niveau A1 « découverte » du Cadre européen commun de référence pour l'apprentissage, l'enseignement et l'évaluation des langues).
– La vidéo *Nouveau Taxi ! 1* est constituée de neuf unités ; chacune comprend une fiction et un reportage en rapport direct avec les thèmes du manuel *Nouveau Taxi ! 1*. Elle illustre de façon vivante divers aspects de la société française (socioculturels, professionnels, comportementaux…).
– La vidéo *Nouveau Taxi ! 1* est lisible sur lecteur DVD (zones PAL) et sur ordinateur au format MP3.

Les fictions et les reportages

Les neuf fictions ont été réalisées avec des comédiens dans un souci constant d'authenticité et de dynamisme. Avant tout, notre objectif est de proposer des fictions agréables et motivantes qui s'adressent à des apprenants (télé)spectateurs. Le débit et l'articulation des comédiens correspondent à un français vivant et actuel. Les dialogues respectent les codes de la grammaire de l'oral. Chaque fiction est suivie, parfois coupée ou précédée d'un reportage ou d'un documentaire original dont les différentes images proviennent de la télévision, des comités de tourisme et de sociétés de production audiovisuelle. Les fictions ainsi que les reportages ont été, pour une plus grande souplesse d'utilisation, divisés en séquences lors de leur exploitation pédagogique.

Le livret d'exploitation pédagogique

Le livret d'exploitation pédagogique s'adresse aux enseignants. Ils y trouveront pour chaque fiction et chaque reportage des propositions d'activités et des exploitations pédagogiques ainsi que des informations complémentaires. Chaque unité propose :
– une présentation des contenus thématiques, des objectifs communicatifs, des expressions idiomatiques et du vocabulaire thématique ;
– une présentation du découpage fiction/reportage ;
– un séquençage de la fiction ;
– un résumé de la fiction et du reportage ;

– un scénario pédagogique composé d'activités de démarrage et de mise en contexte *(Avant le visionnage)*, d'activités de compréhension globale et détaillée *(Pendant le visionnage : sans le son et avec le son)*, d'activités d'expression orale guidées et/ou libres et d'activités de compréhension écrite (à partir d'Internet) et d'activités d'expression écrite libres et/ou guidées *(Après le visionnage)* ;
– des notes culturelles.
À la fin du livret, les professeurs trouveront les corrigés des activités. À la fin de chaque unité, ils pourront retrouver les transcriptions des fictions et des reportages. Celles-ci sont aussi fournies avec la vidéo dans le coffret.

GUIDE D'UTILISATION

■ Introduction

L'intérêt suscité par le support vidéo en classe de langue ou en situation d'auto-apprentissage (en centre de ressources, à la maison…), tant pour les apprenants que pour les enseignants, n'est plus à démontrer. Avec la vidéo *Nouveau Taxi ! 1*, les professeurs ont accès à des fictions vivantes, ludiques qui ont pour avantage de présenter une langue française actuelle. *Nouveau Taxi ! 1* propose toute sorte de réalisations linguistiques liées à des situations de communication variées. L'apprentissage linguistique n'est pas la seule finalité : outre le travail sur la compréhension orale du français, les fictions et les reportages permettent de découvrir des situations de la vie de tous les jours, de mieux connaître la France et sa culture du quotidien.
La vidéo *Nouveau Taxi ! 1* a été conçue pour une utilisation en classe en présence d'un enseignant et propose une véritable progression linguistique, communicative et lexicale. Aussi est-il préférable de travailler les unités dans l'ordre de leur présentation. Cependant, l'enseignant est libre de travailler les unités dans l'ordre qu'il lui plaît s'il souhaite illustrer tel ou tel aspect de la langue et/ou de la culture françaises à un moment où les apprenants sont linguistiquement prêts. De plus, la démarche pédagogique mise en place présente une progression dans le travail d'approche et de compréhension des reportages.

■ Les séquences

Pour une plus grande souplesse d'utilisation, les fictions ont été divisées en séquences (deux ou trois par unité). Chaque séquence étudiée peut correspondre à une séance de travail. Ainsi, si l'on considère qu'une unité présente entre deux et trois séquences par fiction ainsi qu'un reportage, on peut estimer que la vidéo *Nouveau Taxi ! 1* représente entre 20 et 30 séances de travail au total.

■ Le scénario pédagogique

Chaque unité du livret pédagogique a été conçue comme un véritable scénario pédagogique ; de multiples activités sont proposées aux enseignants qui portent et structurent le cours, en amont et en aval du travail avec la vidéo.
Le scénario pédagogique est constitué de quatre étapes :
– Étape 1 : Tout commence avec un bilan autour des connaissances lexicales des apprenants ; l'enseignant précise avec eux une thématique, il prépare le travail de compréhension de la vidéo en amont avec des activités de démarrage ludiques et ciblées.
– Étape 2 : Les apprenants abordent la fiction par les images. Ils travaillent le film sans le son, sans la matière linguistique afin de découvrir le sens de l'histoire par eux-mêmes en construisant des hypothèses sur le sens, les lieux, les personnages, la communication non verbale (gestuelles, expressions…) et en se servant de leur sens de l'observation. Parce que l'apprenant est avant tout un spectateur, se servir de sa compétence en matière de lecture d'images, c'est faciliter son accès au sens. Ainsi, et aussi paradoxal que cela puisse sembler, travailler sans le son aide à mieux comprendre l'oral.
– Étape 3 : À travers des activités progressives de compréhension orale, d'abord globales puis détaillées, l'apprenant maîtrise graduellement le contenu oral du film. Les images, porteuses de sens, étaient à l'origine des hypothèses : l'apprenant les vérifie, les complète et les affine.
– Étape 4 : Pour structurer et surtout consolider ses connaissances, l'apprenant a besoin de s'entraîner, de s'exprimer et de se réaliser dans la langue. Des jeux de rôles avec des matrices sont alors proposés, suivis d'activités d'expression orale libres et/ou guidées et de compréhension et d'expression écrites libres et/ou guidées.

Le livret d'exploitation présente des dizaines d'activités pédagogiques ; l'enseignant choisira celles qui lui paraissent les plus pertinentes en fonction de son public (nombre d'heures d'enseignement/apprentissage, niveau, motivation…) et des contraintes institutionnelles.

Signalons enfin qu'un travail sur l'image du film lui-même, essentiellement sur les types de plans, permet de mieux comprendre les intentions du réalisateur. Cette initiation à la lecture de l'image animée permet un meilleur accès au sens et, plus généralement, une plus grande maîtrise de l'outil vidéo. On trouvera, ci-dessous, un document présentant les huit types de plans référencés.

Bon travail !

ÉCHELLE DES PLANS

Plan d'ensemble

Plan de demi-ensemble

Plan moyen

Plan américain

Plan rapproché taille

Plan rapproché poitrine

Gros plan

Très gros plan

UNITÉ 1 Un taxi pour deux

Contenus thématiques

– Le savoir-vivre : rencontre et présentation
– À la découverte de Paris

Objectifs communicatifs

– Saluer
– Se présenter
– Dire le prénom et le nom
– Parler de ses goûts
– Demander l'âge, l'adresse et le téléphone
– Identifier une personne
– Écrire un e-mail parlant de ses goûts et de soi

Expressions idiomatiques

Ben – C'est parti ! – J'adore + nom – J'aime beaucoup + nom – J'habite à + nom de ville – Moi, je suis + adjectif de nationalité – Excusez-moi – Allô ? – À tout à l'heure – Bisous – Oh, regardez ! – Oh, oui, d'accord – Ça fait + prix – Je vous remercie – Bonne journée – Au revoir

Vocabulaire thématique

Le savoir-vivre et la rencontre : *À bientôt – Au revoir – Bonjour Monsieur/Madame – Enchanté – habiter – Merci (beaucoup) – un nom – Pardon – un prénom – s'appeler – S'il vous plaît – À tout à l'heure – Bisous – Je vous remercie – Bon voyage*

DÉCOUPAGE

Cette unité est composée de trois parties : une fiction divisée en deux parties (de 0'20" à 2'05" et de 3'51" à 4'45") et un reportage (de 2'07" à 3'49").
La fiction peut être divisée en trois séquences :
– Séquence 1 : Du début de la fiction jusqu'à la réplique du chauffeur : « Alors, c'est parti ! » (avant les plans des rues de Paris).
– Séquence 2 : Du plan « Taxi parisien » jusqu'à la séance de photos devant l'opéra.
– Séquence 3 : Séquence après le reportage, devant la gare.

FICTION

Résumé de la fiction

Deux personnes entrent en même temps dans un taxi et elles doivent se rendre au même endroit (la gare Saint-Lazare). Elles profitent du trajet pour faire connaissance. Quand le taxi passe devant l'opéra Garnier, les deux personnes arrêtent le taxi pour prendre une photo-souvenir. Arrivés à la gare, l'homme paye la course et les personnes se séparent.

AVANT LE VISIONNAGE

1 a. Demander aux apprenants de faire, oralement, la liste des mots et des expressions qui permettent de se saluer, de se présenter et de parler de ses goûts en français.
  b. Introduire et faire élucider les mots nouveaux suivants : *enchanté – je vous remercie – bon voyage – à tout à l'heure – bisous.*

2 Demander aux apprenants de compléter le tableau ci-dessous.

Pays	Nationalité	Capitale
Belgique		Bruxelles
France		
	sénégalais	Dakar
Colombie		
Japon		
	italien	

3 Demander aux apprenants de lire la question et de cocher leur réponse préférée.
   Qu'est-ce que vous aimez ?
   ☐ la danse   ☐ la photographie   ☐ l'opéra
   ☐ la lecture   ☐ la musique   ☐ le sport
   ☐ le cinéma   ☐ les voyages   ☐ la nature

4 Demander aux apprenants d'interroger leur voisin et de compléter la fiche ci-dessous.

> Prénom : …
> Nom : …
> Âge : …
> Adresse : …
> Numéro de téléphone : …
> Adresse e-mail : …
> Sport/loisir : …

PENDANT LE VISIONNAGE

Sans le son

Séquences 1 et 2

5 Faire compléter les phrases.
   a. Le film se passe dans… :
      ☐ un train   ☐ un bus   ☐ un taxi   ☐ un hôtel
   b. L'homme avec le journal habite… :
      ☐ à Bruxelles   ☐ à Paris   ☐ à Marseille   ☐ à Lausanne

6 Demander aux apprenants de faire des hypothèses sur les images qu'ils regardent.
   Où ? – Qui parle à qui ? – Que se passe-t-il ?

7 Faire lire les items aux apprenants et s'assurer de leur compréhension. Puis leur demander de remettre les séquences suivantes dans le bon ordre.
   a. On voit des rues de Paris.   : …
   b. Un homme lit le journal.   : 1
   c. Un homme serre la main à une femme.   : …
   d. Une femme prend un homme en photo.   : …
   e. Une femme parle au téléphone.   : …

8 Demander aux apprenants de trouver les deux items que l'on ne voit pas à l'écran.
   ☐ un badge   ☐ un appareil photo   ☐ un taxi
   ☐ un journal   ☐ une rue   ☐ un bébé

9 Faire résumer la séquence.

Séquence 3

10 Faire compléter la phrase.
   Le taxi est :
   ☐ à l'aéroport Charles-de-Gaulle   ☐ à la gare Saint-Lazare
   ☐ à Montmartre   ☐ à Lausanne

11 Demander aux apprenants de raconter ce qu'ils voient à l'écran et de formuler des hypothèses.
   Que fait la femme ? – Que font les deux hommes ? – Pourquoi les deux passagers se serrent-ils à nouveau la main ?

12 Faire imaginer la suite de la fiction.

UNITÉ 1 • Un taxi pour deux

Avec le son

Séquence 1

13 Demander aux apprenants de répondre par oui/non/on ne sait pas aux phrases suivantes.
   a. L'homme est un ami de la femme.
   b. La femme va à la gare Saint-Lazare.
   c. Le chauffeur de taxi est sympa.

Séquence 2

14 Faire remettre les syllabes dans le bon ordre pour former un mot.
   a. pa-sienne-ri   c. to-graphe-pho   b. ga-lais-né-sé   d. chan-té-en

15 Faire compléter les fiches d'identité des deux passagers.

FEMME	HOMME
Prénom : …	Prénom : …
Nom : …	Nom : …
Nationalité : …	Nationalité : …
Ville : …	Ville : …
Loisir : …	Loisir : …

Séquence 3

16 Demander aux apprenants de placer les mots suivants au bon endroit : *au revoir, je, vingt, monsieur, gare, bonne journée, bon voyage.*

Chauffeur : Et voilà : _____ Saint-Lazare ! Alors, ça fait _____ euros !
Babacar : Non, laissez…
Micheline : Oh ! Merci !
Chauffeur : _____ vous remercie, _____.
Micheline : Non, mais vraiment merci beaucoup !
Chauffeur : Bien, ben, _____ !
Babacar : Bon, ben… _____, Madame !
Micheline : Au revoir, Monsieur et… et _____ !
Babacar : Bon voyage…

Toute la fiction

17 Faire écouter le dialogue et demander aux apprenants de compléter leur résumé.

18 a. Faire observer le langage non verbal des personnages quand ils disent :
   1. Ben, avec moi ! (séquence 1)
   2. Micheline Leroy… (séquence 2)
   3. Vous êtes photographe ? (séquence 2)
   4. Excusez-moi. (séquence 2)
   5. Au revoir, Monsieur et… et bon voyage ! (séquence 3)
   b. Interroger les apprenants en langue maternelle.
   Qu'est-ce que ces gestes indiquent au spectateur ? – Est-ce qu'ils aident à la compréhension ? – Pourquoi ?

APRÈS LE VISIONNAGE

19 Demander aux apprenants de travailler en sous-groupes. Leur faire lire le texte du dialogue en imitant au maximum les intonations des comédiens. Faire remarquer la présence des mots comme *bon alors/ben/euh…* Demander aux apprenants d'expliquer leur fonction.

20. Vous allez en Normandie pour le week-end. Vous prenez le train à la gare Saint-Lazare. Dans le train, vous faites la connaissance d'une personne.
Faire imaginer leur conversation. Mettre les apprenants en sous-groupes, faire élucider la situation de communication puis faire réfléchir les apprenants sur les expressions à formuler pour le jeu de rôles. Faire jouer la scène.
Proposition :

Ce que vous dites pour…	Ce que l'autre personne dit pour…
Saluer *Exemple : Bonjour, Monsieur !* **Se présenter** *Exemple : Je m'appelle Marina. Je suis française. J'habite à Cherbourg.* **Identifier une personne** *Exemple : Vous êtes photographe/étudiant(e) ?*	**Dire le prénom et le nom** *Exemple : Richard Lenoir. Mon nom est Lenoir. Richard Lenoir.* **Parler de ses goûts** *Exemple : Oui je suis photographe. J'aime bien la photo.*

REPORTAGE

Résumé du reportage
Le reportage présente les grands monuments et les endroits touristiques de Paris.

AVANT LE VISIONNAGE

1. Organiser un grand remue-méninges (*brainstorming*) dans la classe à partir du mot-clé *Paris*. Faire une liste (en français et/ou en langue maternelle) au tableau de tous les mots et noms trouvés.

PENDANT LE VISIONNAGE

Sans le son

2. Faire visionner le reportage et demander aux apprenants de nommer les monuments qu'ils (re)connaissent.

3. **a.** Demander aux apprenants de consulter le site de l'office de tourisme et des congrès de Paris :
www.paris-touristoffice.com
Faire cliquer sur la rubrique *Paris en images*, à gauche de l'écran de la page d'accueil.
b. Dire aux apprenants de cliquer sur *Visite virtuelle (Paris nature/Bords de Seine/Les monuments de Paris/Quartiers parisiens/Paris la nuit)*. Lorsque la fenêtre s'ouvre, on peut découvrir des vues panoramiques de Paris. Leur demander de choisir la vue panoramique qu'ils préfèrent ; leur faire relever le nom de l'endroit et dire pourquoi ils ont choisi cette vue (en langue maternelle).
c. Revenir sur la page *Paris en images* et faire visiter la rubrique *Photothèque*.
Aller dans *Recherche thématique* et inviter les apprenants à visiter les rubriques *Monuments et Places*. Faire observer les photos et faire relever les noms des monuments et/ou de lieux. Demander aux apprenants de choisir les monuments ou la photo de Paris qu'ils préfèrent.

Avec le son

4. Faire écouter une fois le commentaire et demander aux apprenants de compter le nombre de monuments et d'endroits touristiques cités.

5. Faire compléter le texte du commentaire.
Paris, c'est aussi des _____, des _____… Le Sacré-Cœur, Notre-Dame… la _____ Eiffel… les Champs-Élysées, la _____ de la Concorde… et l'Assemblée nationale.
Paris, c'est aussi le _____ des Arts, le Louvre, la Seine… l'_____ des Invalides, la Conciergerie, la colonne Vendôme… l'Arc de triomphe.

UNITÉ 1 • Un taxi pour deux

APRÈS LE VISIONNAGE

6 Demander aux apprenants s'ils aimeraient habiter à Paris et pourquoi.

7 Leur demander si, à leur avis, le reportage qu'ils viennent de voir représente bien la ville de Paris et ses habitants.

8 Demander à chaque apprenant de choisir l'une des photos de Paris vues sur le site *www.paris-touristoffice.com*
Il/elle décide d'envoyer cette photo à un(e) ami(e) avec un courrier électronique qu'il/elle écrit depuis Paris.
Il/elle dit ce que représente la photo et comment il/elle va.

NOTES CULTURELLES

- **Gare Saint-Lazare :** L'une des six gares de Paris. C'est la gare qui dessert la Normandie et la banlieue ouest de Paris. Les cinq autres gares sont : la gare Montparnasse (la Bretagne et le sud-ouest de la France…), la gare du Nord (le nord de la France, l'Angleterre avec Eurostar et la Belgique, l'Allemagne et les Pays-Bas avec le Thalys…), la gare de l'Est (la banlieue est, la Lorraine, l'Alsace, l'Allemagne…), la gare d'Austerlitz (le centre de la France, la banlieue sud…), la gare de Lyon (le Sud-Est, la Provence, l'Italie, la Suisse…).

- **Dakar :** Capitale du Sénégal (depuis 1957), dans la presqu'île du Cap-Vert, sur l'océan Atlantique : 1,8 million d'habitants (agglomération).

- **La république du Sénégal :** État d'Afrique occidentale, 196 720 km^2 ; 9,5 millions d'habitants. Langue officielle : français. Population : Wolofs (42,6 %), Toucouleurs, Sérères, Diolas et Mandingues. Religion : islam (92 %).

- **Le Paramount :** Cinéma parisien du nom de la société cinématographique américaine créée en 1914.

- **L'opéra Garnier :** Opéra parisien de l'architecte Charles Garnier, inauguré en 1874. L'autre opéra de Paris est l'opéra Bastille, bâtiment de l'architecte canadien Carlos Ott inauguré en 1989.

TRANSCRIPTIONS

Fiction

CHAUFFEUR : Oui ?
MICHELINE ET BABACAR : Gare Saint-Lazare, s'il vous plaît ! Vous aussi ?
CHAUFFEUR : Bon, alors… je vais où, là ? Gare Saint-Lazare ? Bah alors, avec qui ?
MICHELINE : Ben, avec moi.
BABACAR : Ben, avec moi !
CHAUFFEUR : Bien… alors, c'est parti !
BABACAR : Bon, euh… eh bien, enchanté : Babacar Diop.
MICHELINE : Micheline Leroy… Vous êtes photographe ?
BABACAR : Oh, non… j'adore la photo, euh… et j'aime beaucoup Paris ! Vous êtes parisienne ?
MICHELINE : Oui, bah, oui, j'habite à Paris.
BABACAR : Ah, moi, je suis sénégalais, j'habite Dakar…
MICHELINE : Oh, excusez-moi, allô ?… oui, ah bah, écoute là, je suis devant le Paramount, là ! non, non… oui… oui… oui… ben, c'est ça, à tout à l'heure… bisous ! Oh, regardez : l'opéra Garnier !
BABACAR : Oh, oui ! Une photo-souvenir ?
MICHELINE : Oh, oh, oui, d'accord ! ah, ah, ah… Chauffeur !

Reportage

Paris, c'est aussi des rues, des jardins… Le Sacré-Cœur, Notre-Dame… la tour Eiffel… les Champs-Élysées, la place de la Concorde… et l'Assemblée nationale.
Paris, c'est aussi le pont des Arts, le Louvre, la Seine… l'hôtel des Invalides, la Conciergerie, la colonne Vendôme… l'Arc de triomphe.

Retour dans le taxi

CHAUFFEUR : Et voilà : Gare Saint-Lazare ! Alors, ça fait 20 euros !
BABACAR : Non, laissez…
MICHELINE : Oh ! Merci !
CHAUFFEUR : Je vous remercie, Monsieur.
MICHELINE : Non, mais vraiment merci beaucoup !
CHAUFFEUR : Bien, ben, bonne journée !
BABACAR : Bon, ben… au revoir, Madame !
MICHELINE : Au revoir, Monsieur et… et bon voyage !
BABACAR : Bon voyage…

UNITÉ 2 C'est le bouquet

Contenus thématiques

– Les achats en boutique et sur l'Internet
– L'univers du commerce des fleurs

Objectifs communicatifs

– Nommer des objets
– Indiquer les couleurs
– Demander et indiquer le prix
– Épeler un mot
– Demander et donner des informations
– Caractériser un objet
– Exprimer une opinion
– Écrire un poème décrivant une personne

Expressions idiomatiques

Stop ! – J'en ai pour + durée *– C'est très* + adjectif *– Qu'est-ce que c'est ? – C'est combien ? – Eh ben voilà ! – Je suis chez* + nom de personne ou de lieu *– Ah bon ? – C'est pas vrai ça ! – Je suis en train de* + infinitif *– Oh, c'est pas mal ! – Allez !*

Vocabulaire thématique

Les fleurs : *un arum – un bouquet (de fleurs) – une fleur – un(e) fleuriste – un marché aux fleurs – un mimosa – un parfum – une rose – un vase*
Les couleurs : *blanc(he) – bleu(e) – blond(e) – brun(e) – jaune – noir(e) – orange – rose – rouge – vert(e)*
Les achats : *une boutique – C'est combien ? – cher – cliquer – coûter – un euro – un site Internet*

DÉCOUPAGE

Cette unité est composée de trois parties : une fiction divisée en deux parties (de 4'52" à 6'09" et de 7'05" à 7'35") et un reportage (de 6'11" à 7'03").
La fiction peut être divisée en deux séquences :
– Séquence 1 : Du début de la fiction jusqu'au plan sur l'ordinateur portable.
– Séquence 2 : Du plan sur le clavier d'ordinateur (après le reportage) jusqu'à la fin de la fiction.

FICTION

Résumé de la fiction
Dans un taxi, une jeune femme demande au chauffeur de s'arrêter devant un fleuriste. Elle entre dans la boutique mais doit patienter car elle n'est pas la seule cliente : un homme qui ne sait pas trop quoi acheter pose des questions à la fleuriste. Il choisit enfin de prendre des arums quand son téléphone portable se met à sonner. Il parle des fleurs qu'il achète mais la personne au bout du fil n'apprécie pas ce choix. La jeune femme perd patience et s'en va. De retour dans le taxi, elle se connecte à Internet et commande un bouquet de fleurs sous le regard étonné du chauffeur.

AVANT LE VISIONNAGE

1. **a.** Faire réviser les chiffres de 1 à 30. Demander aux apprenants de se compter une fois lentement puis une fois très rapidement.
   b. Faire réciter l'alphabet français en corrigeant la prononciation une première fois puis faire répéter de plus en plus vite.
2. Écrire le mot *fleur* au tableau et demander aux apprenants de dire, en langue maternelle, ce à quoi ce mot leur fait penser.
3. Jeu des couleurs : Les apprenants forment un cercle au centre duquel se place le professeur, tenant une balle. Il lance la balle à un des apprenants en annonçant une couleur. L'apprenant visé attrape la balle, nomme un objet de la couleur annoncée présent dans la classe (vêtements…) et envoie la balle à un autre apprenant en annonçant une autre couleur. L'apprenant visé attrape la balle et nomme à son tour un objet de la couleur annoncée et le jeu continue. On peut revenir à une couleur déjà annoncée, mais il faut trouver à chaque fois un nouvel objet. Tout joueur qui n'attrape pas la balle ou qui ne trouve pas d'objet de la couleur demandée est éliminé. Le jeu continue jusqu'à ce qu'il ne reste plus qu'un apprenant, qui est proclamé gagnant.

UNITÉ 2 • C'est le bouquet

PENDANT LE VISIONNAGE

■ Sans le son

Séquences 1 et 2

4 Demander aux apprenants de faire des hypothèses sur les images qu'ils regardent.
   Où ? – Qui parle à qui ? – Que se passe-t-il ?

5 **a.** Faire lire les items aux apprenants et s'assurer de leur compréhension. Puis leur demander de faire correspondre les types de plans aux bonnes images.

   Types de plans
   1. Plan de demi-ensemble (1)
   2. Plan rapproché poitrine (2)
   3. Plan rapproché taille (1)
   4. Gros plan (1)
   5. Très gros plan (3)
   6. Plan américain (1)

   Images
   a. On voit des fleurs dans un vase.
   b. On voit un téléphone entre deux mains.
   c. On voit des mains et des fleurs jaunes.
   d. Une jeune femme sort d'un taxi.
   e. Deux personnes parlent et une femme regarde sa montre.
   f. Un homme téléphone.
   g. Un homme en noir regarde des fleurs.
   h. On voit un [clavier d']ordinateur.
   i. On voit une voiture dans une rue.

   b. Faire classer les images dans leur ordre d'apparition chronologique.
   c. Interroger les apprenants (en langue maternelle) sur le rôle des gros plans et des très gros plans dans ces deux séquences.

6 Demander aux apprenants de dire si c'est vrai ou faux.
   a. La femme blonde a un sac rouge.
   b. L'homme téléphone dans la boutique.
   c. La femme brune porte un tee-shirt jaune.
   d. Elle commande des fleurs.
   e. La femme blonde porte des lunettes.
   f. Elle a un ordinateur.

7 Faire résumer la séquence.

8 Faire imaginer la suite de la fiction.

■ Avec le son

Toute la fiction

9 Faire écouter le dialogue et demander aux apprenants de compléter leur résumé.

Séquence 1

10 Demander de faire correspondre les paroles à la bonne personne.

   1. Femme brune
   2. Femme blonde
   3. Homme

   a. Une fleur coûte deux euros.
   b. J'aime beaucoup ces fleurs !
   c. Stop ! Stop !
   d. Et c'est combien ?
   e. C'est pas vrai, ça !
   f. À côté des rouges ?

11 Demander aux apprenants de répondre par oui/non/on ne sait pas aux phrases suivantes.
   a. L'homme prend dix fleurs.
   b. Il parle à une personne au téléphone. Elle aime les roses.
   c. Les fleurs rouges sont devant les fleurs bleues.
   d. L'homme dit « Je suis chez le dentiste ».
   e. Le chauffeur de taxi pose une question à la femme blonde.

137

12 a. Faire travailler les apprenants en sous-groupes. Leur demander de placer les mots suivants au bon endroit :
bouquet, vingt, Monsieur, grandes, à droite, fleurs, combien, à côté, devant, coûte, joli.

Client : J'aime beaucoup ces _____ , c'est très _____ !
Fleuriste : Oui ? Quelles fleurs ?
Client : Les jaunes, juste _____ ces _____ fleurs… bleues.
Fleuriste : _____ des rouges ?
Client : Oui, juste _____ … Qu'est-ce que c'est ?
Fleuriste : Des arums, _____ .
Client : Ah ? Et… c'est _____ ?
Fleuriste : Une fleur _____ deux euros.
Client : D'accord… Alors un _____ pour _____ euros, s'il vous plaît.

b. Leur demander de trouver et de marquer la liaison en [z].

Séquence 2

13 Demander aux apprenants de remettre les mots suivants dans le bon ordre pour retrouver quatre phrases du dialogue puis de vérifier la réponse à l'aide de la vidéo.
a. je – Et – clique – maintenant
b. mon – trente – amie – bouquet – Et – minutes – chez – mon – est – dans
c. mal – pas – c'est – Oh
d. plaît – Allez – la - s'il – Bastille – vous – à

APRÈS LE VISIONNAGE

14 Demander aux apprenants de travailler en sous-groupes. Leur faire lire le texte du dialogue en imitant au maximum les intonations des comédiens.

15 Demander aux apprenants d'imaginer le dialogue entre le chauffeur de taxi et la cliente lorsqu'elle commande ses fleurs sur Internet, entre la séquence 1 et la séquence 2. Mettre les apprenants en sous-groupes. Faire élucider la situation de communication puis faire réfléchir les apprenants sur les expressions à formuler pour le jeu de rôles. Faire jouer la scène.
Proposition :

Ce que vous dites pour…	Ce que l'autre personne dit pour…
Demander des informations *Exemple : Elles sont où vos fleurs ?* **Caractériser un objet** *Exemple : Ah oui… mais c'est cher, non ?* **Demander le prix** *Exemple : C'est combien un bouquet de fleurs ?* **Exprimer son opinion** *Exemple : Oh, c'est pas mal ! BRAVO !*	**Donner des informations** *Exemple : Elles sont sur Internet ! Regardez : F.L.E.U.R.S. et c'est parti ! Je suis sur le site fleurs.net !* **Indiquer le prix** *Exemple : Une commande sur le site coûte 25 euros et dans une boutique c'est 22 euros !*

REPORTAGE

Résumé du reportage
Le reportage présente différentes étapes de la distribution et de la vente des fleurs en partant des fleuristes (on voit de multiples enseignes) et en remontant la filière. Ainsi, on voit des images de marché aux fleurs (distribution et conditionnement) puis des fleurs et des plantes en pleine nature.

AVANT LE VISIONNAGE

1 Demander aux apprenants de se rendre sur Internet et de taper le mot *fleurs* dans un moteur de recherche.
Que se passe-t-il ? Quels types de sites peut-on visiter ?

UNITÉ 2 • C'est le bouquet

PENDANT LE VISIONNAGE

Sans le son

2. **a.** Demander aux apprenants de dire de quoi parle le reportage puis de le diviser en trois parties.
   b. Demander aux apprenants de donner un titre à chaque partie.

3. **a.** Faire lire les items aux apprenants et s'assurer de leur compréhension. Puis leur demander de trouver l'intrus.
   1. Des fleurs jaunes
   2. Des petites voitures orange
   3. Des sièges
   4. Un homme à vélo
   5. Un homme avec un chapeau noir
   6. Un homme avec un pantalon noir et un blouson bleu sur une voiture orange
   7. Des boutiques
   8. Des fleurs roses

   b. Leur demander de remettre les items dans l'ordre.

4. Faire relever les noms des quatre boutiques au début du reportage.

Avec le son

5. Faire écouter une fois le reportage. Demander aux apprenants s'ils ont entendu les mots suivants.
   a. Homme   c. Marché aux fleurs   e. Parfum   g. Mimosa
   b. Fleur   d. Maintenant   f. Sympa   h. Rose

APRÈS LE VISIONNAGE

6. Demander aux apprenants d'écrire un texte à la manière du commentaire pour faire le portrait de quelqu'un de la classe.
   Exemple : pour une personne qui porte un blouson et des baskets bleues.
   B comme bleu
   Bleu comme blouson
   Bleu comme baskets
   Qui est-ce ?

7. **a.** Demander aux apprenants de visiter le site www.aunomdelarose.fr
   Les faire cliquer sur *Inférieur à 30 euros*, dans la rubrique *Votre budget*.
   b. Leur demander de sélectionner l'un des produits proposés (par exemple : *bouquet rond*) puis faire cliquer sur *Acheter* et ensuite sur *Commander maintenant*.
   c. Demander aux apprenants de saisir leur adresse e-mail sur la page *Nouveau client* et de cliquer sur *Continuer*. Faire cliquer une deuxième fois sur *Continuer à la page suivante*.
   d. Faire compléter l'adresse de livraison et faire cliquer sur *Continuer*.
   e. Faire choisir une *Date de livraison* et faire cliquer sur *Continuer*.
   f. Demander ensuite aux apprenants de rédiger un message destiné à la personne à laquelle ils envoient des fleurs puis faire sauvegarder ce message et faire cliquer sur *Continuer*.
   g. Demander aux apprenants de se déconnecter une fois arrivés à la page *Mode de paiement*.

NOTES CULTURELLES

- **La Bastille :** Place et quartier parisien du 12e arrondissement. C'est là que se dressait la prison qui fut prise par le peuple de Paris le 14 juillet 1789 et détruite peu après. Aujourd'hui, la Bastille est un quartier populaire et à la mode. Sur la place s'élève l'opéra de la Bastille, construit par le Canadien Carlos Ott, et de nombreux cafés et restaurants.

TRANSCRIPTIONS

Fiction

Clarisse : … Stop ! Stop !… Oui, devant le fleuriste… Excusez-moi, hein ! J'en ai pour deux minutes !… Bonjour !
Fleuriste : Bonjour Madame !
Client : J'aime beaucoup ces fleurs, c'est très joli !
Fleuriste : Oui ? Quelles fleurs ?
Client : Les jaunes, juste devant ces grandes fleurs… bleues.
Fleuriste : À côté des rouges ?
Client : Oui, juste à droite… Qu'est-ce que c'est ?
Fleuriste : Des arums, Monsieur.
Client : Ah ? Et… c'est combien ?
Fleuriste : Une fleur coûte deux euros.
Client : D'accord… Alors un bouquet pour 20 euros, s'il vous plaît.
Fleuriste : Eh ben voilà…
Client : Allô ? Oui, je suis chez le fleuriste… des arums… ah, bon, t'aimes pas ?… Madame, Madame, Madame !
Clarisse : C'est pas vrai, ça !
Client : Non, je suis en train de parler avec la dame.
Chauffeur : Bah où elles sont vos fleurs ?
Clarisse : Mes fleurs ?… F. L. E. U. R. S.

Reportage

F comme fleur
Fleur comme fleuriste
Fleur comme marché aux fleurs
Fleur comme parfum du mimosa… et de la rose.

Retour dans le taxi

Clarisse : Et maintenant, je clique… et mon bouquet est chez mon amie dans 30 minutes.
Chauffeur : Oh, c'est pas mal !
Clarisse : Allez, à la Bastille, s'il vous plaît !

UNITÉ 3 Réunion

Contenus thématiques

– Les transports : le métro parisien
– À la découverte touristique d'un département d'outre-mer : la Réunion

Objectifs communicatifs

– Demander son chemin
– S'informer sur un lieu
– Situer un lieu sur un plan
– Indiquer la direction
– Donner un conseil
– Écrire une carte postale sur ses vacances

Expressions idiomatiques

Pour aller + nom de lieu *? – Oui, c'est ça – Bon, alors, euh… – Prendre la ligne x jusqu'à* + nom de station *– Oh, là, là… oh, là, là ! – Allez-y ! – Montez ! – Vous savez – Je connais bien ! – Moi, j'aime bien* + infinitif, *et vous ? – Si, si – Quand même… ! – En route pour* + lieu

Vocabulaire thématique

Les transports : *un aéroport – un bateau – un bus – une direction – une gare – une ligne (de métro) – le métro – une moto – le RER – un taxi – le TGV – un vélo – une voiture*
Les vacances/les loisirs : *une agence de voyages – se baigner – un hôtel – nager – un office de tourisme – les vacances – un voyage – un week-end*
La géographie : *nord – sud – est – ouest – au milieu – une carte – au centre – la côte – une forêt – une île – la mer – la montagne – l'océan – la plage – la terre*

DÉCOUPAGE

Cette unité est composée de trois parties : une fiction divisée en deux parties (de 7'42" à 9'41" et de 11'24" à 12'08") et un reportage (de 9'43" à 11'22").
La fiction peut être divisée en trois séquences :
– Séquence 1 : Du début de la fiction jusqu'au moment où le passant s'en va.
– Séquence 2 : Du plan sur l'homme qui range son plan de métro dans sa poche jusqu'au reportage.
– Séquence 3 : La séquence dans le taxi, après le reportage.

FICTION

Résumé de la fiction

Un homme, qui doit se rendre à l'aéroport d'Orly, observe un plan du métro parisien. Perplexe, il demande son chemin à un passant mais ne comprend pas bien ses explications. Un taxi passe et il fait signe au chauffeur. L'homme explique qu'il se rend à la Réunion mais le chauffeur ne pense pas à l'île de la Réunion mais au mot « réunion ». Une fois le malentendu dissipé, le chauffeur se met à parler de l'île où lui-même s'est déjà rendu. Le client ne souhaite pas en entendre davantage et explique au chauffeur qu'il ne part pas en vacances mais qu'il se rend à l'île de la Réunion pour travailler.

AVANT LE VISIONNAGE

1 **a.** Présenter à la classe le plan du métro parisien (à télécharger depuis le site *www.citefutee.com*). Faire repérer le nombre de lignes de métro dans Paris. Puis présenter les 14 lignes de métro (leur couleur, leur circuit dans la capitale, leurs terminus…). Présenter le RER (réseau express régional) et ses 5 lignes (A, B, C, D et E). Expliquer que le métro dessert la ville de Paris et que le RER dessert la banlieue et quelques grandes stations d'interconnexions dans la capitale (Châtelet, Gare du Nord…).
   b. Faire repérer les stations de RER correspondantes aux aéroports de Paris (Roissy-Charles-de-Gaulle et Orly).
   c. Demander aux apprenants s'ils connaissent déjà le métro de Paris.
   d. Leur demander de parler du métro de leur pays et de le comparer au métro parisien.

2 Demander aux apprenants de bien observer le plan du métro parisien puis de compléter les phrases et la grille ci-dessous.
– (1) _____ est entre les (8) _____ Cité et Les Halles sur la (2) _____ 4.
– Le train est dans la gare ; le (4) _____ est dans la (8) _____ .
– À Paris il y a 14 (2) _____ de (4) _____ .
– A, B, C et D sont des (2) _____ de (3) _____ .
– Il y a le (5) _____ de votre appartement et le (5) _____ du (4) _____ .
– Le (4) _____ , le bus, l'avion, le taxi sont des moyens de (7) _____ .
– Roissy et (6) _____ sont les (9) _____ de Paris.

```
        9
1    A
2    E
3    R
4    O
5    P
6    O
7    R
8    T
     S
```

PENDANT LE VISIONNAGE

Sans le son

Séquence 1

3 Demander aux apprenants de faire des hypothèses sur les images qu'ils regardent.
Où ? – Qui parle à qui ? – Que se passe-t-il ?

4 **a.** Demander aux apprenants de noter le nom de la station de métro qui apparaît à l'écran. Puis leur demander de situer cette station sur le plan de métro.
b. Faire raconter la scène.
c. Demander aux apprenants d'imaginer le dialogue entre les deux personnages. Puis repasser la séquence (toujours sans le son) et faire « doubler » les personnages par les apprenants qui jouent leur dialogue.

5 Faire répondre aux questions en langue maternelle.
Quel est le seul gros plan de la séquence ? – Quelle est l'intention du réalisateur ?

Séquence 2

6 Faire lire les items aux apprenants et s'assurer de leur compréhension. Puis leur demander de remettre les séquences dans l'ordre.
a. Le client monte dans le taxi.   : …
b. Un homme regarde sa montre.   : 1
c. Une voiture s'arrête.   : …
d. Le chauffeur porte une valise.   : …
e. Le chauffeur ouvre une portière.   : …
f. Un taxi roule dans une rue.   : …
g. Un homme lève le bras gauche.   : …
h. Un homme parle avec le chauffeur, dans la rue. : …
i. Deux hommes parlent dans une voiture.   : …

7 Demander aux apprenants de répondre aux questions en français ou en langue maternelle.
a. Seule une scène de la séquence est filmée en plan de demi-ensemble : laquelle et pourquoi ?
b. Le reste de la séquence est filmé en ❏ plan moyen.
                                          ❏ plan rapproché taille.
                                          ❏ plan d'ensemble.

Séquence 3

8 Le langage non verbal (les expressions du visage) du passager semble parler pour lui. Demander aux apprenants, en français ou en langue maternelle, ce que le passager exprime avec son visage.
On comprend : ❏ J'aime beaucoup parler avec vous.
               ❏ J'aime prendre le taxi à Paris !
               ❏ Je suis stressé !
               ❏ Je ne veux pas parler avec vous !

UNITÉ 3 • Réunion

Avec le son

Séquence 1

9 Faire écouter la musique qui accompagne cette séquence et demander aux apprenants de dire ce à quoi elle leur fait penser/ce qu'elle leur fait ressentir. Leur demander s'ils pensent qu'elle illustre bien l'atmosphère de la séquence et d'expliquer l'effet qu'elle produit sur le spectateur.

10 Demander aux apprenants d'entourer le mot entendu dans le film.
L'homme en chemise bleue dit :
a. Prenez la ligne 2/12.
b. Prenez ensuite la ligne 4/14.
c. Puis à Châtelet, prenez la ligne B/D du RER.
d. Prenez l'Orlyval, jusqu'à Antony/l'aéroport.

Séquence 2

11 Demander aux apprenants de dire si c'est vrai ou faux.
a. L'homme avec la veste a une réunion.
b. L'homme prend l'avion pour aller dans une île.
c. Le chauffeur de taxi ne connaît pas cette île.
d. L'homme va habiter à Saint-Pierre.
e. Le chauffeur parle des grandes plages de Saint-Paul.

Séquence 3

12 Demander aux apprenants de cocher la bonne réponse.
Le chauffeur dit :
a. J'aime bien   ❏ manger.
                 ❏ nager.
                 ❏ le café.
b. Vous en avez ❏ de l'argent !
                 ❏ de la chance !
                 ❏ des vacances !
c. Mais vous allez ❏ continuer, quand même !
                   ❏ vous laver, quand même !
                   ❏ vous baigner, quand même !

13 Demander aux apprenants de répondre aux questions.
– Pour quelle raison est-ce que l'homme part à la Réunion ?
– Pourquoi le chauffeur de taxi dit : « vous en avez de la chance » ?

APRÈS LE VISIONNAGE

14 Demander aux apprenants de travailler en sous-groupes. Leur faire lire le texte du dialogue en imitant au maximum les intonations des comédiens.

15 Faire imaginer l'arrivée de l'homme à la veste blanche à l'aéroport. D'abord, il cherche le comptoir Air France pour enregistrer sa valise. Ensuite il cherche la porte d'embarquement, etc. Mettre les apprenants en sous-groupes, faire élucider la situation de communication puis faire réfléchir les apprenants sur les expressions à formuler pour le jeu de rôles (on pourra donner quelques mots de vocabulaire comme *douane/passeport/billet d'avion/siège/décollage…*). Faire jouer la scène.

Proposition :

Ce que vous dites pour...	Ce que l'autre personne dit pour...
Demander son chemin *Exemple : Excusez-moi, Madame. Le comptoir Air France, s'il vous plaît ?*	**Indiquer la direction** *Exemple : Oh, c'est simple : vous allez jusqu'au café, en face de l'entrée et vous tournez à droite.* *Exemple : Oui, c'est bien ici.* *Exemple : Votre porte d'embarquement est la 27 hall 2.*
S'informer sur un lieu *Exemple : Excusez-moi, c'est bien le comptoir Air France, ici ?* *Exemple : Le hall 2, c'est par ici ?*	**Situer un lieu sur un plan** *Exemple : Nous, nous sommes ici, vous voyez ? Et la porte 27, c'est là, à droite.* **Donner un conseil** *Exemple : Prenez l'ascenseur, là, en face.*

REPORTAGE

Résumé du reportage
Le reportage présente l'île de la Réunion à la manière d'un film promotionnel. On voit d'abord les plages puis le centre de l'île avec ses montagnes et sa forêt tropicale. On découvre la faune et la flore avant de revenir sur la côte et d'admirer le coucher du soleil.

AVANT LE VISIONNAGE

1. **a.** Demander aux apprenants de visiter le site Internet : *www.ilereunion.com*
   b. Faire cliquer sur la rubrique *Carte* pour découvrir l'île de la Réunion *(géographie, relief, villes…)*.
   c. Inviter ensuite les apprenants à visiter la rubrique *Photos* puis à sélectionner une catégorie parmi celles qui sont proposées *(population, cirques, paysages côtiers, la faune et la flore, le patrimoine, le volcan)*.
   d. Leur demander de visiter la rubrique *Visite panoramique*, puis de sélectionner une ville (par exemple *Saint-Paul*) et de découvrir les paysages de la Réunion.

PENDANT LE VISIONNAGE

Sans le son

2. Demander aux apprenants de cocher les éléments qu'ils voient à l'écran.

   ☐ Une plage   ☐ Des montagnes   ☐ Un caméléon   ☐ Un hélicoptère
   ☐ La mer   ☐ Des nuages   ☐ Des rochers   ☐ Un office de tourisme
   ☐ Une ville   ☐ Une piscine   ☐ Un taxi   ☐ La lune
   ☐ Un hôtel   ☐ Des fleurs   ☐ Le ciel   ☐ Le soleil couchant

Avec le son

3. Demander aux apprenants de dire si c'est vrai ou faux.
   a. Le reportage présente l'île de la Réunion.
   b. La Réunion est une île anglaise.
   c. Elle se trouve dans la mer Méditerranée.
   d. Saint-Paul est connu pour ses plages.
   e. C'est une île tropicale.

4. Demander aux apprenants de placer les mots suivants au bon endroit : *côte, mer, forêt, sable, exotiques, animaux, ouest, centre, montagnes, milieu, couleurs*.

   Bienvenus à la Réunion, l'île des _____, terre française au _____ de l'océan Indien.
   À l'_____, découvrez la ville de Saint-Paul et ses plages de _____ blanc… ou noir.
   Un petit tour au _____ de l'île ? En route pour les _____ ! Ici tout est vert.
   Au sud, pénétrez dans la _____ tropicale avec ses fleurs _____ roses, rouges, jaunes, orange… et ses _____ de toutes les couleurs. Retour sur la _____ : ici tout est bleu, la _____, le ciel… La Réunion vous attend…
   À bientôt !

UNITÉ 3 • Réunion

APRÈS LE VISIONNAGE

5 Demander aux apprenants d'imaginer la carte postale que l'homme envoie à sa femme depuis l'île de la Réunion. Il parle de l'île et explique où elle se trouve, parle des plages, de la nature et aussi de son travail (6-8 lignes). On trouvera des cartes postales virtuelles à compléter sur le site : *www.ilereunion.com* (rubrique *Cartes postales*).

NOTES CULTURELLES

- **L'aéroport d'Orly :** Situé à une quinzaine de kilomètres au sud de Paris, c'est le deuxième aéroport de Paris en nombre de voyageurs (23 millions de voyageurs) et de vols par an.

- **Le métro parisien :** Avec les bus, il constitue les transports en commun gérés par la RATP (Régie autonome des transports urbains). Le métro parisien s'étend comme une toile d'araignée sur 200 kilomètres sous la ville et compte 379 stations. La première ligne de métro a été inaugurée en 1900 et la ligne la plus récente est MÉTÉOR qui est de conduite automatique.
Le métro, ouvert de 5 h 30 à 1 heure du matin, a enregistré 2,6 milliards de voyages en 2002.

- **Châtelet-les Halles :** C'est la plus importante interconnexion du réseau métro/RER de Paris.

- **L'Orlyval :** Monorail qui relie directement l'aéroport d'Orly à la station Antony du RER B, à une quinzaine de minutes de Paris.

- **La Réunion :** Autrefois nommée île Bourbon, la Réunion est une île de l'océan Indien, à l'est de l'Afrique, formant un département français d'outre-mer depuis 1946 et une région depuis 1982 ; 2 511 km^2 ; 706 300 habitants (Réunionnais). Chef-lieu : Saint-Denis. L'île au climat tropical tempéré est formée par un grand massif volcanique.

TRANSCRIPTIONS

Fiction

Homme : Monsieur, excusez-moi, euh… Bonjour, euh… Pour aller à Orly, s'il vous plaît ?
Matthieu : L'aéroport ?
Homme : Euh, oui, c'est ça, oui, l'aéroport !
Matthieu : Bon alors, euh… Nous, nous sommes là, l'aéroport, c'est ici… C'est pas difficile… euh… Vous prenez la ligne 12 jusqu'à Madeleine, là vous changez, vous prenez la ligne 14 jusqu'à… Châtelet ; là, vous prenez la ligne B du RER, direction Saint-Rémy… Vous allez jusqu'à Antony et là vous avez l'Orlyval jusqu'à… l'aéroport ! OK ?
Homme : Euh, oui, oui, oui, c'est ça, oui… merci beaucoup, M'sieur… Oh, là, là… Oh, là, là, 11 h 20 !… Taxi !… Bonjour Monsieur.
Chauffeur : Vous allez où ?
Homme : Euh, à la Réunion !
Chauffeur : La réunion, la réunion ?
Homme : Oui.
Chauffeur : Quelle réunion ?
Homme : Euh, ah non, à l'aéroport d'Orly : je vais à l'île de la Réunion… oui…
Chauffeur : Ben, allez-y, montez !… Ah, la Réunion !… Vous savez, je connais bien ; ouais… Vous allez où, à la Réunion ?
Homme : Euh, à Saint-Paul…
Chauffeur : Saint-Paul ? Ah… là où il y a les très grandes plages ?!

Reportage

Bienvenue à la Réunion, l'île des couleurs, terre française au milieu de l'océan Indien.
À l'ouest, découvrez la ville de Saint-Paul et ses plages de sable blanc… ou noir.
Un petit tour au centre de l'île ? En route pour les montagnes ! Ici tout est vert.
Au sud, pénétrez dans la forêt tropicale avec ses fleurs exotiques roses, rouges, jaunes, orange… et ses animaux de toutes les couleurs. Retour sur la côte : ici tout est bleu, la mer, le ciel… La Réunion vous attend…
À bientôt !

Retour dans le taxi

Chauffeur : Ah ! La mer… Moi, j'aime bien nager, et vous ?
Homme : Euh… si, si.
Chauffeur : Ah ! Vous savez, je vais vous dire une chose : vous en avez de la chance !
Homme : Non, mais je… je pars pas en vacances ! J'y vais pour le travail !
Chauffeur : Pour le travail ? Mais vous allez vous baigner quand même ?

UNITÉ 4 Week-end

Contenus thématiques

– L'accueil et la prestation de services dans un office de tourisme
– À la découverte d'un département français : l'Aveyron
– Le sport et les loisirs

Objectifs communicatifs

– Accueillir quelqu'un
– Exprimer une demande polie
– Interroger sur une heure/une date
– Demander des informations
– Dire quel sport on fait
– Exprimer un souhait

Expressions idiomatiques

Je vous en prie – Je voudrais + infinitif – Quoi ! – Bien sûr ! – Ma chérie – J'aimerais bien + infinitif – C'est super ! – Messieurs dames, bonjour ! – Un instant, je vous prie – Vous avez cinq minutes ? – Très bien ! – Parfait ! – Pourquoi pas ! – C'est génial !

Vocabulaire thématique

Les loisirs/le sport : *l'athlétisme – le bateau – le canoë – un départ – se détendre – une destination – l'équitation – le football – le footing – la gymnastique – l'hôtel – la natation – se promener – un séjour – le ski – faire du sport – sportif(ve) – le tennis – le vélo – une visite – visiter – un week-end*

L'accueil : *Asseyez-vous – Au revoir – Bonjour – Bonnes vacances – une brochure – un bureau – une hôtesse – une information – Un instant, je vous prie – Merci beaucoup – un office de tourisme – un renseignement – un(e) responsable de l'accueil – S'il vous plaît*

DÉCOUPAGE

Cette unité est composée de trois parties : une fiction divisée en deux parties (de 12'15" à 13'16" et de 14'57" à 15'31") et un reportage (de 13'18" à 14'55").
La fiction peut être divisée en trois séquences.
– Séquence 1 : Du début de la fiction jusqu'au plan des deux personnes qui s'embrassent.
– Séquence 2 : Du moment où la femme prend une brochure « Caves de Roquefort » sur le bureau de l'hôtesse jusqu'au reportage.
– Séquence 3 : Après le reportage jusqu'à la fin de la fiction.

FICTION

Résumé de la fiction
Un couple se rend à la Maison de l'Aveyron pour se renseigner sur les possibilités de week-end dans ce département. Ils souhaitent faire du sport, des visites et se détendre. Ils ont l'air très amoureux. Ils posent des questions à l'hôtesse qui leur propose de regarder un CD-Rom sur l'Aveyron. Ils acceptent. Puis, ils remercient l'hôtesse qui leur donne des brochures d'information et quittent la Maison de l'Aveyron.

AVANT LE VISIONNAGE

1 Écrire le mot *week-end* au tableau et demander aux apprenants de dire, en langue maternelle ou en français, ce à quoi ce mot leur fait penser.

2 Demander aux apprenants de sélectionner dans la liste ci-dessous les items correspondant à ce qu'ils font habituellement pendant le week-end.

- ❏ sortir avec des amis
- ❏ aller à la piscine
- ❏ aller au cinéma
- ❏ aller au musée
- ❏ acheter des vêtements
- ❏ faire un footing
- ❏ aller en boîte
- ❏ aller à la campagne
- ❏ se reposer
- ❏ regarder la télévision
- ❏ faire des mots croisés
- ❏ écouter de la musique
- ❏ faire du sport
- ❏ lire
- ❏ faire le ménage
- ❏ autre : …

UNITÉ 4 • Week-end

3 **a.** Présenter une carte de la France administrative aux apprenants (avec découpage en régions et en départements). Expliquer que la France métropolitaine est divisée en 22 régions et 95 départements. Montrer quelques régions (Aquitaine, Haute-Normandie, Île-de-France…) puis les départements formant ces régions (par exemple la région Midi-Pyrénées : Aveyron, Lot, Tarn, Tarn-et-Garonne, Gers, Haute-Garonne, Hautes-Pyrénées, Ariège).

  b. Demander aux apprenants de présenter les grandes divisions administratives de leur pays en langue maternelle ou en français *(il y a x régions…)*.

PENDANT LE VISIONNAGE

Sans le son

Début de la fiction

4 Regarder les trois premières secondes de la fiction, faire un arrêt sur image et interroger la classe.
Qu'est-ce que fait le chauffeur de taxi ? – Où est-il ? – Qu'est-ce qu'on peut lire à l'écran ?

Séquence 1

5 Demander aux apprenants de faire des hypothèses sur les images qu'ils regardent.
   a. Où se passe la scène ?
   b. Qui sont l'homme et la femme ?
   c. Qui est la jeune femme brune ?
   d. Pourquoi l'homme et la femme sont là ?

6 Demander aux apprenants de décrire les personnages.

Séquence 2

7 Demander aux apprenants de dire si c'est vrai ou faux.
   a. La femme prend une brochure.
   b. L'homme regarde la brochure.
   c. Un homme entre dans la boutique.
   d. La jeune femme travaille sur son ordinateur.
   e. La femme blonde porte des lunettes.

8 **a.** Arrêter l'image sur la brochure et demander aux apprenants de dire ce qu'ils lisent.
  b. Leur demander ensuite d'imaginer ce à quoi cela correspond.

Séquence 3

9 Demander aux apprenants d'entourer la bonne réponse.
   a. L'homme embrasse la femme sur la bouche/la main.
   b. L'homme et la femme parlent/ne parlent pas.
   c. La jeune femme leur donne des brochures/des livres.
   d. La femme a un sac noir/rouge.

10 Faire résumer l'ensemble de la fiction.

Avec le son

Toute la fiction

11 Faire écouter l'intégralité de la fiction et demander aux apprenants de compléter leur résumé.

Séquence 1

12 Demander aux apprenants de placer les mots ou les expressions suivants au bon endroit : *natation, faites, chérie, coin, sportifs, promener, femme, je vous en prie, voudrait, bien sûr.*
   Hôtesse : Bonjour Madame, bonjour Monsieur. Asseyez-vous, _____.
   Céline : Merci Mademoiselle.
   Matthieu : Bonjour… euh… Ma _____ et moi nous cherchons un _____ sympa pour partir en week-end.

Céline : Moi, je voudrais me _____ à la campagne…
Matthieu : Oui, on _____ se détendre, quoi !
Céline : Et on aime bien le sport.
Matthieu : Vous avez des séjours _____ ?
Hôtesse : _____ ! Qu'est-ce que vous _____ comme sport ?
Céline : Euh moi, du vélo… de la _____.
Matthieu : Et, euh… oui, bah, moi comme toi, ma _____ !

Séquence 2

13 Demander aux apprenants de dire si c'est vrai ou faux.
   a. La femme voudrait visiter des caves.
   b. L'homme trouve cette activité intéressante.
   c. Une femme demande l'heure à l'hôtesse.
   d. L'hôtesse dit : « Vous avez cinq minutes ? »
   e. L'hôtesse a un CD-Rom sur l'Aveyron.
   f. L'homme n'a pas de temps.

Séquence 3

14 Demander aux apprenants de classer les répliques dans le bon ordre.
   a. Je vais vous donner des informations sur les hôtels, les visites et les séjours : …
   b. À bientôt !   : …
   c. Merci beaucoup à vous !   : …
   d. Très bientôt !   : …
   e. Oui… Eh bien, merci beaucoup de votre accueil Mademoiselle !   : …
   f. Au revoir, bonne journée !   : …
   g. Alors, vous partez quand ?   : 1

APRÈS LE VISIONNAGE

15 Demander aux apprenants de travailler en sous-groupes. Leur faire lire le texte du dialogue en imitant au maximum les intonations des comédiens.

16 a. Mettre les apprenants en sous-groupes. Demander aux apprenants d'écouter et de relever dans le dialogue un maximum de mots qui contiennent le son [ɑ̃], le son [ɔ̃] ou le son [ɛ̃].
   [ɑ̃] : *vacances*…
   [ɔ̃] : *bon*…
   [ɛ̃] : *informations*…
   b. Leur faire relever les différentes façons d'orthographier chaque son.

17 Un homme et une femme partent en week-end près de Millau. Ils arrivent dans leur hôtel le vendredi soir. Faire imaginer leur accueil à la réception ainsi que des questions sur des activités à faire dans la région. Mettre les apprenants en sous-groupes, faire élucider la situation de communication puis faire réfléchir les apprenants sur les expressions à formuler pour le jeu de rôles. Faire jouer la scène.
Proposition :

Ce que vous dites pour…	Ce que l'autre personne dit pour…
Accueillir quelqu'un *Exemple : Bonsoir Madame, bonsoir Monsieur. Bienvenue.*	**Demander des informations** *Exemple : Où est le restaurant/le bar, s'il vous plaît ?* *Il y a des activités sportives près de l'hôtel ?*
Interroger sur une date *Exemple : Vous partez lundi 3, n'est ce pas ?*	**Interroger sur l'heure** *Exemple : À quelle heure est le petit-déjeuner ?* **Exprimer un souhait/une demande polie** *Exemple : Je voudrais me lever vers 8 heures.*

18 Faire réagir les apprenants aux questions suivantes.
   Est-ce que vous partez souvent/parfois/jamais pour le week-end ? – Où allez-vous ?

UNITÉ 4 • Week-end

19 Demander aux apprenants d'observer le comportement de l'homme et de la femme et de relever les signes qui montrent leur relation. Les interroger :
Que font-ils ? – Quelle est leur relation ? – Est-ce que ce comportement est « normal »/acceptable dans votre pays ?

REPORTAGE

Résumé du reportage
Le reportage présente différents aspects du département de l'Aveyron : les loisirs, l'industrie, le paysage. On entend les voix du couple de la fiction : ils font des commentaires sur les images du CD-Rom que l'hôtesse leur montre.

AVANT LE VISIONNAGE

1. **a.** Inviter les apprenants à se rendre sur le site Internet *www.tourisme-aveyron.com*
   Leur demander de lire le texte de la page d'accueil puis de cliquer sur *Entrer* (en français).
   b. Demander aux apprenants de cliquer sur la rubrique *Carte interactive*. Laisser les apprenants découvrir le département et ses sites. Revenir à la page d'accueil.
   c. Demander aux apprenants de cliquer sur la rubrique *Loisirs et sports* puis de relever sur cette page tous les sports et loisirs référencés. Dire aux apprenants de visiter la/les rubrique(s) de leur choix.

PENDANT LE VISIONNAGE

Sans le son

2 Diviser la classe en sous-groupes : (1) nature – (2) sports et loisirs – (3) industrie et économie. Puis demander à chaque groupe de relever un maximum d'éléments visuels correspondant à leur thème. Cette activité se fera en français mais les apprenants peuvent aussi employer des mots en langue maternelle.

Avec le son

3 Demander aux apprenants de remettre les mots suivants dans le bon ordre pour retrouver quatre phrases du commentaire puis de vérifier la réponse à l'aide de la vidéo.
   a. vert ! – qu'est-ce – Oh – que – c'est – regarde
   b. vacances – C'est – pour – ou – week-end – sympa – les – le
   c. peut-être ? – préfères – l'équitation – Tu
   d. regarde ! – Oh – marché – images – de – Il y a – des

APRÈS LE VISIONNAGE

4 Demander aux apprenants s'ils aimeraient partir en week-end ou en vacances dans l'Aveyron et pourquoi.

5 **a.** Demander aux apprenants de retourner sur le site *www.tourisme-aveyron.com*.
   Faire cliquer sur la rubrique *Aveyron : présentation de l'Aveyron touristique en quelques clics et quelques images*.
   b. Faire lire les quelques lignes d'introduction puis faire défiler le texte sans le lire et faire cliquer sur les mots soulignés suivants : *Aubrac, Millau, Les gorges du Tarn, Rodez, Laguiole, Roquefort, Marcillac*.
   c. Demander aux apprenants de regarder les images défiler (on voit les caves de Roquefort entre autres) et de chercher dans les courts textes explicatifs les réponses aux questions suivantes :
      1. De quelle couleur sont les toits des maisons de Millau ?
      2. Pour quel produit cette ville est-elle réputée ?
      3. Comment s'appelle le parc naturel régional ?
      4. Quelle est l'année de création du couteau laguiole ?
      5. Comment s'appelle le fromage de cette ville ?
      6. Citez deux rivières du pays de Roquefort ?
      7. Pour quel produit la ville de Marcillac est-elle réputée ?
   d. Revenir ensuite à la page d'accueil et demander aux apprenants de visiter la rubrique *Contact et brochures*. Leur faire compléter le formulaire de demande de brochure.

6 Faire travailler les apprenants en sous-groupes. Leur demander d'imaginer un dialogue, à la manière de celui de la fiction, entre deux personnes à propos de leur région. Une personne vient pour se renseigner sur cette région et souhaite faire du sport et des visites, l'autre personne la renseigne et lui donne des informations.

NOTES CULTURELLES

- **L'Aveyron :** Département français (12) ; 8 735 km^2 ; 263 808 habitants ; 30,2 habitants/km^2 ; villes principales : Rodez, Millau, Villefranche-de-Rouergue (Région Midi-Pyrénées). Activités économiques : agriculture, élevage et tourisme.
- **Le Laguiole :** Couteau fermant à manche de corne et à lame effilée créé en 1829 pour les fermiers et bergers des environs de Laguiole.
- **Le Roquefort :** Fromage de lait de brebis, avec une moisissure spéciale, fabriqué dans les caves de Roquefort-sur-Soulzon (679 habitants).

TRANSCRIPTIONS

Fiction

Cliente 1 : Bon, ben, merci beaucoup pour vos informations, Mademoiselle.
Hôtesse : Merci à vous et bonnes vacances en Aveyron !
Cliente 1 : Merci.
Hôtesse : Bonjour Madame, bonjour Monsieur. Asseyez-vous, je vous en prie.
Céline : Merci Mademoiselle.
Matthieu : Bonjour… euh… Ma femme et moi nous cherchons un coin sympa pour partir en week-end.
Céline : Moi, je voudrais me promener à la campagne…
Matthieu : Oui, on voudrait se détendre, quoi !
Céline : Et on aime bien le sport.
Matthieu : Vous avez des séjours sportifs ?
Hôtesse : Bien sûr ! Qu'est-ce que vous faites comme sport ?
Céline : Euh moi, du vélo… de la natation.
Matthieu : Et, euh… oui, bah, moi comme toi, ma chérie !
Céline : Oh, moi j'aimerais bien visiter les caves de Roquefort !
Matthieu : Ah, oui, c'est super !
Cliente 2 : Messieurs dames, bonjour !
Hôtesse : Bonjour !
Cliente 2 : Je voudrais…
Hôtesse : Un instant, je vous prie.
Cliente 2 : Excusez-moi.
Hôtesse : Du sport, les caves de Roquefort… Vous avez cinq minutes ?
Matthieu : Oui, bien sûr.
Hôtesse : J'ai un CD-Rom sur l'Aveyron, il est très sympa !
Matthieu : Ah bah oui, très bien, parfait !

Reportage

– Oh regarde, qu'est-ce que c'est vert ! C'est sympa pour le week-end ou les vacances !
– Et puis, tu vois, on peut faire du sport… là, y a du vélo…
– C'est dur, non ?
– Mais non, non, ça va… Tu préfères l'équitation, peut-être… ?
– Pourquoi pas !… Oh, il y a du canoë aussi !
– Ah, euh, oui.
– Sympa, ce bateau sur le lac !
– Ah oui, ah, c'est génial !… Et ça, qu'est-ce que c'est ?
– Ben, c'est un barrage ! ?…
– Et là, qu'est-ce qu'ils font ? Des couteaux ?
– Oui, je pense… Ah, oui, oui, c'est des laguioles ! Oh, regarde ! Il y a des images de marché !
– Oui, c'est un marché aux bestiaux !

Retour à la Maison de l'Aveyron

Hôtesse : Alors, vous partez quand ?
Céline : Très bientôt !
Matthieu : Oui… Eh bien, merci beaucoup de votre accueil Mademoiselle !
Hôtesse : Je vais vous donner des informations sur les hôtels, les visites et les séjours…
Matthieu : Merci beaucoup à vous !
Céline : À bientôt !
Hôtesse : Au revoir, bonne journée !

UNITÉ 5 Tenue de soirée

Contenus thématiques
– Les décorations de Noël (villes et grands magasins)
– Le réveillon de Noël
– La préparation et la réception d'amis à dîner

Objectifs communicatifs
– Rapporter des événements passés
– Interroger sur la durée
– Exprimer une opinion, faire des compliments
– Demander des informations
– Demander et exprimer des besoins
– Faire une suggestion
– Parler de ses goûts
– Écrire une lettre de remerciement, une invitation

Expressions idiomatiques
Ma puce – C'est bon ! – Dis-moi… – Pas de problème ! – C'est eux ! – Si, si… – Bien sûr – Je t'en prie – Très bonne idée ! – Santé ! – C'est prêt ! – Ah bon ? – Merci à vous

Vocabulaire thématique
L'art de la table : une assiette – un couteau/des couteaux – une cuillère – une fourchette – une nappe – Santé ! – une serviette – un verre
Noël : un cadeau – le champagne – les décorations – des huîtres – les illuminations – le marché de Noël – minuit – le père Noël – le sapin (de Noël)

DÉCOUPAGE

Cette unité est composée de deux parties : un reportage (de 15'38" à 16'19") et une fiction (de 16'21" à 19'23").
La fiction peut être divisée en trois séquences :
– Séquence 1 : Du début de la fiction jusqu'au moment où l'homme retourne à la cuisine et la femme s'apprête à ouvrir la porte.
– Séquence 2 : De l'ouverture de la porte d'entrée aux répliques : « Qu'est-ce que je te sers/un verre de champagne ?... »
– Séquence 3 : Du plan de la rue (on aperçoit le Sacré-Cœur au loin) jusqu'à la fin de la fiction.

REPORTAGE

Résumé du reportage
Ce reportage, sans commentaire, fait découvrir les décorations des rues de Paris lors des fêtes de fin d'année (guirlandes électriques, illuminations, sapins blancs…) ainsi que les vitrines décorées des grands magasins (Galeries Lafayette)…

AVANT LE VISIONNAGE

1 Organiser un grand remue-méninges (*brainstorming*) dans la classe à partir du mot-clé *Noël*. Faire une liste (en français et/ou en langue maternelle) au tableau de tous les mots et noms trouvés.

2 **a.** Le professeur trouvera un grand nombre d'informations et de photos sur la fête de Noël (réveillon, fête, tradition, etc.) sur le site Internet : *www.joyeuse-fete.com* (rubrique *Noël*). On pourra aussi visiter la page *www.culture.fr/culture/noel/franc/noel.htm* et découvrir de nombreuses images de marchés de Noël, de sapins et de décorations. Autre site intéressant : *www.photo-alsace.com* ; cliquer sur *Photo* et choisir la rubrique *Tourisme* puis *Marché de Noël*.
b. Le professeur pourra profiter de la visite de ces pages ou de la présentation des images qu'il aura téléchargées pour introduire des mots tels que : *bougies, guirlandes, décoration, sapin, vitrine, marché de Noël* (écrire ces mots au tableau, les lire et montrer les objets correspondants sur les images).
c. Demander aux apprenants de faire la liste des différents symboles de Noël puis de regarder sur le site *www.joyeuse-fête.com* pour la compléter.

PENDANT LE VISIONNAGE

■ Sans le son

3 **a.** Faire visionner le reportage. Demander aux apprenants de faire des hypothèses sur les images qu'ils regardent. Où ? – Quoi ? – Quand ?
   b. Leur demander ensuite de nommer les monuments parisiens qu'ils (re)connaissent (on pourra faire un parallèle avec le reportage de l'unité 1 où l'on découvre certains de ces monuments en plein jour).
   c. Demander aux apprenants de dire, en français ou en langue maternelle, ce qu'ils ressentent en voyant le reportage.

■ Avec le son

(Il n'y a pas de commentaire.)

4 Demander aux apprenants de dire ce à quoi la musique leur fait penser. Leur demander si le résultat obtenu serait le même avec une autre musique. (On pourra faire des essais en regardant le reportage sans le son et en écoutant d'autres musiques : du rock, des musiques de Noël, des musiques de films d'horreur, etc.). Le but étant de prendre conscience du rôle essentiel du fond sonore dans un film.

5 **a.** Faire travailler les apprenants en sous-groupes. Leur faire choisir une séquence de ce reportage et leur demander de la décrire (le professeur fournira les mots de vocabulaire inconnus : *guirlandes électriques, vitrail (vitraux), vitrines, jouets, automates, lumière, éclairage…*).
   b. Leur demander de donner un titre au reportage.

APRÈS LE VISIONNAGE

6 Demander aux apprenants de dire en français ou en langue maternelle ce qu'ils pensent du reportage.
   Est-ce que le reportage est objectif ? – Quelle est l'intention du réalisateur ?

7 Demander aux apprenants si l'on célèbre Noël dans leur pays/ville.
   Si oui : Leur demander de décrire les rues de leur ville lors des fêtes de fin d'année.
   Si non : Leur demander de parler d'un moment de l'année où tout le pays fait la fête, où les rues sont décorées, etc. Quel est ce moment ? Que célèbre-t-on ?

FICTION

Résumé de la fiction

Dans un appartement, une femme finit de mettre le couvert. Elle cherche les serviettes et demande à son ami/mari s'il sait où elles se trouvent. On sonne à la porte : c'est le couple d'amis qu'ils reçoivent pour le réveillon de Noël. Les invités ont apporté du champagne et un cadeau, que l'on dépose au pied du sapin de Noël. Alors que les deux femmes échangent quelques mots, les deux hommes se retrouvent à la cuisine pour finir d'ouvrir les huîtres… et pour boire un verre de vin. Quand tout est prêt, tout le monde passe à table. À minuit, c'est le traditionnel échange de cadeaux et les deux couples s'aperçoivent qu'ils se sont fait le même cadeau !

AVANT LE VISIONNAGE

1 Demander aux apprenants de compléter les mots suivants à l'aide des voyelles placées entre parenthèses puis de relier chaque mot à l'objet qu'il désigne.

   a. C_ _T_ _ _ (U/A/E/O/U)   1.

   b. F_ _RCH_TT_ (E/U/E/O)   2.

   c. V_RR_ (E/E)   3.

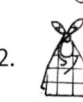

UNITÉ 5 • Tenue de soirée

　　d. _SS_ _TT_ (E/I/E/A)　　　　　　　4.

　　e. S_RV_ _TT_ (E/E/E/I)　　　　　　5.

　　f. CH_ND_L_ _R (E/A/E/I)　　　　　6.

　　g. C_ _LL_R_ (E/U/I/E)　　　　　　7.

2 Demander aux apprenants de classer les mots suivants en deux listes thématiques. Donner un nom à chaque liste et identifier le mot qui n'appartient à aucune des deux listes.
Une cuisine/des huîtres/un salon/un sapin/un manteau/des cadeaux/une chaise/un marché de Noël/un appartement/le père Noël/du champagne

PENDANT LE VISIONNAGE

Sans le son

Toute la fiction

3 Demander aux apprenants de faire des hypothèses sur les images qu'ils regardent.
Où ? – Quand ? – Que se passe-t-il ?

4 Demander aux apprenants de relever des indices visuels qui indiquent que la scène se passe le soir du réveillon de Noël.

5 Faire lire les items aux apprenants et s'assurer de leur compréhension. Puis leur demander de remettre les séquences suivantes dans l'ordre :
　　a. Une femme ouvre une porte.　　　　　　　　　　　　: …
　　b. Des personnes ouvrent des cadeaux.　　　　　　　　: …
　　c. Un homme lève le bras.　　　　　　　　　　　　　　: …
　　d. Deux femmes et un homme parlent dans une entrée. : …
　　e. Deux hommes boivent du vin dans une cuisine.　　　: …
　　f. Une femme donne une bouteille à quelqu'un.　　　　: …
　　g. On voit Paris, la nuit.　　　　　　　　　　　　　　: …
　　h. Un taxi démarre.　　　　　　　　　　　　　　　　　: 1
　　i. Quatre personnes sont assises à table et rient.　　: …
　　j. Une femme prépare la table.　　　　　　　　　　　　: …
　　k. Des personnes entrent dans un appartement.　　　　: …

Séquence 1

6 Demander aux apprenants d'entourer la bonne réponse.
　　a. C'est le matin/le soir.
　　b. Il y a quatre/six assiettes sur la table.
　　c. Sur la table, la nappe est rouge/verte.
　　d. L'homme porte une robe/un tablier.

Séquence 2

7 Demander aux apprenants de dire si c'est vrai ou faux.
　　a. La femme blonde porte une écharpe.
　　b. L'homme cherche quelque chose.
　　c. Les quatre personnes ne se connaissent pas très bien.
　　d. Les deux hommes se font la bise.
　　e. Dans l'appartement, il fait froid.

Séquence 3

8 Demander aux apprenants de cocher les éléments qu'ils voient à l'écran.
   - ☐ La tour Eiffel
   - ☐ Une terrasse de café
   - ☐ Deux verres de vin blanc
   - ☐ Des bougies
   - ☐ Un homme avec une chemise noire
   - ☐ Trois chandeliers

9 Faire résumer la séquence.

Avec le son

Séquence 1

10 Demander aux apprenants d'écrire la liste des choses énumérées par la femme.
    a. les assiettes, b. ..., c. ..., d. ..., e. ..., f. ...

11 Demander aux apprenants d'entourer la bonne réponse.
    a. Que cherche la femme ? Les assiettes/les serviettes/les fourchettes ?
    b. Que fait l'homme dans la cuisine ? Il ouvre des litres/des huîtres/des livres ?

12 Demander aux apprenants de lire les listes de mots ci-dessous et de trouver l'intrus.
    a. chéri(e)/ma chérie/mon ami(e)/ma puce
    b. Pas de problème/Ça va/C'est pas vrai, ça/C'est bon/Je vais y arriver
    c. Dis-moi…/Et alors…/Oh, regarde…

Séquence 2

13 Demander aux apprenants de lire les questions puis d'y répondre.
    a. Comment s'appelle la femme avec le pull rose ?
    b. Qu'est-ce que dit l'homme avec le manteau gris ?
    c. Où est le sapin ?
    d. Comment s'appellent les deux invités ?
    e. La femme blonde parle de l'appartement : qu'est-ce qu'elle dit ?
    f. Dans le salon, quelle question pose la femme avec le pull rose ?
    g. Qu'est-ce que répond la femme blonde ?

Séquence 3

14 Demander aux apprenants de placer les mots suivants au bon endroit : *dur, vôtre, minuit, pause, allés, truc, prêt, bonne, marché.*

Christopher : Bon, on fait une _____ ?
Bernard : Très _____ idée !
Christopher : Santé !
Bernard : Santé !
Hélène : Ah, mais on travaille _____ ici !! Et quand est-ce qu'on mange ?
Bernard : C'est _____ !… Ah… Ah ! Il est _____ … on passe aux cadeaux ?
Hélène : Les cadeaux !!!… Alors euh…
Bernard : Oh, bah, qu'est-ce que c'est ?
Christopher : Ça vient du _____ de Noël !
Hélène : Ah bon ? Et euh… vous êtes _____ où ?
Clarisse : À la Défense !… Vous allez voir, c'est un _____ original.
Hélène : Bon, bah, je crois que celui-là, c'est le _____ …
Clarisse : Merci…
Hélène : Merci beaucoup !
Clarisse : Merci à vous !

UNITÉ 5 • Tenue de soirée

APRÈS LE VISIONNAGE

15 Demander aux apprenants de répondre aux questions.
   a. Qu'est-ce qui se passe à la fin du film ?
   b. Est-ce que vous aimez les cadeaux ?
   c. Quels cadeaux est-ce que vous offrez à vos amis ?
   d. Où est-ce que vous les achetez ?
   e. Est-ce que vous êtes déjà allé à un marché de Noël ?

16 a. Demander aux apprenants de travailler en sous-groupes. Leur faire lire le texte du dialogue en imitant au maximum les intonations des comédiens.
   b. Demander aux apprenants de travailler particulièrement la partie suivante :
   Christopher : Bon, on fait une pause ?
   Bernard : Très bonne idée !
   Christopher : Santé !
   Bernard : Santé !
   Hélène : Ah, mais on travaille dur ici !! Et quand est-ce qu'on mange ?
   Leur demander de marquer les enchaînements vocaliques, consonantiques et les liaisons.

17 Faire imaginer aux apprenants qu'ils préparent une fête d'anniversaire pour un(e) ami(e). Faire imaginer la discussion avant l'arrivée de la personne, à son arrivée et sa réaction. Mettre les apprenants en sous-groupes, faire élucider la situation de communication puis faire réfléchir les apprenants sur les expressions à formuler pour le jeu de rôles. Faire jouer la scène.
Proposition :

Ce que vous dites pour…	Ce que l'autre personne dit pour…
Interroger sur la durée Exemple : Elle est restée combien de temps en vacances ? **Demander des informations** Exemple : Est-ce que tu fais un gâteau pour la fête de Carine ? **Demander et exprimer des besoins** Exemple : Qu'est-ce qu'il faut faire maintenant ? **Exprimer une opinion, faire des compliments** Exemple : C'est vraiment une belle fête !	**Rapporter des événements passés** Exemple : Carine est rentrée hier de vacances. **Faire une suggestion** Exemple : On fait une pause ? Exemple : Carine et ses amis sont arrivés : on offre les cadeaux ?

18 Demander aux apprenants de faire des commentaires sur la fiction qu'ils viennent de voir et de travailler. Est-ce qu'ils aiment l'ambiance, le sujet, les personnages ? – Comment se passe un réveillon de Noël (ou de toute autre fête importante) dans leur pays ?

19 Au choix, demander aux apprenants :
   a. d'imaginer et d'écrire la lettre que Clarisse et Christopher envoient à leurs amis pour les remercier de la soirée passée chez eux ;
   b. de rédiger une invitation pour une soirée, une fête ou un repas chez eux ;
   c. de rédiger la liste des cadeaux de Noël qu'ils aimeraient recevoir du père Noël.

NOTES CULTURELLES

- **Les Galeries Lafayette :** Grand magasin parisien créé à la fin du XIXe siècle et situé sur le boulevard Haussmann dans le 9e arrondissement (à côté de l'opéra de Paris). Les vitrines de ce grand magasin comptent parmi les plus belles lors des fêtes de Noël et font la joie des enfants qui viennent les admirer : on y voit des jouets, des peluches et des marionnettes animées. Les magasins Le Printemps, le BHV (Bazar de l'Hôtel de Ville) et Le Bon Marché font eux aussi partie de la famille des grands magasins parisiens.

- **(La basilique du) Sacré-Cœur :** Église édifiée sur la butte Montmartre (1876-1912), par Paul Abadie, dans le style romano-byzantin, consacrée en 1919. Sa pierre a la spécificité d'être (et de rester) très blanche.

- **Les marchés de Noël :** Lieux en plein air où sont réunies, au mois de décembre, de petites cabanes en bois qui sont autant de boutiques de décorations (guirlandes, santons pour les crèches) que de cadeaux, de souvenirs de Noël et où l'on vend aussi du vin chaud (avec des épices), des friandises (pommes au sucre, pain d'épice…). C'est dans l'est de la France et en Allemagne que la tradition des marchés de Noël est la plus forte même s'il existe des marchés de Noël à Paris (aux Halles et à la Défense) depuis quelques années.
- **La Défense :** Quartier de la banlieue ouest de Paris (Puteaux, Courbevoie, Nanterre) où a été aménagé, à partir de 1958, un vaste centre d'affaires. Sur le parvis de la Défense s'élèvent le CNIT (Centre des nouvelles industries et technologies) (1958) et la Grande Arche (1989).
- **Le réveillon de Noël :** Le 24 décembre au soir, on prépare un repas spécial avec, selon son goût, du foie gras, du saumon fumé, des huîtres, de la dinde aux marrons, du vin et du champagne. Au dessert, on mange de la bûche de Noël, gâteau roulé dont la forme évoque un morceau de bois. En Provence, on préfère les treize desserts (fruits secs, calissons et autres friandises…).
- **L'échange de cadeaux :** Il est d'usage de s'échanger des cadeaux à l'occasion de Noël. Dans les familles avec des enfants cela se passe traditionnellement le matin du 25 décembre mais les adultes et les amis échangent leurs cadeaux le soir du réveillon, après minuit.

TRANSCRIPTIONS

Reportage

Sans commentaire.

Fiction

HÉLÈNE : Alors, les assiettes… les verres… les fourchettes, les couteaux, les cuillères… Ah, oui ! Les serviettes… Chéri, tu sais où sont les serviettes ?
BERNARD : Mais oui ma puce, elles sont là, sur la chaise, les serviettes.
HÉLÈNE : Ah, oui, c'est bon !… Et dis-moi, en cuisine, ça va ?
BERNARD : Mais oui, pas de problème… Il y a encore beaucoup d'huîtres à ouvrir mais ça va. Je vais y arriver !
HÉLÈNE : Oh, c'est eux ! J'y vais !
BERNARD : D'accord, moi je retourne à la cuisine !
HÉLÈNE : Bonsoir !
CLARISSE : Bonsoir Hélène, tu vas bien ?
HÉLÈNE : Oui et vous ?
CHRISTOPHER : Bonsoir Hélène !
HÉLÈNE : Entrez.
CHRISTOPHER : Bernard est pas là ?
HÉLÈNE : Si, si, il est dans la cuisine… il ouvre les huîtres… tu veux l'aider ?
CHRISTOPHER : Bien sûr, dans une minute. Le sapin, où est le sapin ?
HÉLÈNE : Oh, le père Noël est déjà passé chez vous ? Il est là, dans le salon. Je t'aide ?
BERNARD : Christopher…
CHRISTOPHER : Ça va ?
BERNARD : Oui… Clarisse…
CLARISSE : Bonsoir.
BERNARD : Bonsoir. Je prends ton manteau.
CHRISTOPHER : Oui…
CLARISSE : C'est vraiment un bel appartement, très agréable !
HÉLÈNE : Oui, on aime bien aussi… Merci.
CLARISSE : Je t'en prie.
HÉLÈNE : Alors, qu'est-ce que je te sers ?
CLARISSE : Un verre de champagne ?…
HÉLÈNE : Allez !
CHRISTOPHER : Bon, on fait une pause ?
BERNARD : Très bonne idée !
CHRISTOPHER : Santé !
BERNARD : Santé !
HÉLÈNE : Ah, mais on travaille dur ici !! Et quand est-ce qu'on mange ?
BERNARD : C'est prêt !… Ah… Ah ! Il est minuit… on passe aux cadeaux ?
HÉLÈNE : Les cadeaux !!!… Alors euh…
BERNARD : Oh, bah, qu'est-ce que c'est ?
CHRISTOPHER : Ça vient du marché de Noël !
HÉLÈNE : Ah bon ? Et euh… vous êtes allés où ?
CLARISSE : À la Défense !…Vous allez voir, c'est un truc original.
HÉLÈNE : Bon, bah, je crois que celui-là, c'est le vôtre…
CLARISSE : Merci…
HÉLÈNE : Merci beaucoup !
CLARISSE : Merci à vous !

UNITÉ 6 Entretien

Contenus thématiques
– Le monde du travail
– L'entretien d'embauche

Objectifs communicatifs
– Faire des propositions
– Se présenter professionnellement
– S'informer sur l'expérience, les motivations d'une personne
– Parler de son expérience professionnelle et de ses motivations
– Accepter/refuser une proposition
– Écrire une petite annonce

Expressions idiomatiques
Écoutez – Tout va bien ? – Pardon ? – Ça va pas du tout ! – Je suis stressé ! – En plus… – Oh là, là, là, là, là… – Hein ? – J'ai un truc ! – C'est simple ! – C'est gentil ! – Bonne chance !

Vocabulaire thématique
Le travail : *l'ANPE – avoir un rendez-vous avec quelqu'un – un(e) candidat(e) – un CV (curriculum vitæ) – un(e) collègue – commencer (à travailler) – un(e) conseiller/conseillère – dynamique – un emploi – un entretien d'embauche – une entreprise – une expérience – informatique – une langue étrangère – une lettre de motivation – une offre d'emploi – parler anglais/espagnol/allemand/français… – une petite annonce – une présentation – un point fort/faible – un(e) recruteur/recruteuse – la retraite – être souriant(e) – travailler – trouver un/du travail*

DÉCOUPAGE

Cette unité est composée de deux parties : une fiction (de 19'30" à 21'35") et un reportage (de 21'37" à 22'44").
La fiction est divisée en deux séquences.
– Séquence 1 : Du début de la fiction jusqu'au fondu noir.
– Séquence 2 : Du plan sur les deux personnages face à face dans le taxi à la fin de la fiction.

FICTION

Résumé de la fiction
Un jeune homme se rend en taxi à la Défense. Il a un entretien d'embauche dans une entreprise. Comme il est très stressé, le chauffeur lui propose un petit entraînement : une simulation d'entretien d'embauche. Il demande au jeune homme de se présenter puis il lui pose les questions classiques d'un entretien. Lorsque c'est terminé, il déclare que le jeune homme est prêt pour son entretien. Le jeune homme le remercie et lui demande quand il doit commencer son nouveau travail !

AVANT LE VISIONNAGE

1. Demander aux apprenants de dire quelle profession ils exercent ou ils aimeraient exercer.
2. **a.** Écrire le mot *profession* au tableau et demander aux apprenants (en français et/ou en langue maternelle) de dire ce à quoi ce mot leur fait penser.
   b. Demander ensuite aux apprenants de citer tous les noms de profession qu'ils connaissent.
   c. Puis mettre les apprenants en sous-groupes. Leur demander de faire une liste en langue maternelle des noms de profession qu'ils connaissent (la leur, celles de leurs parents et amis…) et de chercher dans un dictionnaire la traduction de ces noms en français. Faire chercher les masculins et les féminins des noms lorsqu'ils existent.
   d. Une fois ce travail terminé, mettre en commun le travail de chaque sous-groupe en complétant la liste des noms de profession du tableau.

3 Demander aux apprenants de compléter les phrases et la grille de mots croisés.

Horizontal
1. Vous cherchez un appartement ou un travail : regardez les petites _____ dans les journaux.
2. Synonyme de profession : _____ .
3. L'Oréal, Louis Vuitton et Air France sont des _____ françaises.
4. Samedi soir, j'ai _____ - _____ avec Julien : nous sortons au restaurant.
5. Mlle Rebours travaille pour le directeur : c'est sa : _____ .

Vertical
6. Le contraire du calme : _____ .
7. Le contraire de commencer : _____ .
8. On dit ce mot pour s'excuser : _____ .
9. Avant de travailler dans cette agence, j'ai passé un entretien d'_____ avec le directeur.

PENDANT LE VISIONNAGE

Sans le son

Séquence 1

4 Demander aux apprenants de faire des hypothèses sur les images qu'ils regardent.
Où ? – Qui parle à qui ? – Que se passe-t-il ?

5 Faire lire les items aux apprenants et s'assurer de leur compréhension. Puis leur demander de remettre les séquences suivantes dans l'ordre.
   a. La voiture démarre. : …
   b. La voiture passe devant un café. : …
   c. Un homme ne va pas très bien. : …
   d. Un jeune homme est dans la voiture. : …
   e. Le chauffeur lit le journal dans sa voiture. : 1
   f. Un chauffeur arrête sa voiture. : …
   g. Un homme parle au chauffeur puis sourit. : …

6 **a.** Demander aux apprenants d'observer le comportement des personnages du film puis d'imaginer le sujet de leur conversation.
   b. Faire ensuite imaginer le dialogue.

7 Demander aux apprenants d'analyser la façon dont cette séquence est tournée et de faire des commentaires en langue maternelle. Les interroger.
Comment s'appelle cette façon de filmer ? – Quelle est l'intention du réalisateur ?

Avec le son

Séquence 1

8 Demander aux apprenants de répondre aux questions.
   a. Où va le jeune homme en costume ?
   b. Dans quel but ?
   c. Dans combien de temps ?
   d. Comment est-ce qu'il va ?
   e. Qu'est-ce que fait le chauffeur ?

9 Faire résumer la séquence.

10 Demander aux apprenants d'imaginer la deuxième partie du film.
Qu'est-ce qui se passe ? – Que font et que disent les deux hommes ?

UNITÉ 6 • Entretien

Sans le son

Séquence 2

11 Arrêter le film sur la première image et demander aux apprenants de dire ce qu'ils voient et de faire des commentaires.

12 Demander aux apprenants de relever les deux items qui sont faux.
   a. Le chauffeur compte jusqu'à trois.
   b. Le chauffeur serre la main du jeune homme.
   c. Le jeune homme fait la bise au chauffeur.
   d. Le jeune homme donne quelque chose au chauffeur.
   e. Les deux hommes se parlent.
   f. Le jeune homme sourit beaucoup.
   g. Le chauffeur de taxi est stressé.

13 Demander aux apprenants de faire des hypothèses et de répondre aux questions.
   a. Pourquoi est-ce que le chauffeur est en face du jeune homme ?
   b. Pourquoi est-ce qu'il compte jusqu'à trois ?
   c. Pourquoi est-ce qu'ils se serrent la main au début ?
   d. Qu'est-ce que le jeune homme donne au chauffeur ?
   e. Pourquoi est-ce qu'ils se serrent les deux mains à la fin ?

Avec le son

Séquence 2

14 Demander aux apprenants de répondre par vrai/faux/on ne sait pas.
   a. Le chauffeur dit : « Vous avez un bébé ? »
   b. Il demande l'âge du jeune homme.
   c. Le jeune homme travaille dans un magasin.
   d. Sa mère est espagnole.
   e. Il a habité dix ans à Barcelone.
   f. Il est prêt pour son entretien.
   g. Il va travailler avec le chauffeur.

APRÈS LE VISIONNAGE

15 Demander aux apprenants de travailler en sous-groupes. Leur faire lire le texte du dialogue en imitant au maximum les intonations des comédiens.

16 Demander aux apprenants d'imaginer le jeune homme à son entretien d'embauche. Faire jouer le candidat et le recruteur. Mettre les apprenants en sous-groupes, faire élucider la situation de communication puis faire réfléchir les apprenants sur les expressions à formuler pour le jeu de rôles. Faire jouer la scène.
Proposition :

Ce que vous dites pour…	Ce que l'autre personne dit pour…
Se présenter professionnellement Exemple : Bonjour, je suis Cédric Riveau. Je suis le directeur. Enchanté. **S'informer sur l'expérience, les motivations d'une personne** Exemple : Est-ce que vous parlez anglais ? Vous avez travaillé dans une entreprise d'informatique ? Pourquoi est-ce que vous voulez travailler chez nous ? **Faire des propositions** Exemple : Vous pouvez travailler le samedi cet été ?	**Saluer** Exemple : Enchanté. Catherine Ferrera. **Parler de son expérience professionnelle et de ses motivations** Exemple : J'ai 25 ans. Je parle anglais. J'ai travaillé deux ans dans une banque… **Accepter/refuser une proposition** Exemple : Oui ! bien sûr !/Non, ce n'est pas possible le samedi.

REPORTAGE

Résumé du reportage
Le reportage présente les grandes étapes d'une recherche d'emploi. D'abord, il faut s'inscrire à l'ANPE, prendre rendez-vous avec un conseiller, consulter les offres d'emploi et répondre à une offre en envoyant son CV et une lettre de motivation. Enfin, la dernière étape, c'est l'entretien d'embauche avec le recruteur.

PENDANT LE VISIONNAGE

Sans le son

1 Faire visionner les toutes premières secondes du reportage, puis arrêter l'image.
   a. Demander aux apprenants de relever les informations écrites.
   b. Leur demander d'expliquer le sens des mots inconnus et d'expliquer les informations relevées.
   c. Faire imaginer le sujet du reportage qu'ils vont visionner.

2 Montrer la suite du reportage et demander aux apprenants de dire si le reportage correspond à ce qu'ils avaient imaginé. Leur demander de raconter ce qu'ils ont vu.

Avec le son

3 Demander aux apprenants de placer les mots suivants au bon endroit : *conseiller, travail, recruteur, recherches, étape, offres d'emploi, motivation, chiffres, ANPE*.

Mais trouver un _____, c'est pas toujours facile ! Regardez : les _____ le montrent !
Alors, rendez-vous à l'_____. Un _____ vous propose des _____ et vous aide dans vos _____. Une offre vous plaît ? Il faut alors écrire une lettre de _____ et un CV. L'_____ suivante, c'est l'entretien d'embauche avec un _____.
Bonne chance !

4 Demander aux apprenants d'expliquer le sens des mots nouveaux.

APRÈS LE VISIONNAGE

5 a. Demander aux apprenants de visiter le site Internet *www.anpe.fr*
   Faire observer la page d'accueil puis interroger les apprenants.
   1. Quelles sont les différentes rubriques de cette page ?
   2. Combien de personnes ont leur CV en ligne ?
   3. Combien est-ce qu'il y a d'offres d'emploi sur le site ?
   4. Qu'est-ce qu'on peut faire dans l'espace emploi ?
   5. Quels sont les services offerts ?
   b. Faire cliquer sur l'icône *Plan du site*. Demander aux apprenants de dire ce que l'on trouve dans les rubriques *Espace candidat*. Puis faire cliquer sur la rubrique *Consulter les offres*.
   c. Demander aux apprenants de choisir leurs critères de recherche *(Domaine ; Zone géographique ; Qualification ; Expérience ; Type de contrat ; Nature de l'offre ; Salaire)* puis de lancer une recherche.
   d. Demander aux apprenants de choisir une ou plusieurs offres qui leur plaisent et de réfléchir, en sous-groupes, aux côtés positifs et négatifs de chaque travail proposé.

6 Demander aux apprenants d'imaginer une petite annonce pour une ou deux des professions listées en tout début d'activité (voir *Avant le visionnage*, activité 2). Faire préciser le type de personne recherché (sexe, âge, profil, compétence, disponibilité), le nom du contact, le type d'entreprise, l'adresse et le numéro de téléphone de l'entreprise.

UNITÉ 6 • Entretien

NOTES CULTURELLES

- **La Défense :** *cf.* note de l'unité 5.
- **La tour Gan :** L'une des principales tours du quartier des affaires de la Défense qui appartient à une grande société d'assurances française.
- **ANPE :** Agence nationale pour l'emploi.

TRANSCRIPTIONS

Fiction

HOMME : À la Défense, s'il vous plaît, tour Gan.
CHAUFFEUR : Bien… Bah, écoutez, on y va. Tout va bien, Monsieur ?
HOMME : Hein ? Pardon ?
CHAUFFEUR : Tout va bien ?
HOMME : Ah, oui, ça va… ça va, merci… euh, en fait, ça va pas du tout !
CHAUFFEUR : Bah, alors ? Ça va ou ça va pas ?
HOMME : Bah, ça va… mais je suis stressé…
CHAUFFEUR : Ah, bah, écoutez, jeune homme, il faut vous détendre !
HOMME : Me détendre ?! Mais moi, dans une heure, j'ai rendez-vous pour un entretien d'embauche…
CHAUFFEUR : Ah, oui, je comprends oui…
HOMME : En plus, je ne suis pas très bon pour les entretiens, moi… Oh là, là, là, là, là !
CHAUFFEUR : Ça va pas fort, hein ?
HOMME : Non.
CHAUFFEUR : Bah, vous savez ce qu'on va faire ?…
HOMME : Bah, non ?
CHAUFFEUR : Eh ben, on va s'arrêter !
HOMME : Hein ? Mais pourquoi ?
CHAUFFEUR : Écoutez, j'ai un truc ! On va répéter ! … Bonjour Monsieur.
HOMME : Bonjour Monsieur.
CHAUFFEUR : Vous avez un CV ?
HOMME : Oui, le voilà.
CHAUFFEUR : Vous avez quel âge ?
HOMME : Je vais avoir 25 ans dans une semaine.
CHAUFFEUR : Vous avez déjà travaillé dans une grande entreprise d'informatique ?
HOMME : Non, pas encore…
CHAUFFEUR : Vous parlez anglais ?
HOMME : Oui, très bien : ma mère est anglaise… je parle espagnol aussi : j'ai habité deux ans à Barcelone.
CHAUFFEUR : Eh ben, c'est bon ?!
HOMME : De quoi ?
CHAUFFEUR : Bah, vous êtes prêt !
HOMME : Pour quoi ?
CHAUFFEUR : Bah, pour votre entretien !
HOMME : C'est pas vrai ?
CHAUFFEUR : Bah, si !
HOMME : Merci Monsieur, merci vraiment !
CHAUFFEUR : Vous voyez : c'est simple !
HOMME : Oh, bah, c'est gentil.
CHAUFFEUR : Voilà.
HOMME : Je commence quand ?

Reportage

Mais trouver un travail, c'est pas toujours facile ! Regardez : les chiffres le montrent !
Alors, rendez-vous à l'ANPE. Un conseiller vous propose des offres d'emploi et vous aide dans vos recherches.
Une offre vous plaît ? Il faut alors écrire une lettre de motivation et un CV.
L'étape suivante, c'est l'entretien d'embauche avec un recruteur.
Bonne chance !

UNITÉ 7 Plein sud

Contenus thématiques

– Les vacances des Français
– Les derniers préparatifs d'une famille française avant son départ en vacances
– La découverte sportive, culturelle et touristique d'une région du sud de la France : le Languedoc-Roussillon
– La présentation de différentes activités sportives

Objectifs communicatifs

– Faire un inventaire
– Interroger sur/rapporter des événements passés (activités, sports…)
– Interroger sur la durée/exprimer une durée
– Exprimer une contestation
– Parler de ses goûts
– S'informer sur un lieu (situation, activités)
– Exprimer une opinion favorable/défavorable
– Écrire une carte postale parlant de ses vacances

Expressions idiomatiques

Ben dis donc ! – Et alors ? – Avoir envie de + quelque chose – Avoir besoin de + quelque chose – C'est pas vrai ! – Mais si ! – Si tu le dis ! – J'en ai plus ! – Ça c'est pour + nom – C'est clair, non ? – Moi, le/la/les + nom, j'aime bien, mais le/la/les + nom, merci ! – En route pour… – Au fait !

Vocabulaire thématique

Les vacances et les loisirs : *une activité – une arène – un château – le cheval – la corrida – la crème à bronzer – un maillot de bain – la mer Méditerranée – la natation – la plage – la planche à voile – une radio – une région – un touriste – un sac – une serviette de bain – un site historique – le sport – sortir – les vacances – une valise – le vélo – une ville fortifiée*

DÉCOUPAGE

Cette unité est composée de deux parties : une fiction (de 22'51" à 24'36") et un reportage (de 24'38" à 26'48").
La fiction peut être divisée en deux séquences.
– Séquence 1 : Du début de la fiction jusqu'à la séquence où les filles répondent « Ouais ! » aux parents.
– Séquence 2 : Du plan de la mère en train de faire sa valise jusqu'à la fin de la fiction.

FICTION

Résumé de la fiction

Dans la chambre d'un appartement, une adolescente fait sa valise pour partir en vacances. Sa sœur est surprise de voir toutes les choses qu'elle prend mais elle-même prend beaucoup de vêtements et n'a pas encore fait son sac. Leurs parents les appellent à l'aide. Ils sont dans leur chambre et ont du mal à fermer leurs valises. Il est tard et la famille doit prendre la route pour se rendre en vacances. Les parents mettent les sacs et les valises dans l'ascenseur et toute la famille prend l'escalier ! Ils finissent par partir pour Montpellier où ils passeront une semaine.

AVANT LE VISIONNAGE

1 Demander aux apprenants de dire où ils aimeraient partir en vacances et ce qu'ils emmèneraient avec eux.
2 **a.** Demander aux apprenants de choisir et de classer par ordre de préférence, dans la liste proposée, les cinq objets dont ils ont le plus besoin lorsqu'ils sont en vacances.
   un livre – un maillot de bain – un téléphone portable – un vélo – une planche à voile – une valise – une serviette de bain – un sac – de la crème à bronzer – une radio
   b. Expliquer le vocabulaire nouveau si nécessaire après que les étudiants ont fait leur propre choix.
   c. Demander aux apprenants de travailler en sous-groupes, de présenter les cinq objets qu'ils ont sélectionnés et de justifier leur choix.

UNITÉ 7 • Plein sud

3 Jouer au jeu de la valise : Le professeur commence le jeu en disant « J'ai mis dans ma valise… » et les apprenants doivent compléter cette phrase. Chaque apprenant doit reprendre cette même phrase ainsi que tous les mots qui ont été dits avant lui et ajouter le mot de son choix.
Exemple : J'ai mis dans ma valise deux chemises, un pantalon, un tee-shirt, un livre, un chapeau, un billet de train… etc.

PENDANT LE VISIONNAGE

Sans le son

4 Demander aux apprenants de faire des hypothèses sur les images qu'ils regardent.
Où ? – Qui parle à qui ? – Que se passe-t-il ?

5 Demander aux apprenants de relever des indices visuels qui témoignent d'un départ en vacances.

6 Faire lire les items aux apprenants et s'assurer de leur compréhension. Puis leur demander de remettre les séquences suivantes dans le bon ordre.
a. Un taxi démarre. : …
b. Des personnes descendent un escalier. : …
c. Une jeune fille est assise sur son lit. : 1
d. Des personnes font leur valise. : …
e. Une jeune fille blonde est debout, dans sa chambre. : …

7 **a.** Demander aux apprenants de compléter le tableau suivant.
b. Faire répondre aux questions à l'oral et en langue maternelle :
Quelles sont les intentions du réalisateur ?
Quel(s) effet(s) veut-il produire ?

Type de plan	Nombre de plans	Descriptif
Plan d'ensemble	0	
Plan de demi-ensemble		
Plan moyen		
Plan américain		
Plan rapproché taille	4	
Plan rapproché poitrine		
Gros plan		
Très gros plan		

8 Faire résumer la séquence.

Avec le son

9 Faire écouter le dialogue et demander aux apprenants de compléter leur résumé.

10 Demander aux apprenants de dire si c'est vrai ou faux.
a. La famille part un mois en vacances.
b. L'adolescente blonde a fait son sac.
c. Il y a encore de la place dans la valise de la jeune fille brune.
d. Les adolescentes s'appellent Vanessa et Élodie.
e. Il est huit heures du matin.

Séquence 1

11 Demander aux apprenants de placer les mots suivants au bon endroit : *activités, tout, trucs, en, besoin, bronzer, maillots*.
Vanessa : Alors, téléphone portable, radio, oui… _____ et serviettes de bain, crème à _____, pantalon noir et tee-shirts… ok… bah, je crois que j'ai _____ !
Élodie : Ben dis donc, t'as pas pris trop de _____ ? On part une semaine, tu sais !
Vanessa : Et alors ? Si j'_____ ai envie ! Et puis tu sais, avec toutes les _____ qu'on va faire, j'ai _____ de tout ça…

12 Demander aux apprenants d'observer les plans sur les personnages puis de relier les expressions du dialogue aux sentiments qu'elles expriment.
1. Ben dis donc !   a. La surprise
2. Et alors ?   b. L'indifférence
3. Mais si !   c. La contestation
4. C'est clair, non ?   d. L'évidence

163

Séquence 2

13 Demander aux apprenants de remettre les mots suivants dans le bon ordre pour retrouver quatre phrases du dialogue puis de vérifier la réponse à l'aide de la vidéo.
   a. aider – Vous – plaît ? – vous – nous – pouvez – s'il – venir
   b. bien – merci ! – valises – les – j' – vacances – les – aime – Moi – mais
   c. tout – dans – monde – ascenseur – Allez – le – l' – vite
   d. prêt ? – le – Montpellier ! – monde – en – Alors – est – pour – Tout – route

APRÈS LE VISIONNAGE

14 Demander aux apprenants de travailler en sous-groupes. Leur faire lire le texte du dialogue en imitant au maximum les intonations des comédiens.

15 a. Faire imaginer l'arrivée à Montpellier.
   Où va la famille (à l'hôtel, au camping, dans une maison…) ? – Que font les parents et les enfants (installation, plage, café, sport…) ?
   b. Toute la famille se retrouve le soir de la première journée pour dîner. Chacun raconte ce qu'il/elle a fait et interroge les autres. Mettre les apprenants en sous-groupes, faire élucider la situation de communication puis faire réfléchir les apprenants sur les expressions à formuler pour le jeu de rôles. Faire jouer la scène.
   Proposition :

Ce que vous dites pour…	Ce que l'autre personne dit pour…
Interroger sur des événements passés *Exemple : Qu'est-ce que tu as fait aujourd'hui ? Exemple : Et qu'est-ce que tu as fait comme sport ?*	**Rapporter des événements passés** *Exemple : Je suis allé(e) à la plage et j'ai fait du sport. Exemple : J'ai fait de la planche à voile.*
Interroger sur la durée *Exemple : Combien de temps tu es resté(e) à la plage ?*	**Exprimer une durée** *Exemple : J'y suis resté(e) deux heures.*
Exprimer une opinion défavorable *Exemple : Je n'aime pas beaucoup ce sport. Exemple : C'est pas vrai ! Encore !*	**Exprimer une contestation/parler de ses goûts.** *Exemple : Je ne te comprends pas, moi, j'adore ça ! Exemple : Et alors ? Si j'en ai envie !*

16 Faire réagir les apprenants aux questions suivantes.
   a. Que pensez-vous du départ en vacances de cette famille ? Est-ce que les choses se passent de la même façon chez vous ?
   b. Êtes-vous plutôt comme Vanessa – ordonné(e) et organisé(e) – ou bien comme Élodie – spontané(e) et décontracté(e) ?

REPORTAGE

Résumé du reportage
Le reportage situe la ville de Montpellier et présente en quelques mots la région Languedoc-Roussillon (géographie, économie, tourisme et culture). On découvre des paysages et des villages de la région ainsi que des sites historiques : les châteaux cathares, Carcassonne et les arènes de Nîmes.

AVANT LE VISIONNAGE

1 Organiser un grand remue-méninges (*brainstorming*) dans la classe sur le thème du sport. Faire une liste au tableau de tous les mots trouvés.

2 Demander aux apprenants de faire une petite recherche (à la bibliothèque, sur Internet…) sur la région Languedoc-Roussillon avec comme objectifs de situer la région, de découvrir ses activités culturelles et économiques… et de demander des informations complémentaires s'ils le souhaitent. Faire visiter le site *www.sunfrance.com*
   a. Demander aux apprenants de décrire le logo de la région et de dire ce qu'il représente.
   b. Leur demander ensuite de cliquer sur la rubrique *Découverte et activités* et faire relever les différents types d'activités proposées.

UNITÉ 7 • Plein sud

  c. Faire consulter la partie *Comment venir en Languedoc-Roussillon* dans la rubrique *Informations*. Interroger les apprenants : Combien d'aéroports présente-t-on sur cette page ?
  d. Leur demander de revenir à la page *Informations*, puis, faire cliquer sur la partie *Festival, événements, fêtes*.
   1. Faire cliquer sur la *Carte* de la région pour l'agrandir.
   2. Faire relever les noms des grandes villes et des stations balnéaires.
   3. Faire localiser les aéroports.
   4. Demander aux apprenants de cliquer sur la rubrique *Fêtes et traditions*.
   5. Inviter les apprenants à lire la mini-présentation des événements saisonniers : Est-ce qu'il y a des événements que vous souhaiteriez voir ?
   6. Pour finir, faire relever l'adresse du Comité régional du tourisme dans la rubrique *Informations légales et pratiques*.
   7. Les apprenants peuvent écrire pour recevoir des informations supplémentaires (lettre ou courriel) ou télécharger une brochure d'information s'ils le souhaitent.

PENDANT LE VISIONNAGE

Sans le son

3 Diviser la classe en sous-groupes : nature/sport et loisirs/culture et civilisation.
 Demander à chaque groupe de relever un maximum d'éléments visuels correspondant à leur thème. Cette activité se fera en français mais les apprenants peuvent aussi employer des mots en langue maternelle.

Avec le son

4 Demander aux apprenants de répondre oui/non/on ne sait pas aux phrases suivantes.
  a. Montpellier se trouve dans l'est de la France.
  b. C'est la ville principale de la région Languedoc-Roussillon.
  c. On y fait beaucoup de randonnées dans la montagne.
  d. On trouve du vin et des fruits dans cette région.
  e. Nîmes et Carcassonne sont deux villes de cette région.
  f. La corrida se passe dans une arène.

5 Demander aux apprenants de compléter le texte du commentaire.
  Euh… Au fait, c'est _____ Montpellier ? Montpellier, c'est dans le _____ de la France. C'est la capitale de la région Languedoc-Roussillon. Cette région est _____ la mer Méditerranée. Chaque année des _____ y viennent en vacances. On y fait du _____, de la planche à voile, du cheval, de la _____, du vélo… On _____ trouve des constructions très anciennes. La région est _____ pour son vin, ses fruits et ses légumes. Du nord au sud, de l'est à l'ouest, les _____ sont très différents… C'est la nature… Et puis, il y a des _____ historiques et culturels : les châteaux cathares dans la montagne ; Carcassonne, la _____ fortifiée ; les arènes de Nîmes et la corrida : on aime ou on _____…

APRÈS LE VISIONNAGE

6 Demander aux apprenants s'ils aimeraient partir en vacances dans le Languedoc-Roussillon et pourquoi.
7 Mettre les apprenants en sous-groupes. Leur demander de parler des sports qu'ils pratiquent ou qu'ils aiment regarder.
8 Demander aux apprenants d'écrire une carte postale dans laquelle ils racontent leur séjour à Montpellier.

NOTES CULTURELLES

- **Montpellier :** À 753 km au sud de Paris, Montpellier est la capitale du département de l'Hérault (34), dans la région Languedoc-Roussillon. Elle compte 229 055 habitants (323 000 dans l'agglomération). C'est une ville dynamique où vivent beaucoup d'étudiants.

- **Languedoc-Roussillon :** Région française et de l'Union européenne, formée des départements de l'Aude, du Gard, de l'Hérault, de la Lozère et des Pyrénées-Orientales ; 27 559 km² ; 2 295 648 habitants.
Le Languedoc est une région historique où se parlait la langue d'oc. Les Romains s'y sont installés dès le IIe siècle avant Jésus-Christ. La région a connu une période de prospérité sous les comtes de Toulouse (XIIe siècle). La croisade contre les cathares (albigeois) ruine la région qui devient alors une province de France. Le Roussillon est cédé à la France par l'Espagne en 1659.
- **Nîmes :** Ville importante du département du Gard fondée par les Romains au IIe siècle ; 133 424 habitants. On y trouve de nombreux monuments romains : les arènes (amphithéâtre qui peut contenir 20 000 spectateurs), la Maison carrée, le temple de Diane, la tour Magne, etc. La ville a été cédée à la France par le royaume d'Aragon en 1229 et est aujourd'hui un centre agricole et industriel (industries alimentaire, mécanique, chimique et textile).
- **Les châteaux cathares :** Ces forteresses, construites par les cathares au XIIIe siècle, étaient des refuges. Les cathares pratiquaient une religion « pure », différente de celle de l'Église, et aspiraient à un retour à l'Église primitive. Le pape Innocent III a combattu leur hérésie lors de la croisade des albigeois (1208-1244).
- **Carcassonne :** La ville possède une remarquable citée fortifiée du Moyen Âge. Carcassonne est un centre commercial (vins), industriel (pneumatiques, industrie électronique) et touristique.

TRANSCRIPTIONS

Fiction

Vanessa : Alors, téléphone portable, radio, oui… maillots et serviettes de bain, crème à bronzer, pantalon noir et tee-shirts… ok… bah, je crois que j'ai tout !
Élodie : Ben dis donc, t'as pas pris trop de trucs ? On part une semaine, tu sais !
Vanessa : Et alors ? Si j'en ai envie ! Et puis tu sais, avec toutes les activités qu'on va faire, j'ai besoin de tout ça…
Élodie : Ouais, et pour les garçons, aussi, hein ?
Vanessa : Et alors ? C'est les vacances, non ?… Et toi alors, ton sac ?… C'est pas vrai ! T'as pas encore fait ton sac ?
Élodie : Mais, si… ; ça c'est pour le sport, ça c'est pour sortir et ça c'est pour la plage. C'est clair, non ?
Vanessa : Si tu le dis !
Élodie : Euh… t'as encore de la place dans ton sac ?
Vanessa : Ah non ! j'en ai plus !
Mère : Élodie, Vanessa !
Élodie : Quoi ?
Père : Vous pouvez venir nous aider, s'il vous plaît ?
Élodie et Vanessa : Ouais !
Mère : Moi, les vacances, j'aime bien, mais les valises, merci !
Père : Vanessa, tu peux venir m'aider, s'il te plaît ?… Vas-y, pousse là… là, là, là !
Mère : Déjà onze heures !… Bon, les filles, vous êtes prêtes ?
Vanessa : Moi oui !
Élodie : Euh… oui, oui.
Père : Pousse !… Bon, allez, hop !
Mère : Allez, allez, allez…
Père : Allez, vite, tout le monde dans l'ascenseur, allez hop !
Mère : Allez, je ferme la porte.
Père : Attends, ben, attends.
Mère : Chéri, ça va, allez.
Père : Hop hop hop hop… Tout le monde est prêt ? Alors, en route pour Montpellier !

Reportage

Euh… Au fait, c'est où Montpellier ? Montpellier, c'est dans le sud de la France. C'est la capitale de la région Languedoc-Roussillon. Cette région est au bord de la mer Méditerranée. Chaque année des touristes y viennent en vacances. On y fait du bateau, de la planche à voile, du cheval, de la natation, du vélo… On y trouve des constructions très anciennes. La région est célèbre pour son vin, ses fruits et ses légumes. Du nord au sud, de l'est à l'ouest, les paysages sont très différents… C'est la nature… Et puis, il y a des sites historiques et culturels : les châteaux cathares dans la montagne ; Carcassonne, la ville fortifiée ; les arènes de Nîmes et la corrida : on aime ou on déteste…

UNITÉ 8 Les amoureux

Contenus thématiques
– Les souvenirs
– Le récit d'un amour naissant
– La vie à Paris dans les années 1950

Objectifs communicatifs
– Rapporter des états passés
– Décrire les circonstances de l'action
– Situer des événements dans le temps
– Exprimer le but
– Exprimer une opinion
– Écrire une histoire au passé
– Écrire une lettre d'amour

Expressions idiomatiques
Exact – Oh, vous savez – Eh ben, ça a pas tant changé que ça ! – Dis donc – Tu trouves pas ? – Tu sais – Ah, regarde ! – Tu te souviens ? – Si je me souviens… ! – Désolé, hein !

Vocabulaire thématique
L'amour : *(s')aimer – un amour – amoureux/amoureuse – un bisou – se connaître – un(e) copain/copine – (s')embrasser – le mariage – se marier – se rencontrer – romantique – se promettre – se quitter*
Les marqueurs temporels du récit : *à partir de – au même moment – c'est/c'était en 1950 – cinq minutes plus tard/tôt – le dimanche – depuis – il y a 10 ans – un jour – jusqu'à – un matin – un soir – le soir venu – souvent – vers cinq heures*

DÉCOUPAGE

Cette unité est composée de trois parties : une fiction divisée en deux parties (de 26'55" à 28'20" et de 29'21" à 30'01") et un reportage (de 28'22" à 29'19").
La fiction est divisée en trois séquences :
– Séquence 1 : Du début de la fiction jusqu'aux plans dans les rues de Paris (on voit le Grand Palais).
– Séquence 2 : Du plan « Taxi parisien » (avant un feu rouge qui passe au vert) jusqu'à la réplique de Rose : « Et un jour tu m'as embrassée ! »
– Séquence 3 : Séquence dans le taxi, après le reportage.

FICTION

Résumé de la fiction
Un couple de personnes âgées qui a quitté Paris il y a 40 ans pour aller vivre au Canada vient rendre visite à leur fille en France. Ils profitent d'un trajet en taxi pour redécouvrir la ville de leur jeunesse, se souvenir des bons moments et du début de leur histoire d'amour.

AVANT LE VISIONNAGE

1 Proposer aux apprenants le jeu des changements.
   a. **Préparation** : Faire des équipes de joueurs. Leur donner un certain temps pour observer la pièce où ils se trouvent puis les faire sortir. En leur absence, déplacer un certain nombre d'objets (des chaises, des crayons, des livres…), tirer les rideaux, allumer une lampe… en notant tous les changements sur une feuille de papier.
   b. **Déroulement** : Revenus dans la pièce, les joueurs ont cinq minutes pour découvrir les changements effectués et en prendre note. L'animateur examine leur liste et accorde deux points pour chaque changement correctement observé, mais enlève un point pour chaque remarque erronée. L'équipe qui obtient le plus de points gagne le jeu. Donner aux apprenants le vocabulaire dont ils ont besoin et exiger d'eux, pendant le déroulement du jeu, qu'ils utilisent l'imparfait et le passé composé.

PENDANT LE VISIONNAGE

■ Sans le son

Séquences 1 et 2

2 Demander aux apprenants de faire des hypothèses sur les images qu'ils regardent.
Où ? – Qui parle à qui ? – Que se passe-t-il ?

3 Demander aux apprenants de choisir une réponse et de justifier leur choix.
   a. L'homme et la femme ont entre 45 et 55 ans/55 et 65 ans/plus de 65 ans.
   b. Ces personnes sont françaises/étrangères.
   c. Elles connaissent bien/mal Paris.
   d. Elles sont frère et sœur/mari et femme.
   e. Elles prennent un taxi pour visiter Paris/pour aller à un endroit particulier.

4 Demander aux apprenants de faire une description écrite des deux personnages principaux du film (vêtements/accessoires/apparence physique/expressions…) puis d'imaginer leur prénom.
   a. L'homme est… ; il porte… ; il s'appelle…
   b. La femme est… ; elle porte… ; elle s'appelle…

5 Faire travailler les apprenants en sous-groupes, leur faire lire les items et s'assurer de leur compréhension. Puis leur demander de remettre les séquences suivantes dans l'ordre.

   a. Deux personnes marchent dans la rue.   : 1
   b. Ces deux personnes sont dans un taxi.   : …
   c. On voit une rue de Paris, le ciel et « Taxi parisien ».   : …
   d. Le taxi s'arrête.   : …
   e. Le taxi roule sur une avenue.   : …
   f. On voit Notre-Dame.   : …
   g. Trois personnes se parlent dans la rue.   : …
   h. On voit des immeubles, des boutiques et la rue.   : …
   i. Il y a un très gros plan sur les yeux du chauffeur dans son rétroviseur. : …
   j. Les deux personnes regardent sur la gauche, par la vitre.   : …
   k. On voit un feu tricolore rouge puis vert.   : …

Séquence 3

6 Demander aux apprenants de dire si c'est vrai ou faux.
   a. L'homme parle à la femme.
   b. La femme s'est endormie.
   c. On voit un bateau sur la Seine.
   d. La femme parle et l'homme fait « oui » de la tête.
   e. On voit les yeux du chauffeur dans le rétroviseur.
   f. Le chauffeur lit son journal.
   g. Les passagers sont surpris.

7 Faire résumer la séquence.

■ Avec le son

Séquence 1

8 Avant de visionner la séquence, demander aux apprenants de mettre le dialogue en ordre puis comparer la réponse avec le film.
   a. Oh, vous savez, ma femme et moi, nous ne sommes pas revenus à Paris… depuis… 40 ans !
   b. Et vous avez un itinéraire préféré ?
   c. Exact, c'est pas loin…
   d. C'est à côté de Montparnasse, ça, non ?
   e. Eh ben, ça a pas tant changé que ça ! Allez en voiture !
   f. Oh, taxi !… 13, rue Bréa.

9 Sur un plan de Paris demander aux apprenants de repérer le boulevard Montparnasse et la rue Bréa.

UNITÉ 8 • Les amoureux

Séquence 2

10 Demander aux apprenants de regarder la séquence et de compléter les phrases.
   a. L'homme et la femme habitent _____.
   b. Ils sont à Paris _____ voir leur fille.
   c. L'homme dit : Paris n'_____ pas _____ depuis _____ ans.
   d. La femme dit : On se _____ sur les bords de Seine.
   e. Et un jour, tu _____ as embrassée !

Séquence 3

11 Demander aux apprenants de remettre les mots dans le bon ordre pour retrouver des phrases.
   a. bleue – ta – avais – robe – en – t' – blanche – mis – juillet – C'était – et
   b. chaud – Il – très – faisait
   c. copains – Et – dimanche – de – on – au – les – le – retrouvait – café – puis – Cluny
   d. pour – Ah bah – hein – café – Cluny – le – désolé
   e. une – a – maintenant – ans – Il – pizzeria – a – il – deux – c'est – y – fermé

▮ Toute la fiction

12 Demander aux apprenants de relier les paroles aux personnes qui les disent.

	a. Ah, regarde !
	b. Exact !
1. Robert	c. Oh, vous savez…
	d. Ça a pas tant changé que ça !
	e. Si je me souviens… !
2. La femme	f. Dis donc…
	g. Tu trouves pas ?
	h. Tu te souviens ?
3. Le chauffeur	i. Désolé, hein !
	j. Non, non, tu sais.

APRÈS LE VISIONNAGE

13 Demander aux apprenants de travailler en sous-groupes. Leur faire lire le texte du dialogue en imitant au maximum les intonations des comédiens.

14 Un frère et une sœur retournent dans la maison où ils habitaient quand ils étaient enfants. Elle observe les changements alors que lui reconnaît bien les lieux. Ils se souviennent de leur enfance. Mettre les apprenants en sous-groupes, faire élucider la situation de communication puis faire réfléchir les apprenants sur les expressions à formuler pour le jeu de rôles. Faire jouer la scène.
Proposition :

Ce que vous dites pour…	Ce que l'autre personne dit pour…
Rapporter des états passés *Exemple : Tu te souviens quand on dormait dans cette chambre ?* **Situer des événements dans le temps** *Exemple : On a habité ici jusqu'en 1995.* **Exprimer le but** *Exemple : Et on est partis pour aller vivre en Espagne.*	**Exprimer une opinion** *Exemple : Ça a beaucoup changé ici, je trouve !* **Décrire les circonstances de l'action et situer des événements dans le temps** *Exemple : Quand tu avais six ans tu aimais faire du vélo et puis un jour tu es tombé(e).*

169

REPORTAGE

Présentation du reportage
Le reportage est un documentaire fictif qui raconte – comme aurait pu le faire le narrateur du film Amélie Poulain *– la première journée de l'histoire d'amour entre Robert et Rose.*

AVANT LE VISIONNAGE

1 **a.** Demander aux apprenants de relier chaque début de mot à sa fin.

INS-	-MIS
PRO-	-REUSE
BA-	-NEGE
HEU-	-CHEUR
PÊ-	-TANT
FOI-	-RE
MA-	-LAI

b. À l'aide d'un dictionnaire, élucider avec les apprenants le vocabulaire nouveau : *balai, heureux, manège, pêcheur, promis, instant*.

PENDANT LE VISIONNAGE

Sans le son

2 Faire un arrêt sur la première image du reportage. Demander aux apprenants de décrire cette image et l'effet qu'elle produit.

3 Faire lire les items ci-dessous et vérifier leur compréhension puis demander aux apprenants de cocher les éléments qu'ils voient à l'écran.

- ❏ Un policier
- ❏ Une robe orange
- ❏ Deux petits chiens
- ❏ Une banque
- ❏ L'Arc de triomphe
- ❏ De vieilles voitures
- ❏ Deux sœurs
- ❏ Un bébé
- ❏ Un pêcheur
- ❏ Un camion
- ❏ Des journaux
- ❏ Un balai
- ❏ Un manège
- ❏ Une 2CV
- ❏ Un pull bleu
- ❏ Des ballons
- ❏ La tour Eiffel
- ❏ Des illuminations
- ❏ La vitrine d'une boulangerie
- ❏ Un autobus

4 Demander aux apprenants de répondre aux questions.
À votre avis, en quelle année ce film a été fait ? – Pourquoi est-ce que le début du film est en noir et blanc ? – Qu'est-ce que vous pensez des vêtements des gens ?

Avec le son

5 Demander aux apprenants de répondre aux questions.
   a. De qui parle le reportage ?
   b. Que fait madame Laurent ?
   c. Comment s'appellent les deux sœurs ?
   d. Qu'est-ce qu'elles font ?
   e. Où est-ce que le jeune homme et la jeune femme se retrouvent le soir ?

6 Demander aux apprenants de compléter le texte du commentaire avec les mots suivants : *ensemble, instant, baguette, heureuse, journée, promis, 15, commencé, coin, 1953, moment, tard*.

3 septembre _____, à 8 h 30 et _____ secondes Robert embrassait Rose pour la première fois, sur les quais de Seine. Au même _____, madame Laurent achetait une _____ de pain à la boulangerie du _____ et rentrait chez elle en voiture. Cinq minutes plus _____, sœur Anne et sœur Pauline traversaient la place de la Concorde…

UNITÉ 8 • Les amoureux

À partir de cet _____ – et jusqu'au soir – la ville a _____ à vivre une vie nouvelle, plus _____. Robert et Rose n'ont pas passé la _____ ensemble, mais le soir venu, ils se sont retrouvés à la foire du Trône. Ils se sont _____ de s'aimer et de passer leur vie _____.

APRÈS LE VISIONNAGE

7 a. Demander aux apprenants de visiter le site *www.foiredutrone.com* Leur faire chercher les informations pratiques pour y aller en métro ou en RER.
   b. Leur demander de visiter la rubrique *Historique* et de faire une lecture rapide de l'article. Leur demander de répondre aux questions suivantes :
   1. Quelle est la date de création de la foire du Trône ?
   2. Quel est son surnom ?
   3. Qu'est-ce que les forains ont offert au public pour fêter les 1000 ans de la foire ?
   4. En quelle année est-ce que la foire s'est installée sur la « pelouse de Reuilly » au bord du bois de Vincennes ?
   5. Combien de temps dure cette foire ?
   6. Combien de visiteurs est-ce qu'il y a chaque année ?

8 À la manière du commentaire du documentaire fictif, demander aux apprenants d'imaginer une histoire à l'écrit.

9 Demander aux apprenants d'imaginer la première lettre d'amour écrite par Rose et adressée à Robert.

NOTES CULTURELLES

• **La foire du Trône :** Fête foraine parisienne qui a lieu chaque année pendant six semaines en avril et mai à l'entrée du bois de Vincennes, dans le 12e arrondissement. Elle accueille 6 millions de visiteurs par an. C'est le plus vaste parc d'attractions forain d'Europe.

• **Le café de Cluny :** Café parisien qui était à l'angle des boulevards Saint-Michel et Saint-Germain, dans le 6e arrondissement. Il a été remplacé en 1999 par une pizzeria-sandwicherie.

TRANSCRIPTIONS

Fiction

Robert : Oh, taxi !… 13, rue Bréa.
Chauffeur : C'est à côté de Montparnasse, ça, non ?
Robert : Exact, c'est pas loin…
Chauffeur : Et vous avez un itinéraire préféré ?
Robert : Oh, vous savez, ma femme et moi nous ne sommes pas revenus à Paris… depuis… 40 ans !
Chauffeur : Eh ben, ça a pas tant changé que ça ! Allez en voiture ! 40 ans… ! Oh, là, c'est long ! Mais où est-ce que vous habitez ?
Rose : Nous habitons au Canada…
Chauffeur : Et vous venez en France pour… ?
Robert : Pour aller voir notre fille qui habite rue Bréa !
Rose : Dis donc Robert, qu'est-ce que ça a changé, tu trouves pas ?
Robert : Non… non, tu sais, c'est toujours les mêmes immeubles… Paris, ça a pas changé depuis… 100 ans ?
Rose : Ah, regarde : Notre-Dame ! Tu te souviens Robert ?… Oh, oh… oh, c'était romantique ! Et puis, on se promenait sur le bord de la Seine… Et un jour tu m'as embrassée !

Reportage

3 septembre 1953, à 8 h 30 et 15 secondes Robert embrassait Rose pour la première fois, sur les quais de Seine. Au même moment, madame Laurent achetait une baguette de pain à la boulangerie du coin et rentrait chez elle en voiture. Cinq minutes plus tard, sœur Anne et sœur Pauline traversaient la place de la Concorde… À partir de cet instant – et jusqu'au soir – la ville a commencé à vivre une vie nouvelle, plus heureuse. Robert et Rose n'ont pas passé la journée ensemble, mais le soir venu, ils se sont retrouvés à la foire du Trône. Ils se sont promis de s'aimer et de passer leur vie ensemble.

Retour dans le taxi

Robert : Si je me souviens… !! C'était en juillet, t'avais mis ta robe bleue et blanche… Il faisait très chaud…
Rose : Et puis le dimanche, on retrouvait les copains au café de Cluny…
Chauffeur : Ah, bah, pour le café Cluny, désolé, hein ! Il a fermé il y a deux ans… c'est une pizzeria maintenant !!…

UNITÉ 9 Jobs d'été

Contenus thématiques

– Les préoccupations des jeunes (le baccalauréat, le permis de conduire, le travail…)
– La recherche d'un job d'été/un petit boulot

Objectifs communicatifs

– Exprimer une prévision
– Exprimer une certitude
– Rapporter un événement passé
– Faire des projets
– Situer des événements dans le temps
– Exprimer une condition
– Écrire un e-mail de candidature

Expressions idiomatiques

Ouais, ouais ! – C'est bon… ! – Une minute ! – Franchement… – De toute façon – Relax ! – T'es complètement malade ! – Tu sais – Hyper – Sauf que + indicatif

Vocabulaire thématique

Les études, les projets : *une agence de communication – l'argent – un(e) assistant(e) – un(e) attaché(e) de presse – un avenir – un(e) baby-sitter – le bac(alauréat) – un(e) caissier/caissière – un(e) copain/copine – une école – un(e) étudiant(e) – une expérience pratique/professionnelle – un job d'été – un(e) lycéen(ne) – un petit boulot – la philo(sophie) – une présentation vestimentaire – les résultats – un stage (en entreprise) – un(e) serveur/serveuse*

DÉCOUPAGE

Cette unité est composée de trois parties : une fiction divisée en deux parties (de 30'08" à 31'17" et de 32'14" à 32'29") et un reportage (de 31'19" à 32'12").
La fiction est divisée en trois séquences.
– Séquence 1 : Du début de la fiction jusqu'au plan sur la jeune fille en tee-shirt orange.
– Séquence 2 : Du plan sur la jeune fille au tee-shirt rose jusqu'au reportage.
– Séquence 3 : Fin de la fiction, après le reportage.

FICTION

Résumé de la fiction
Des lycéens et des lycéennes discutent à la terrasse d'un café. Ils abordent d'abord le sujet du baccalauréat – qui aura lieu la semaine suivante –, ce qui stresse certaines personnes. Ensuite, ils évoquent leurs projets estivaux : l'une des jeunes filles parle du stage qu'elle va faire, le jeune homme dit qu'il va apprendre à conduire.

AVANT LE VISIONNAGE

1. Demander aux apprenants de lire le titre de l'unité à l'écran *Jobs d'été*, d'en expliquer le sens et d'imaginer ce dont le film et le reportage vont traiter.
2. Présenter aux apprenants les mots suivants : *philo(sophie), attaché de presse, comédiens (acteurs), mec, hyper, rire, sauf que…*

PENDANT LE VISIONNAGE

■ Sans le son

Séquences 1 et 2

3. Demander aux apprenants de faire des hypothèses sur les images qu'ils regardent.
   Où ? – Qui parle à qui ? – Que se passe-t-il ?
4. Demander aux apprenants de relever des indices visuels qui permettent de situer la saison.
5. Faire identifier chaque personnage.
   Julien porte un sweat-shirt. Audrey est blonde. Stéphanie est à droite du garçon. Dalila est à gauche d'Audrey. Aline est entre Vanessa et Audrey.

UNITÉ 9 • Jobs d'été

Séquence 1

6 Demander aux apprenants de trouver le nombre de plans de cette séquence.

7 **a.** Demander aux apprenants de compléter le tableau suivant.

Type de plan	Nombre de plans	Descriptif
Plan d'ensemble	0	
Plan de demi-ensemble		
Plan moyen		
Plan américain		
Plan rapproché taille		
Plan rapproché poitrine		
Gros plan		
Très gros plan	1	

b. Demander aux apprenants de répondre aux questions suivantes.
Pourquoi est-ce que le réalisateur utilise autant de plans sur une séquence si courte ? – Pourquoi est-ce qu'il y a un gros plan du téléphone portable ?

Séquence 2

8 Dites quel personnage a le plus de plans sur lui ? Pourquoi ?

9 **a.** Demander aux apprenants de faire des hypothèses sur ce que disent les personnages.
b. Faire travailler les apprenants en sous-groupes. Leur demander d'imaginer le dialogue. Repasser ensuite la séquence (toujours sans le son) et faire « doubler » les personnages par les apprenants qui jouent leur dialogue.

Séquence 3

10 Demander aux apprenants d'entourer la bonne réponse.
a. Stéphanie parle à Julien/Audrey/Dalila.
b. Quelqu'un sourit. Est-ce que c'est Stéphanie/Aline/Vanessa ?
c. Les jeunes lèvent leur verre/partent/se font la bise.

Toute la fiction

11 Demander aux apprenants de présenter la fiction.

■ Avec le son

Séquence 1

12 Demander aux apprenants de choisir la bonne réponse.
a. Les jeunes sont étudiants à l'université/au lycée.
b. Ils sont en vacances/en week-end.
c. Ils parlent du bac/de la fac.
d. Julien est stressé/détendu.
e. Pour Aline, Julien est très malade/fou.

13 Demander aux apprenants de placer les mots suivants au bon endroit : *semaine, complètement, dernier, gagner, détend, vacances, portable, philo, franchement, tous, résultats*.

Stéphanie : Bon, Julien, ça va, là… arrête de jouer avec ton _____, on est là nous aussi…
Julien : Ouais, ouais, c'est bon, une minute là… je vais _____ !
Vanessa : _____, je comprends pas comment tu peux être aussi cool ! Dans une _____, c'est le bac et t'es même pas stressé…
Julien : Le bac ? On l'aura _____ de toute façon !
Dalila : On l'aura tous ? Ouais, c'est ça, on l'aura tous ! Moi, l'an _____, le bac, je l'ai pas eu ! Donc on verra bien les _____, hein ?
Julien : Oh, relax Dalila… Il fait beau, c'est le week-end, on se _____ … Lundi, j'aurai tout le temps pour travailler…
Aline : Mais t'es _____ malade ! Mardi, il y a la _____ ! Lundi, il sera trop tard, hein !
Stéphanie : Bon, O.K., là, on change de conversation ; on n'a qu'à parler des _____ par exemple ?

173

Séquence 2

14 Demander aux apprenants de dire si c'est vrai ou faux.
  a. Audrey n'a pas de vacances cette année.
  b. Elle va être actrice.
  c. Elle va aider l'attachée de presse dans son travail.
  d. Dalila ne trouve pas Audrey très professionnelle.
  e. Julien veut aider Audrey.
  f. Il part en vacances en juillet.
  g. Julien sait conduire.

15 Demander aux apprenants de remettre les mots suivants dans le bon ordre pour retrouver quatre phrases du dialogue puis de vérifier la réponse à l'aide de la vidéo.
  a. faire – agence – un – une – de – dans – stage – vais – communication – Je
  b. serai – de – attachée – l' – presse – assistante – Je – l' – de
  c. quand – plus – professionnelle – être – hein – peu – Il – tu – faudra – un – travailleras
  d. Audrey – t' – aider – viendrai – T' – inquiète – problème – si – t' – un – moi – pas – je – as

Séquence 3

16 Demander aux apprenants de choisir, parmi les deux propositions, celle entendue dans le film.
  Vanessa : Mais t'as pas de chance/à quoi tu penses, là, Julien, tu te lèves ou pas/rêves ou quoi ?
  Stéphanie : Mais non, il rêve pas/se lève pas… il sait comment faire un sac/qu'avec ou sans bac il pourra/voudra toujours devenir chauffeur de taxi… enfin, le temps de l'après-midi/quand il aura le permis !
  Tout le monde : Allez tous à Julien !… à Julien !

Toute la fiction

17 Demander aux apprenants de regarder le film et les expressions des personnages puis de les faire correspondre à des expressions synonymes.
  1. Franchement !
  2. Relax !
  3. T'es complètement malade !
  4. De toute façon…

  a. Ça va pas, non ?
  b. Cool !
  c. Honnêtement.
  d. Ça ne changera rien.

18 a. Demander aux apprenants de relever les mots de la « langue des jeunes » (français familier).
  b. Leur demander de trouver pour chaque mot l'équivalent en français standard.

APRÈS LE VISIONNAGE

19 Demander aux apprenants de travailler en sous-groupes. Leur faire lire le texte du dialogue en imitant au maximum les intonations des comédiens.

20 Demander aux apprenants d'imaginer – tout comme dans le film – qu'ils parlent de leurs projets avec leurs amis, à la terrasse d'un café (vie professionnelle, examen, vacances, stages et jobs d'été…). Mettre les apprenants en sous-groupes, faire élucider la situation de communication puis faire réfléchir les apprenants sur les expressions à formuler pour le jeu de rôles (faire utiliser le futur). Faire jouer la scène.
Proposition :

Ce que vous dites pour…	Ce que l'autre personne dit pour…
Exprimer une prévision *Exemple : On aura tous notre examen de français !* *Exemple : Demain, il va faire très beau. On part à la mer ?* **Rapporter un événement passé** *Exemple : La dernière fois, je n'ai pas eu mon permis.* **Exprimer une certitude** *Exemple : Mardi, je passe un entretien pour un nouveau travail et je suis sûr que ça va marcher !*	**Faire des projets + situer des événements dans le temps** *Exemple : Je vais aller dans une école d'architecture et dans quelques années je construirai des immeubles.* **Exprimer une condition** *Exemple : Tu auras ton examen si tu n'es pas stressé(e).*

REPORTAGE

Résumé du reportage
Le reportage parle des petits boulots que font les jeunes Français l'été et évoque les erreurs à éviter à l'entretien d'embauche.

UNITÉ 9 • Jobs d'été

AVANT LE VISIONNAGE

1. Demander aux apprenants de rappeler les conseils à suivre lorsque l'on passe un entretien d'embauche et d'imaginer les erreurs à éviter. Écrire la liste au tableau (une colonne conseils et une colonne erreurs à éviter).

2. Demander aux apprenants de chercher l'intrus dans chacune des listes de mots proposées.
   a. gagner de l'argent/s'inquiéter/travailler
   b. un job d'été/un petit boulot/un stage
   c. un stage en entreprise/une profession/une expérience pratique
   d. être professionnel/faire bonne impression/avoir une bonne présentation
   e. un entretien privé/un entretien d'embauche/un entretien de recrutement
   f. un serveur/un étudiant/une caissière

PENDANT LE VISIONNAGE

Sans le son

3. Faire lire les items aux apprenants et s'assurer de leur compréhension. Puis leur demander de remettre les séquences dans l'ordre.
   a. Le bateau passe sous un pont. : …
   b. Une jeune femme pose deux verres et deux tasses. : …
   c. On voit la tour Eiffel. : …
   d. Un homme parle dans un micro. : 1
   e. Un serveur pose deux assiettes sur une table. : …
   f. On voit des touristes. Ils écoutent et prennent des photos. : …
   g. Une jeune femme parle. : …
   h. On voit Notre-Dame. : …

Avec le son

4. Demander aux apprenants de dire si c'est vrai ou faux.
   a. Beaucoup d'étudiants travaillent l'été.
   b. On trouve très facilement un job d'été.
   c. Les jeunes Français n'ont pas le droit de travailler avant 18 ans.
   d. Les jeunes ne travaillent pas tous pour payer leurs études.
   e. Un stage en entreprise c'est exactement comme un job d'été.

5. Demander aux apprenants de compléter le commentaire du reportage.
   L'été, c'est une période de _____ pour beaucoup d'_____. Mais attention : pour avoir un petit _____, il faut respecter certaines règles ! La première : _____ certaines erreurs pendant l'entretien d'embauche.
   – La _____ vestimentaire, donc, avoir une bonne présentation, et puis, euh, oublier tout ce qui concerne les _____ qui sonnent en entretien, euh, le chewing-gum, euh, en fait, il suffit d'être naturel.
   _____, caissière, baby-sitter, trouver un _____ d'été, ça se prépare dès le printemps. Étudiants et _____ (à partir de 16 ans) travaillent l'été pour _____ un peu d'argent avant de partir en _____. D'autres font un stage en _____ pendant leurs études pour avoir une _____ pratique.

APRÈS LE VISIONNAGE

6. Demander aux étudiants de travailler en sous-groupes et de s'entraîner à lire le texte du commentaire à haute voix.

7. Demander aux apprenants de visiter le site Internet *www.job-junior.com*
   a. Faire lire le texte de la page d'accueil et demander aux apprenants de répondre aux questions suivantes.
      1. De quoi est-ce qu'il s'agit ?
      2. Quel est le but de ce site ?
      3. À quel public est-ce qu'il s'adresse ?
      4. Quel est le prix de ce service ?
      5. Quelles sont les différentes choses que l'on peut y faire ?
      6. Quelles sont les cinq dernières offres proposées ?

b. Faire cliquer sur la rubrique *Consulter les offres*. Demander aux apprenants de sélectionner leurs offres avec leurs propres critères *(région/fonction/niveau de qualification (d'études)/contrat/compétence)*.

c. Leur faire sélectionner une offre qui les intéresse. Leur demander de lire le profil recherché, le niveau de qualification exigé, la date de début de mission, le salaire et le nom du contact.

d. Leur demander d'écrire un e-mail de candidature.

NOTES CULTURELLES

- **Le baccalauréat :** Examen de fin d'études secondaires que les lycéens des classes de terminale passent en fin d'année à l'âge de 18 ans. Cet examen donne accès aux études supérieures (universités, classes préparatoires de grandes écoles, instituts de technologie…).
- **Le permis de conduire :** Autorisation légale et écrite qui donne le droit de conduire une voiture (ou une moto ou un camion selon le type de permis). Pour l'obtenir, il faut réussir les épreuves théoriques et pratiques de l'examen que l'on passe à 18 ans. On peut même apprendre à conduire dès 16 ans, dans le cadre de la conduite accompagnée (on peut conduire accompagné d'un adulte qui possède son permis depuis plus de trois ans).

TRANSCRIPTIONS

Fiction

STÉPHANIE : Bon, Julien, ça va, là… arrête de jouer avec ton portable, on est là nous aussi…

JULIEN : Ouais, ouais, c'est bon, une minute là… je vais gagner !

VANESSA : Franchement, je comprends pas comment tu peux être aussi cool ! Dans une semaine, c'est le bac et t'es même pas stressé…

JULIEN : Le bac ? On l'aura tous de toute façon !

DALILA : On l'aura tous ? Ouais, c'est ça, on l'aura tous ! Moi, l'an dernier, le bac, je l'ai pas eu ! Donc on verra bien les résultats, hein ?

JULIEN : Oh, relax Dalila… Il fait beau, c'est le week-end, on se détend… Lundi, j'aurai tout le temps pour travailler…

ALINE : Mais t'es complètement malade ! Mardi, il y a la philo ! Lundi, il sera trop tard, hein !

STÉPHANIE : Bon, O.K., là, on change de conversation ; on n'a qu'à parler des vacances par exemple ?

AUDREY : Ouais, bah, pas pour moi, les vacances, cette année, hein ?

DALILA : Quoi ? Mais pourquoi ?

AUDREY : Je vais faire un stage dans une agence de communication.

ALINE : Ah, ouais, tu vas faire quoi ?

AUDREY : Je serai l'assistante de l'attachée de presse… Je vais travailler avec des comédiens.

VANESSA : Ah, ouais ? Qui par exemple ?

AUDREY : Bah, je sais pas encore mais il y aura, euh, tu sais le mec super beau qui passe à la télé qui est hyperconnu…

VANESSA : Ouais, O.K., d'accord, ouais, merci Audrey !

DALILA : Il faudra être un peu plus professionnelle quand tu travailleras, hein…

JULIEN : T'inquiète pas Audrey : si t'as un problème, moi je viendrai t'aider.

ALINE : Toi ? Mais quand on aura besoin de toi, toi tu seras à la plage, au soleil avec ton téléphone portable.

JULIEN : Ouais, sauf qu'en juillet, je reste ici : j'apprends à conduire !

ALINE : Oh, ça fait du bien de rire, non ?

Reportage

L'été, c'est une période de travail pour beaucoup d'étudiants. Mais attention : pour avoir un petit boulot, il faut respecter certaines règles ! La première : éviter certaines erreurs pendant l'entretien d'embauche.

– La présentation vestimentaire, donc, avoir une bonne présentation, et puis, euh, oublier tout ce qui concerne les portables qui sonnent en entretien, euh, le chewing-gum, euh, en fait, il suffit d'être naturel.

Serveur, caissière, baby-sitter, trouver un job d'été, ça se prépare dès le printemps. Étudiants et lycéens (à partir de 16 ans) travaillent l'été pour gagner un peu d'argent avant de partir en vacances. D'autres font un stage en entreprise pendant leurs études pour avoir une expérience pratique.

Retour au café

VANESSA : Mais à quoi tu penses, là, Julien, tu rêves ou quoi ?

STÉPHANIE : Mais non, il rêve pas… il sait qu'avec ou sans bac, il pourra toujours devenir chauffeur de taxi… enfin, quand il aura le permis !

TOUT LE MONDE : Allez, tous à Julien !… à Julien !

CORRIGÉS

Unité 1 : Un taxi pour deux
● *Fiction*

1 a et **b** : réponse libre – **2** Belgique, belge, Bruxelles ; France, français(e), Paris ; Sénégal, sénégalais(e), Dakar ; Colombie, colombien(ne), Bogotá ; Japon, japonais(e), Tokyo ; Italie, italien(ne), Rome – **3** Réponse libre – **4** Réponse libre – **5 a** un taxi ; **b** à Paris – **6** Réponses possibles : une femme et deux hommes/à Paris/dans un taxi/les deux passagers prennent le même taxi/ils font connaissance dans le taxi – **7 1** b ; **2** a ; **3** c ; **4** e ; **5** d – **8** un badge ; un bébé – **9** Réponse libre – **10** à la gare Saint-Lazare – **11** La femme ne paie pas le chauffeur de taxi. L'homme paie le chauffeur. L'homme et la femme se disent au revoir. – **12** Réponse libre – **13 a** non ; **b** oui ; **c** on ne sait pas – **14 a** parisienne ; **b** sénégalais ; **c** photographe ; **d** enchanté – **15** Micheline, Leroy, française, Paris, on ne sait pas ; Babacar, Diop, sénégalaise, Dakar, la photo(graphie) – **16** gare, vingt, je, Monsieur, bonne journée, au revoir, bon voyage – **17** Réponse libre – **18 a 1** hausser les épaules ; **2** serrer la main ; **3** montrer du doigt ; **4** lever la main ; **5** serrer la main ; **b** Réponse libre – **19** Réponse libre *Bah*, *ben* et *euh* sont des marques de l'oral dont la fonction est de garder le contact dans la communication orale – **20** Réponse libre.

● *Reportage*

1 Réponse libre – **2** Réponse libre – **3 a**, **b** et **c** : réponse libre – **4** 13 (si l'on compte aussi la Seine) – **5** rues, jardins, tour, place, pont, hôtel – **6** Réponse libre – **7** Réponse libre – **8** Réponse libre.

Unité 2 : C'est le bouquet
● *Fiction*

1 a et **b** : réponse libre – **2** Réponse libre – **3** Réponse libre – **4** Réponses possibles : quatre personnes (deux femmes et deux hommes)/dans un taxi et chez un fleuriste/une femme quitte la boutique du fleuriste – **5 a 1** i ; **2** d, f ; **3** e ; **a** ; **5** b, c, h ; **6** g ; **b** i, d, g, c, e, **4** a, f, b et h ; **c** Réponse libre – **6 a** vrai ; **b** vrai ; **c** faux ; **d** faux ; **e** faux ; **f** vrai – **7** Réponse libre – **8** Réponse libre – **9** Réponse libre – **10 1** a, f ; **2** c, e ; **3** b, d – **11** oui ; **b** on ne sait pas ; **c** oui ; **d** non ; **e** oui – **12 a** fleurs, joli, devant, grandes, à côté, à droite, Monsieur, combien, coûte, bouquet, vingt ; **b** des[z] arums – **13 a** Et maintenant, je clique ; **b** Et mon bouquet est chez mon amie dans trente minutes ; **c** Oh, c'est pas mal ; **d** Allez, à la Bastille, s'il vous plaît – **14** Réponse libre – **15** Réponse libre.

● *Reportage*

1 Réponse libre – **2 a** et **b** : réponse libre – **3 a 5** Un homme avec un chapeau noir ; **b 7** ; **4** ; **2** ; **6** ; **3** ; **1** ; **8** – **4** Howea, Fleuriste Contemporain, L'île aux fleurs, Maison des fleurs – **5 a** non ; **b** oui ; **c** oui ; **d** non ; **e** oui ; **f** non ; **g** oui ; **h** oui – **6** Réponse libre – **7 a**, **b**, **c**, **d**, **e**, **f** et **g** : réponse libre.

Unité 3 : Réunion
● *Fiction*

1 a, **b**, **c** et **d** : réponse libre – **2 1** Châtelet ; **2** Lignes ; **3** RER ; **4** Métro ; **5** Plan ; **6** Orly ; **7** Transport ; **8** Stations ; **9** Aéroports – **3** Réponses possibles : à Paris/dans la rue/à la sortie du métro Saint-Georges/deux hommes/un homme demande son chemin à un autre homme – **4 a** Il s'agit de la station Saint-Georges, sur la ligne 12 du métro, entre les stations Pigalle et Notre-Dame-de-Lorette, dans le 9e arrondissement de Paris ; **b** Un homme regarde le plan du métro parisien. Il ne sait pas bien où aller alors il demande à une personne de lui expliquer le chemin, mais il ne comprend toujours pas très bien ; **c** Réponse libre – **5** on voit le plan de métro pour illustrer le propos et donc aider à comprendre la situation – **6 1** b ; **2** g ; **3** c ; **4** h ; **5** d ; **6** e ; **7** a ; **8** f ; **9** i – **7 a** Quand le taxi arrive ; **b** Plan rapproché taille – **8** je ne veux pas parler avec vous – **9** la musique créé une ambiance un peu mystérieuse, quelqu'un cherche quelque chose, on ressent une certaine tension – **10 a** 12 ; **b** 14 ; **c** B ; **d** l'aéroport – **11 a** faux ; **b** vrai ; **c** faux ; **d** faux ; **e** vrai – **12 a** nager ; **b** de la chance ; **c** vous baigner – **13** L'homme part à la Réunion pour travailler, pas pour les vacances ; le chauffeur connaît et aime beaucoup l'île de la Réunion – **14** Réponse libre – **15** Réponse libre.

● *Reportage*

1 a, **b**, **c** et **d** : réponse libre – **2** une plage, la mer, des montagnes, des nuages, des fleurs, un caméléon, des rochers, le ciel, la lune, le soleil couchant – **3 a** vrai ; **b** faux ; **c** faux ; **d** vrai ; **e** vrai – **4** couleurs, milieu, ouest, sable, centre, montagnes, forêt, exotiques, animaux, côte, mer – **5** Réponse libre.

Unité 4 : Week-end
● *Fiction*

1 Réponse libre – **2** Réponse libre – **3 a** et **b** : réponse libre – **4** Réponses possibles : le chauffeur est devant une boutique/le chauffeur attend des clients/c'est la Maison de l'Aveyron – **5 a** Dans la boutique la Maison de l'Aveyron ; c'est un office de tourisme départemental ; **b** Des clients ; **c** C'est une hôtesse ; **d** Ils veulent des informations sur ce département (pour partir en vacances ou en week-end) – **6** Réponse libre – **7 a** vrai ; **b** vrai ; **c** faux ; **d** vrai ; **e** faux – **8 a** On peut lire Visite des caves ; **b** Réponse libre – **9 a** la main ; **b** parlent ; **c** des brochures ; **d** noir – **10** Réponse libre – **11** Réponse libre – **12** je vous en prie, femme, coin, promener, voudrait, sportifs, Bien sûr, faites, natation, chérie – **13 a** vrai ; **b** vrai ; **c** faux ; **d** vrai ; **e** vrai ; **f** faux – **14 1** g ; **2** d ; **3** e ; **4** a ; **5** c ; **6** b ; **7** f – **15** Réponse libre – **16 a** et **b** : [ɑ̃] : vac**an**ces/c**am**pagne/dét**en**de/inst**an**t… ; [ɔ̃] : informati**on**s/Aveyr**on**/b**on**jour/cherch**on**s/natati**on**… ; [ɛ̃] : informat**ion**/c**oin**/s**ym**pa/b**ien**/**in**stant/b**ien**tôt… – **17** Réponse libre – **18** Réponse libre – **19** l'homme et la femme s'embrassent, se serrent l'un contre l'autre, ils se « câlinent », ils se sourient, ils ont un regard complice… : ils sont très amoureux l'un de l'autre.

● *Reportage*

1 a et **b** : réponse libre ; **c** randonnée, VTT, équitation, nautisme, escalade, vol libre, pêche, neige, golf… – **2** Nature : une forêt, une rivière, des arbres, un cheval, le ciel, un lac, un bateau ; Sports et loisirs : le vélo, l'équitation, le canoë, le ballon ; Industrie et économie : un barrage, une usine, la fabrication de couteaux, des agriculteurs/des éleveurs, un marché aux bestiaux, des vaches – **3 a** Oh regarde, qu'est-ce que c'est vert ! ; **b** C'est sympa pour le week-end ou les vacances ; **c** Tu préfères l'équitation, peut-être ? ; **d** Oh regarde ! Il y a des images de marché – **4** Réponse libre – **5 a** et **b** : réponse libre ; **c 1** Les toits sont roses ; **2** Pour ses gants (et ses peaux, c'est-à-dire le cuir) ; **3** Le parc naturel régional des Grands Causses ; **4** 1829 ; **5** La tomme (de Laguiole) ; **6** Sorgue, Cernon, Dourdou, Rance et Tarn ; **7** Pour son vin ; **d** Réponse libre – **6** Réponse libre.

Unité 5 : Tenue de soirée
● *Reportage*

1 Réponse libre – **2 a**, **b** et **c** : réponse libre – **3 a** Réponses possibles : c'est un reportage sur la fête de Noël/les décorations de Noël à Paris ; **b** la tour Eiffel, l'Arc de triomphe, Notre-Dame – **4** Réponse libre – **5 a** et **b** : réponse libre – **6** C'est un point de vue sur la fête de Noël montrée comme un moment joyeux de l'année. Est-ce pour tout le monde pareil ? – **7** Réponse libre.

● *Fiction*

1 a 3 ; **b** 4 ; **c** 5 ; **d** 6 ; **e** 2 ; **f** 7 ; **g** 1 – **2** des huîtres, un sapin, des cadeaux, un marché de Noël, le père Noël, du champagne : la fête de Noël ; une cuisine, un salon, une chaise, un appartement : la maison ; l'intrus : un manteau – **3** Réponses possibles : la scène se passe à Paris le soir de Noël/un homme et une femme reçoivent deux amis à dîner pour fêter Noël/ils s'offrent des cadeaux – **4** Réponses possibles : le chauffeur porte un bonnet de père Noël, il y a un sapin dans l'appartement, la bouteille de champagne des invités est dorée, il y a des cadeaux, les personnages mangent des huîtres – **5 1** h ; **2** j ; **3** a ; **4** k ; **5** d ; **6** f ; **7** g ; **8** e ; **9** c ; **10** b ; **11** i – **6 a** le soir ; **b** quatre assiettes ; **c** rouge ; **d** un tablier – **7 a** vrai ; **b** vrai ; **c** faux ; **d** vrai ; **e** faux – **8** une terrasse de café ; des bougies ; trois chandeliers – **9** Réponse libre – **10 a** les assiettes ; **b** les verres ; **c** les fourchettes ; **d** les couteaux ; **e** les cuillères ; **f** les serviettes – **11** les serviettes ; **b** des huîtres – **12 a** mon ami(e) ; **b** c'est pas vrai, ça ; **c** oh, regarde… – **13 a** Hélène ; **b** Bernard est pas là ? ; **c** Dans le salon ; **d** Christopher et Clarisse ; **e** C'est vraiment un bel appartement, très agréable ; **f** Qu'est-ce que je te sers ? ; **g** un verre de champagne – **14** pause, bonne, dur, prêt, minuit, marché, allés, truc, vôtre – **15** les quatre amis comprennent qu'ils ont acheté le même cadeau au même endroit, c'est pourquoi ils rient ; **b**, **c**, **d** et **e** : réponse libre – **16 a** Réponse libre ; **b** Christopher : Bon, on fait une pause ? [feyn] enchaînement vocalique ; Bernard : Très bonne idée ! [bɔnide] enchaînement consonantique ; Hélène : Ah, mais on travaille dur ici !! Et quand est-ce qu'on mange ? [mɛɑ̃] enchaînement vocalique + [dyrisi] enchaînement consonantique + [kɑ̃tɛs] liaison obligatoire en [t] – **17** Réponse libre – **18** Réponse libre – **19 a**, **b** et **c** : Réponse libre.

Unité 6 : Entretien
● *Fiction*

1 Réponse libre – **2 a**, **b**, **c** et **d** : réponse libre – **3** Horizontal : **1** annonce ; **2** emploi ; **3** entreprises ; **4** rendez-vous ; **5** secrétaire. Vertical : **6** stress ; **7** arrêter ; **8** pardon ; **9** embauche – **4** Réponses possibles : deux personnes sont dans un taxi :

177

le chauffeur et un jeune homme/le jeune homme a l'air stressé – **5** 1 e ; 2 d ; 3 a ; 4 b ; 5 g ; 6 c ; 7 f – **6 a** et **b** : réponse libre – **7** la séquence est filmée en champ/contre-champ, c'est-à-dire que l'on montre alternativement deux locuteurs qui conversent. C'est une façon de rendre le dialogue plus vivant et d'impliquer le spectateur qui a le sentiment que l'on s'adresse à lui – **8 a** À la Défense ; **b** Il a rendez-vous pour un entretien d'embauche ; **c** Dans une heure ; **d** Il est stressé ; il ne va pas fort ; **e** Il arrête la voiture : il veut répéter l'entretien avec le jeune homme – **9** Réponse libre – **10** Réponse libre – **11** Le chauffeur est avec le jeune homme, en face de lui dans la voiture. Les deux hommes se regardent en silence – **12 c** et **g** sont faux – **13 a** Il va lui faire répéter son entretien d'embauche ; **b** C'est le signe du début de l'entretien ; **c** C'est comme dans un vrai entretien : se serrer la main est un signe de salutation formel ; **d** Le jeune homme donne son CV ; **e** Le jeune homme a réussi son entretien, il remercie le chauffeur de son aide – **14 a** faux ; **b** vrai ; **c** on ne sait pas ; **d** faux ; **e** faux ; **f** vrai ; **g** faux – **15** Réponse libre – **16** Réponse libre.

● *Reportage*

1 a chômage en Europe = Espagne : 11,5 % des actifs ; Luxembourg : 2,3 % des actifs ; France : 9,2 % des actifs ; **b** et **c** : réponse libre – **2** Réponse libre – **3** travail, chiffres, ANPE, conseiller, offres d'emploi, recherches, motivation, étape, recruteur – **4** Réponse libre – **5 a, b, c** et **d** : réponse libre – **6** Réponse libre.

Unité 7 : Plein sud
● *Fiction*

1 Réponse libre – **2 a, b** et **c** : réponse libre – **3** Réponse libre – **4** Réponses possibles : dans un appartement/une famille de quatre personnes (le père, la mère et les deux filles)/une famille part en week-end/en vacances – **5** tee-shirt à fleurs ; valises… – **6** 1 c ; 2 e ; 3 d ; 4 b ; 5 a – **7 a** plan d'ensemble = 0 ; plan de demi-ensemble = 1 (plan de la voiture en train de partir) ; plan moyen = 0 ; plan américain = 4 (plan de la jeune fille brune assise sur son lit, plan de la jeune fille blonde debout dans sa chambre, plan des parents en train de fermer les valises, plan de la famille devant l'ascenseur) ; plan rapproché taille = 1 (plan du père devant la voiture) ; plan rapproché poitrine = 0 ; gros plan = 3 (plan sur la jeune fille blonde, plan sur la jeune fille brune, plan sur les sacs) ; très gros plan = 0 ; **b** Réponse libre – **8** Réponse libre – **9** Réponse libre – **10 a** faux ; **b** faux ; **c** faux ; **d** vrai ; **e** faux – **11** maillots, bronzer, tout, trucs, en, activités, besoin – **12** 1 a ; 2 c ; 3 b ; 4 d – **13 a** Vous pouvez venir nous aider, s'il vous plaît ? ; **b** Moi, les vacances, j'aime bien, mais les valises, merci ! ; **c** Allez vite, tout le monde dans l'ascenseur ; **d** Tout le monde est prêt ? Alors, en route pour Montpellier ! – **14** Réponse libre – **15 a** et **b** : réponse libre – **16 a** et **b** : réponse libre.

● *Reportage*

1 Réponse libre – **2 a** la carte de la France (un hexagone) et une flèche qui indique la région Languedoc-Roussillon ; **b** randonnées (pédestres, équestres ou VTT), escalade, spéléologie, canyoning, pêche en rivière, ski de piste, ski de fond, snowboard, surf, ski de randonnée, raquettes, ski nautique, voile, planche à voile, fun board, plongée sous-marine, scooter des mers, char à voile, cerf volant, kayak de mer, golf… ; **c** cinq aéroports : Carcassonne, Nîmes Arles-Camargue, Montpellier, Béziers-Agde-Vias, Perpignan-Rivesaltes ; **d** 1 Réponse libre ; 2 Port-Camargue, La Grande-Motte, Le Cap-d'Agde, Gruissan, Port-Leucate, Port-Barcarès et Saint-Cyprien ; 3, 4 et 5 : réponse libre ; 6 Comité régional du tourisme, le Millénaire II, 417, rue Samuel Morse, 34960 Montpellier CEDEX 2 – Tél. : 04 67 22 81 00, fax : 04 67 64 47 48, mél : contact.crtlr@sunfrance.com ; 7 réponse libre – **3** Nature : un ciel bleu, un champ de fleurs, des arbres, une rivière, la mer, la montagne, des moutons, une vigne, un taureau ; Sport et loisirs : des personnes qui bronzent sur un bateau, des planches à voile, un cavalier sur un cheval, un enfant qui glisse sur un toboggan aquatique, des cyclistes, une corrida ; Culture et civilisation : un village, un port, des bateaux, des châteaux, une église, des ponts, une fontaine, une arène, une corrida – **4 a** non ; **b** oui ; **c** on ne sait pas ; **d** oui ; **e** oui ; **f** oui – **5** où ; sud ; au bord de ; touristes ; bateau ; natation ; y ; célèbre ; paysages ; sites ; ville ; déteste – **6** Réponse libre – **7** Réponse libre – **8** Réponse libre.

Unité 8 : Les amoureux
● *Fiction*

1 a et **b** : réponse libre – **2** Réponses possibles : à Paris/dans la rue et dans un taxi/un couple âgé et le chauffeur du taxi/ils parlent – **3 a** 65 ans et plus ; **b** françaises ; **c** mal ; **d** mari et femme ; **e** pour aller à un endroit particulier – **4 a** et **b** : réponse libre – **5** 1 a, 2 g, 3 c, 4 e, 5 k, 6 b, 7 h, 8 d, 9 j, 10 f, 11 i – **6 a** vrai ; **b** faux ; **c** vrai ; **d** vrai ; **e** vrai ; **f** faux ; **g** vrai – **7** Réponse libre – **8** f ; d ; c ; b ; a ; e – **9** Réponse libre – **10 a** au Canada ; **b** pour ; **c** a… changé… quarante ; **d** promenait ; **e** m' – **11 a** C'était en juillet, t'avais mis ta robe bleue et blanche ; **b** Il faisait très chaud ; **c** Et puis le dimanche, on retrouvait les copains au café de Cluny ; **d** Ah bah, pour le café Cluny, désolé, mais il a fermé il y a deux ans c'est une pizzeria maintenant – **12** Robert : c, e, j ; la femme : a, b, f, g, h ; le chauffeur : d, i – **13** Réponse libre – **14** Réponse libre.

● *Reportage*

1 a instant, promis, balai, heureuse, pêcheur, foire, manège ; **b** Réponse libre – **2** Sur cette image en noir et blanc on voit deux jeunes amoureux au bord de la Seine à Paris – **3** Il y a quatre intrus dans la liste proposée : une banque, un bébé, une 2 CV, la tour Eiffel – **4** Réponse libre – **5 a** De Robert et de Rose (les personnages du film, quand ils étaient jeunes) ; **b** Elle achète une baguette de pain et rentre chez elle en voiture ; **c** Anne et Pauline ; **d** Elles traversent la place de la Concorde ; **e** À la foire du Trône – **6** 1953, 15, moment, baguette, coin, tard, instant, commencé, heureuse, journée, promis, ensemble – **7 a** (Métro) exemple : depuis Invalides, prendre la ligne 8 jusqu'à la station Porte Dorée ou Porte de Charenton ou Liberté/(RER) exemple : depuis Charles de Gaulle-Étoile, prendre la ligne A du RER jusqu'à la station Nation puis prendre la ligne 6 du métro jusqu'à la station Daumesnil et prendre alors la ligne 8 jusqu'à Porte Dorée ou Porte de Charenton ou Liberté ; **b** 1 1057 ; 2 la foire au pain d'épice ; 3 des cochons en pain d'épice ; 4 1962 ; 5 six semaines ; 6 cinq millions – **8** Réponse libre – **9** Réponse libre.

Unité 9 : Jobs d'été
● *Fiction*

1 Réponse libre – **2** Réponse libre – **3** Réponses possibles : à la terrasse d'un café/six jeunes (cinq filles et un garçon)/ils prennent un verre et ils discutent – **4** Réponses possibles : les jeunes prennent un verre en terrasse ; tout le monde porte un tee-shirt ; il y a du soleil = la scène se passe au printemps (mois de mai ou de juin) ; c'est-à-dire en fin d'année scolaire – **5** en partant de Julien et de gauche à droite = Julien, Stéphanie, Dalila, Audrey, Aline, Vanessa – **6** il y a 11 plans – **7 a** plan d'ensemble = 0 ; plan de demi-ensemble = 3 (plans des six jeunes à table) ; plan moyen = 0 ; plan américain = 0 ; plan rapproché taille = 0 ; plan rapproché poitrine = 4 (2 plans sur Julien et Vanessa et 2 plans sur Aline et Audrey) ; gros plan = 3 (2 plans sur Stéphanie et 1 plan sur Dalila) ; très gros plan = 1 (plan sur l'écran du téléphone portable de Julien) ; **b** Pour dynamiser la séquence ; pour bien voir ce que fait Julien : seul un gros plan peut montrer le jeu – **8** C'est Audrey. C'est le personnage principal de cette séquence – **9 a** et **b** : réponse libre – **10 a** Julien ; **b** Aline ; **c** lèvent leur verre – **11** Réponse libre – **12 a** au lycée ; **b** en week-end ; **c** du bac ; **d** détendu ; **e** fou – **13** portable, gagner, Franchement, semaine, tous, dernier, résultats, détend, complètement, philo, vacances – **14 a** vrai ; **b** faux ; **c** vrai ; **d** vrai ; **e** vrai ; **f** faux ; **g** faux – **15 a** Je vais faire un stage dans une agence de communication ; **b** Je serai l'assistante de l'attachée de presse ; **c** Il faudra être un peu plus professionnel quand tu travailleras, hein ; **d** T'inquiète pas Audrey : si t'as un problème, moi je viendrai t'aider – **16** à quoi tu penses, rêves ou quoi, rêve pas, qu'avec ou sans bac, pourra, quand il aura le permis – **17** 1 c ; 2 b ; 3 a ; 4 d – **18 a** français familier : portable, ouais, c'est bon, cool, le bac, relax, la philo, O.K., le mec, super/hyper, t'inquiète pas ; **b** français standard : téléphone portable, oui, d'accord, détendu, le baccalauréat, détends-toi/ça va, la philosophie, ça va, l'homme/le garçon, très, ne t'inquiète pas – **19** Réponse libre – **20** Réponse libre.

● *Reportage*

1 Réponse libre – **2 a** s'inquiéter ; **b** un stage ; **c** une profession ; **d** être professionnel ; **e** un entretien privé ; **f** un étudiant – **3** 1 d ; 2 f ; 3 c ; 4 g ; 5 e ; 6 b ; 7 h ; 8 a – **4 a** vrai ; **b** faux ; **c** faux ; **d** vrai ; **e** faux – **5** travail, étudiants, boulot, éviter, présentation, portables, serveur, job, lycéens, gagner, vacances, entreprise, expérience – **6** Réponse libre – **7 a** 1 Il s'agit d'un site Internet sur l'emploi des jeunes ; 2 Ce site est spécialisé dans la recherche d'emploi pour les jeunes ; 3 14-25 ans ; 4 Ce service est gratuit ; 5 On peut créer son CV, consulter les offres d'emploi… ; 6 Réponse libre ; **b, c** et **d** : réponse libre.

FICHES PHOTOCOPIABLES

- **Tests**
- **Révisions**
- **Approfondissements**

UNITÉ 1

Test

Compréhension de l'oral

1 Écoutez et associez les dialogues et les dessins.

1 Dialogue .... 2 Dialogue .... 3 Dialogue ....

2 A Écoutez le message et cochez la bonne réponse.

David Moulin est : ❏ photographe. ❏ étudiant. ❏ professeur.

B Écoutez le message et notez le numéro de téléphone de David Moulin. ....

Compréhension des écrits

3 Complétez la fiche de Martine.

Prénom	Martine
Âge	
Profession	
Études	
Elle aime	
Loisirs	

De : martine.girard@yahoo.fr

Je m'appelle Martine et j'habite à Nice. J'ai 26 ans. Je suis étudiante en littérature. J'étudie l'espagnol. J'aime la lecture et la musique classique. Je vais souvent au cinéma. Je cherche une correspondante en Espagne ou en Amérique du Sud.

Production écrite

4 Répondez à l'e-mail de Martine.

UNITÉ 1 — Révision

1 **Trouvez dix mots dans la grille.**

T	I	P	S	I	D	T	A	P	B
O	S	E	O	V	B	E	L	G	E
N	X	C	N	S	Y	N	L	N	A
G	A	R	C	O	N	X	E	I	T
O	T	Y	S	K	O	U	M	S	N
L	O	T	U	U	M	S	A	F	S
F	L	R	F	R	H	A	N	Z	N
R	F	I	L	L	E	E	D	E	L
B	E	R	V	O	U	S	E	M	E
K	A	E	S	P	A	G	N	O	L

2 **Complétez avec *être*, *avoir*, *s'appeler* ou *habiter* et conjuguez les verbes.**

– Quel .... votre nom, s'il vous plaît ?

– Je .... Patricia Germain.

– Et vous .... quel âge ?

– J' .... 23 ans.

– Vous .... à Paris ?

– Non, j' .... à Sarcelles.

– Vous .... étudiante ?

– Non, je .... serveuse dans un bar.

– Et votre ami ?

– Il .... Marc, il .... 36 ans, il .... boulanger.

3 **Indiquez la nationalité de chaque personne.**

Exemple : *Marie habite à Strasbourg. → Elle est française.*

1 Markus habite à Berlin. → Il est ....

2 Anna habite à Rome. → Elle est ....

3 Luis habite à Barcelone. → Il est ....

4 Erik habite à Bruxelles. → Il est ....

5 Akiko habite à Tokyo. → Elle est ....

4 **Complétez avec *mon*, *ma*, *ton*, *son*, *sa* ou *votre*.**

1 Oui, j'habite à Paris, maintenant. Tu as .... adresse ?

2 Lucie ? Elle est professeur de danse et .... mari est photographe.

3 Comment vas-tu ? Et .... amie, elle va bien ?

4 Oui, oui, elle parle allemand ; .... mère est autrichienne.

5 Quel est .... nom, madame, s'il vous plaît ?

6 J'ai 22 ans et .... sœur Alice a 29 ans.

UNITÉ 1 — Approfondissement

1 **Associez chaque ville à un pays. Faites une phrase comme dans l'exemple.**

Exemple : *Rabat, c'est au Maroc.*

| Bordeaux | Montréal | Varsovie | Vienne | Tokyo | Munich | São Paulo | Dakar |

| la Pologne | le Japon | le Brésil | l'Allemagne | le Sénégal | l'Autriche | le Canada | la France |

1 ....
2 ....
3 ....
4 ....
5 ....
6 ....
7 ....
8 ....

2 **Lisez la carte de visite et trouvez les questions et les réponses.**

1 – .... ?
   – Elle s'appelle Marie Cador.

2 – Quelle est sa profession ?
   – ....

3 – Quelle est son adresse ?
   – ....

4 – Quel est son numéro de téléphone ?
   – ....

> **Marie CADOR**
> Dentiste
>
> 25, rue du Bac – 67000 Strasbourg
> Tél. : 03 21 31 10 01

3 **Associez les phrases.**

1 J'ai 18 ans et je m'appelle Cynthia.
2 Salut. Je m'appelle Miloud. J'ai 41 ans.
3 Je m'appelle Elisa. J'ai 53 ans.
4 Bonjour, je m'appelle Marianne et j'ai 32 ans.
5 Moi, c'est Pierre. J'ai 67 ans.
6 Bonjour. Moi, c'est Gil, 29 ans.

a Il a quarante et un ans.
b Elle a cinquante-trois ans.
c Il a soixante-sept ans.
d Elle a dix-huit ans.
e Il a vingt-neuf ans.
f Elle a trente-deux ans.

4 **Teresa cherche une correspondante. Écrivez sa demande.**

> Teresa, 23 ans,
> Varsovie, Pologne
> étudiante de littérature
> aime musique classique et danse
> un frère : Victor, 20 ans

183

UNITÉ 2

Test

Compréhension de l'oral

1 Écoutez et placez les meubles et les objets dans la pièce.

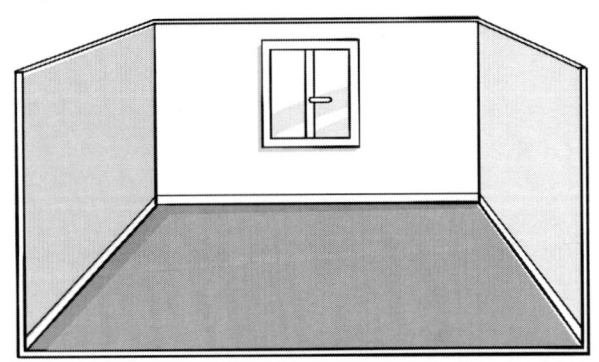

Compréhension des écrits

2 **Passez votre commande.**

Vous cherchez des vêtements pour votre sœur. Elle n'aime pas les pantalons. Elle n'aime pas la couleur rouge. Passez commande de trois articles.

Nom de l'article	Couleur	Références	Taille (vêtement)	Quantité	Prix à l'unité en euros
Pull	noir	RS31	38	2	42
T-shirt	jaune	QP28	large	3	18
Pantalon	vert	QS57	40	2	85
Blouson	rouge	RW36	large	2	110
Jean	bleu	GF94	38	2	57
Chemise	blanc	NO82	-	2	32

BON DE COMMANDE

Nom de l'article	Couleur	Références	Taille (vêtement)	Quantité	Prix à l'unité en euros
Pull					
T-shirt					
Pantalon					
Blouson					
Jean					
Chemise					

Production écrite

3 **Expliquez vos trois choix.**

– Je trouve que ....

– J'aime ....

– La taille ....

– Le prix ....

UNITÉ 2 — Révision

1 Mettez la phrase au pluriel.

1 Tu as une sœur ?
2 Le chat ? Il est sur la chaise.
3 Oui, j'ai un sac noir.
4 Je suis étudiante à Paris.
5 Il a le livre de Julie.
6 Tu es italien ?

2 Complétez la grille et trouvez le mot mystérieux.

1 La table est .... le mur.
2 Les livres sont .... l'étagère.
3 Le chat est .... la fenêtre.
4 Les photos sont .... mon sac.
5 Le fauteuil est à .... de la porte et la chaise à droite.
6 La chaise est .... la fenêtre et les étagères.

3 Répondez à la forme négative.

Exemple : *Véronique a des lunettes ? → Non, elle n'a pas de lunettes.*

1 – Vous avez des photos de votre bébé ?
  –
2 – Tu aimes ce pantalon ?
  –
3 – Vous avez le sac de Marie-Claire ?
  –
4 – Il porte une chemise blanche ?
  –
5 – Les clés sont sur la table ?
  –
6 – Tu as son numéro de téléphone ?
  –

4 Terminez chaque phrase par un adjectif de la liste.

1 Je n'aime pas les vêtements
2 C'est une femme
3 Il a une chemise
4 Nous avons un chat
5 Il porte des lunettes et il est
6 Ces photos sont

a bleue.
b jolies.
c noirs.
d grand.
e blanc et gris.
f blonde.

185

UNITÉ 2 — Approfondissement

1 **Trouvez les questions.**

Exemple : – *Elle trouve que le pantalon est joli.*
– *Comment est-ce qu'elle trouve le pantalon ?*

1 – .... → – Sur la photo, il y a Jacques et Mickaël.
2 – .... → – Elle est grande et brune.
3 – .... → – Blanc et noir.
4 – .... → – 395 €.
5 – .... → – C'est un livre.
6 – .... → – Il porte un jean et un tee-shirt blanc.

2 **Dites quels vêtements portent ces trois personnes.**

1 ....
2 ....
3 ....

3 **Répondez aux questions. Écrivez les chiffres en lettres.**

1 Vous achetez un jean à 120 euros, un tee-shirt à 22 euros et des chaussures à 75 euros.
Ça fait combien ?

....

2 Vous achetez un pantalon à 87 euros. Vous donnez un billet de 100 euros.
Combien avez-vous maintenant ?

....

4 **Remettez le dialogue dans l'ordre.**

a – Comment tu trouves cette affiche ?
b – Et les fleurs dans le vase ?
c – Ce sont des photos de famille. Voici ma femme et mes enfants, voici mes parents et, sur cette photo, ce sont mes cousins Pierre et Marcel.
d – Très jolies aussi.
e – Elle est très jolie.
f – Oui, qui est-ce ?
g – Tu aimes les photos sur les murs ?
h – Les photos vont très bien avec l'affiche.

1	2	3	4	5	6	7	8

UNITÉ 3 — Test

Compréhension de l'oral

1 Écoutez le dialogue et notez le nom de chaque pièce sur le plan.

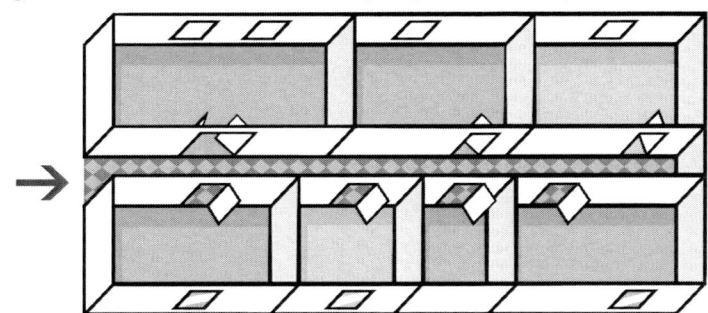

2 Choisissez la bonne réponse.

1 Quelle est la surface de l'appartement ? ❏ 75 m² ❏ 85 m² ❏ 95 m²
2 Quel est son prix ? ❏ 700 €/mois ❏ 800 €/mois ❏ 900 €/mois
3 Il est à quel étage ? ❏ 3ᵉ ❏ 4ᵉ ❏ 5ᵉ
4 Il y a un ascenseur ? ❏ oui ❏ non ❏ cela n'est pas dit

Compréhension des écrits

3 Lisez le message ci-dessous et répondez aux questions.

> Chère Justine,
> Clara et moi, nous sommes à Biarritz en vacances. C'est une très jolie ville au bord de la mer. Nous avons une chambre dans un petit hôtel. Il est à côté de la plage et du port.
> Le matin, nous suivons des cours à l'Institut des langues. Il y a beaucoup d'étudiants. Ils apprennent le français comme nous. L'après-midi, on va à la plage et on visite la ville. Il y a des musées et des monuments intéressants. Le soir, on va au cinéma ou au café. On parle avec les gens. Tout va bien.
> Amitiés,
> Rodolfo

1 Qui écrit cette lettre ? À qui ? ....
2 Clara et Rodolfo : ❏ a sont à l'hôtel. ❏ b louent un appartement. ❏ c sont chez des amis.
3 Ils sont à côté : ❏ a des musées. ❏ b de la plage. ❏ c de l'hôtel de ville.
4 Le matin, ils : ❏ a visitent la ville. ❏ b suivent des cours de français. ❏ c vont au café.
5 L'après-midi, ❏ a ils vont au café. ❏ b ils vont à la plage. ❏ c ils vont chez des amis.
6 Le soir, ❏ a ils suivent des cours. ❏ b ils vont sur le port. ❏ c ils vont au café.

Production écrite

4 Écrivez une petite annonce pour louer l'appartement décrit dans l'exercice 1.

UNITÉ 3 — Révision

1 **Lisez le dialogue et complétez la grille de mots croisés.**

– Allô ! Bonjour madame. Je téléphone pour l'appartement. Il est comment, s'il vous plaît ?

– C'est un appartement dans un .... (1) récent, rue Debussy. Il y a cinq .... (2) : un séjour, deux chambres, une cuisine et une salle de bains. Les fenêtres sont au sud : il est très .... (3).

– C'est à quel .... (4) ?

– Au dernier. Mais il y a un .... (5).

– D'accord. Et dans les chambres, il y a des .... (6) ?

– Oui, monsieur.

2 **Entourez la bonne réponse.**

1 Le café est (au bord de – au coin de) la rue.
2 La banque ? Elle est (près de – chez) la poste, là.
3 Votre hôtel est (au bout de – au bord de) la mer.
4 Ce n'est pas loin, c'est (chez – au bout de) la rue !
5 Prenez la rue (en face de – au nord de) vous.
6 Mais non, la ville est (au bord de – à l'est de) l'île !

3 **Répondez aux questions.**

Exemple : – C'est ton tee-shirt ? → – Oui, il est à moi.

1 – Les photos, elles sont à vous ? – Oui, ...
2 – Ce sont les vêtements de Sophie et d'Anne ? – Oui, ...
3 – C'est le sac du directeur ? – Oui, ...
4 – Ils sont à tes amis, ces livres ? – Oui, ...

4 **A Complétez les dialogues avec les verbes *aller*, *passer*, *prendre* ou *traverser* à l'impératif.**

1 – Pardon, monsieur, je cherche la poste, s'il vous plaît.

– La poste ? Oui, monsieur, alors, ... tout droit et .... la première rue à gauche. Là, il y a un pont ; .... le pont et .... devant le musée d'Art moderne. La poste est à côté du musée.

2 – Paul, où est la poste, s'il te plaît ?

– La poste ? Alors, ... tout droit et .... la première rue à gauche. Là, il y a un pont ; .... le pont et .... devant le musée d'Art moderne. La poste est à côté du musée.

B Complétez avec les verbes à l'impératif de chaque dialogue.

Dialogue 1 : ....
Dialogue 2 : ....
Quelle est la différence ? ....

UNITÉ 3 — Approfondissement

1 Vous cherchez un appartement à louer à Nice. Vous trouvez les trois petites annonces ci-dessous.

1
Appt. récent, central, 4 pièces, 82 m², 5e étage avec ascenseur, salon, 3 chambres, cuis., sdb, calme, 750 euros/mois.
tél. : 04 93 77 04 66

2
Appt. 71 m² dans bel immeuble, séjour, 2 chambres, cuis. moderne, sdb, 2 ét. sans asc., 43, av. Dubouchage, 500 €/mois, appeler le 04 93 75 16 32 le soir.

3
Près du centre, appt. 67 m², séjour, 2 chambres, cuis., salle de bains, 4e ét. avec asc., parking, 27, rue de France, 474 euros par mois. tél. Locapart. 04 93 75 01 93

Complétez le tableau pour comparer les annonces.

	m²	Nombre de pièces	Étage	Ascenseur	Parking	Prix
1						
2						
3						

2 Lisez les indications et complétez le plan.

L'immeuble est au coin de la rue Centrale et de la rue de France.
Le café est en face de l'hôtel.
La poste est au bout de la rue Centrale.
L'hôtel est entre la banque et le restaurant.
Le restaurant est à côté de l'hôtel.
La banque est au coin de la rue de France et de la rue Centrale.

3 Mettez les mots dans l'ordre pour former une phrase.

1 ou – avion – y – en – train – ? – on – va – en

....

2 est – hôtel – c' – au –. – un – de – plage – bord – la

....

3 rue – à – la – prenez – . – première – gauche

....

4 monsieur – , – le – Louvre – , – pardon – du – ? – est – , – où – c' – musée

....

5 nous – avec – numéro – . – allons – y – bus – 12 – le

....

UNITÉ 4

Test

Compréhension de l'oral

1 Écoutez et notez les heures.

a ....
b ....
c ....
d ....

2 Écoutez et complétez le tableau.

	Profession	Lieu de travail	Jours travaillés
Nicolas			
Laura			
Alice			

Compréhension des écrits

3 Lisez le texte et répondez aux questions.

> La vie d'un photographe n'est pas une vie calme. Sonia se lève à 7 heures. Elle prend son petit déjeuner et fait dix minutes de gymnastique.
> À 9 heures, elle a son premier rendez-vous de travail. Elle photographie des sportifs dans plusieurs endroits de la ville. La séance se termine à 14 heures : elle va déjeuner dans un petit restaurant.
> À 16 heures, elle a un autre rendez-vous de l'autre côté de la ville. Elle filme une publicité pour une marque de jeans. Elle quitte le studio à 19 heures. Elle rentre chez elle. Elle dîne le soir avec des amis, à 20 h 30. Elle se couche à 23 heures.

Quel est l'emploi du temps de Sonia ?

1   7 heures : ....
2   9 heures : ....
3   14 heures : ....
4   19 heures : ....
5   20 h 30 : ....

Production écrite

4 Interview. Imaginez cinq questions de la journaliste.

1 ....
2 ....
3 ....
4 ....
5 ....

UNITÉ 4 — Révision

1. Indiquez l'heure de deux façons différentes.

Exemple : 18 h 15 → *Il est six heures et quart. Il est dix-huit heures quinze.*

1 10 h 30 → ....
2 12 h 10 → ....
3 15 h 45 → ....
4 20 h 55 → ....
5 23 h 15 → ....

2. Complétez avec *écoutes, font, regarde, écris, fais* (2 fois), *joue, lis, faisons* (2 fois), *sors, fait*.

– Qu'est-ce que tu .... le soir ? Tu .... de la musique ?
– Ah, non, moi, le soir, je .... le journal ou j'.................... .
– Et ton frère et ta sœur, qu'est-ce qu'ils .... ?
– Tony .... de la natation le lundi soir et le mercredi soir. Et le mardi et le jeudi, il .... au foot. Magali et moi, nous ne .... pas de sport. Et toi ? Qu'est-ce que tu ....
– Oh ! moi, je .... parfois avec des amis. Ou je .... la télé. Mais le mercredi soir, avec mon frère, nous .... du vélo.

3. Indiquez deux professions avec les terminaisons suivantes.

Exemple : *serveur, serveuse*

1 -eur/-euse → ....   3 -teur/-trice → ....
2 -ien/-ienne → ....

4. Trouvez le contraire.

Exemple : *commencer ≠ terminer*

1 un aller simple ≠ ....   3 un départ ≠ ....
2 tôt ≠ ....   4 travailler ≠ ....

5. Mettez les mots dans l'ordre pour former une phrase.

1 heures – matin – à – et – je – lève – le – . – quart – me – six –
....

2 repose – soir – et – de – il – musique – il – se – . – le – la – écoute
....

3 lave – elle – habille – . – et – elle – s'– se – ensuite
....

4 ce – le – promènes – te – week-end – est – ? – tu – que
....

5 général – je – jour – deux – m'– en – , – trois – entraîne – . – ou – par – heures
....

UNITÉ 4 — Approfondissement

1 **Trouvez les questions. Utilisez le *vous* de politesse.**

1 – ....
– Je travaille dans un bar.

2 – ....
– Je commence toujours à 17 heures.

3 – ....
– Vers 1 heure ou 2 heures du matin.

4 – ....
– Oh ! En général, je me lève vers 10 ou 11 heures.

5 – ....
– Le week-end ? Je travaille. Eh oui !

2 **Posez six questions sur l'emploi du temps du dimanche.**

1 les heures de lever
2 le petit déjeuner
3 l'emploi du temps du matin
4 le déjeuner (où, avec qui, quoi)
5 les sorties de l'après-midi
6 les activités du soir

3 **Comparez vos habitudes comme dans l'exemple.**

Exemple : *le tennis – le foot* → *Toi, tu fais du tennis, mais moi, j'aime jouer au foot.*

1 le cinéma – le théâtre
2 la musique – la lecture
3 faire du sport – se reposer
4 la moto – le vélo

4 **Répondez aux questions suivantes.**

1 – Quels sont vos horaires de travail ?
   – ....

2 – À quelle heure est-ce que vous partez le matin et rentrez chez vous le soir ?
   – ....

3 – Quels jours est-ce que vous vous reposez ?
   – ....

4 – Quand est-ce que vous partez en vacances ?
   – ....

5 – Est-ce que vous faites du shopping ? Quels sont les horaires d'ouverture des magasins dans votre ville ?
   – ....

UNITÉ 5 — Test

Compréhension de l'oral

1 Écoutez, regardez la carte et cochez la bonne réponse.

1 Paul et Hugo ont quitté Paris :
   ❏ en train.   ❏ en voiture.   ❏ en avion.

2 Ils ont traversé :
   ❏ Toulouse.   ❏ Bordeaux.   ❏ Lyon.

3 Ils se sont arrêtés :
   ❏ pour téléphoner.   ❏ pour se reposer.   ❏ pour chercher un hôtel.

4 Ils sont arrivés sans problèmes à :
   ❏ Marseille.   ❏ Aix-en-Provence.   ❏ Avignon.

5 Ils ont eu un accident :
   ❏ entre Paris et Lyon.   ❏ entre Lyon et Avignon.   ❏ entre Avignon et Aix-en-Provence.

6 Ils sont rentrés à Paris :
   ❏ en avion.   ❏ en bus.   ❏ en train.

Compréhension des écrits

2 Remettez dans l'ordre la vie du peintre Henri Matisse.

a En 1896, il a fait sa première exposition.
b En 1889, il est tombé malade, est resté au lit et a commencé à peindre.
c En 1917, il s'est installé à Nice et en 1927, il a fait un voyage aux États-Unis.
d En 1891, il est entré à l'école des Beaux-Arts à Paris.
e De 1905 à 1914, il a fait de nombreuses expositions.
f Le 3 novembre 1954, il est mort.
g Matisse est né le 31 décembre 1869.
h En 1898, il s'est marié.
i Il a d'abord fait des études de droit.
j En 1905, il a exposé au Salon d'automne.

1	2	3	4	5	6	7	8	9	10

Production écrite

3 Écrivez un e-mail à des amis pour raconter votre dernière visite dans un musée.

UNITÉ 5 — Révision

Compréhension de l'oral

1 **Regardez les dessins et répondez aux questions.**

1 Qu'est-ce que Mahdi a mangé, à midi ?

....

2 Qu'est-ce qu'il n'a pas mangé ?

....

2 **Mettez les verbes des phrases suivantes au pluriel.**

Exemple : *Tu ne manges pas de salade ?*
→ *Vous ne mangez pas de salade ?*

1 Tu bois du vin avec le poisson ?

....

2 Je mange la dernière crêpe ?

....

3 Tu achètes le journal ?

....

4 Elle boit du café ou du thé, le matin ?

....

5 Est-ce que j'achète du pain ?

....

3 **Entourez la bonne réponse.**

1 Va au Teatro Bettini, la cuisine est très (bon – bonne), et les pizzas sont (excellents – excellentes).

2 D'accord, cet appartement est (grand – grande), mais il est aussi très (bruyant – bruyante).

3 Ces chaussures sont (jolis – jolies) mais un peu (chers – chères), non ?

4 Ses deux frères sont très (sympa – sympas) ! Et très (beaux – belles) !

5 J'aime cet hôtel : il est (petit – petite) et les chambres sont (jolis – jolies).

UNITÉ 5 — Approfondissement

1 Conjuguez les verbes au passé composé. Attention à l'accord du participe passé !

1 – Alors, Étienne, qu'est-ce que tu .... (faire) hier soir ?
   – Je .... (aller) au cinéma avec Mélanie et après nous .... (dîner) dans un restaurant, à Montmartre.
2 – Anne, tu .... (acheter) le lait et les œufs ?
   – Oui, j'........................... (faire) les courses ce matin.
3 – Yasmina et Isabelle .... (aller) à Paris ce week-end : elles .... (visiter) le musée d'Orsay, elles .... (faire) des courses et elles .... (aller) en boîte, samedi soir. Elles .... (rentrer) hier soir.
4 – Mme Lilian ? Ah, je suis désolée, monsieur, Mme Lilian .... (partir).
5 – Combien de temps est-ce que Michel et toi, vous .... (travailler) en Pologne ?
   – Deux ans. Nous .... (rentrer) l'année dernière.

2 Associez les questions et les réponses.

1 Tu es resté combien de temps à La Rochelle ?
2 Quand est-ce que vous revenez ?
3 Combien de temps est-ce qu'il faut pour aller là-bas ?
4 Elle est rentrée quand ?
5 Quand est-ce que tu vas à la piscine, en général ?

a Dans quatre ou cinq jours.
b Le lundi soir et parfois le week-end.
c Trois heures, en train.
d Jeudi dernier.
e Une semaine.

1	2	3	4	5

3 Conjuguez les verbes au passé composé. Attention à l'accord du participe passé !

1 Samedi après-midi, elles .... (venir) chez nous.
2 Samedi soir, nous .... (aller) au cinéma avec mon frère.
3 Dimanche matin, nous .... (monter) à la tour Eiffel.
4 L'après-midi, mes amies .... (repartir) chez elles.
5 Le soir, mon frère et moi nous .... (regarder) la télé.

4 Complétez les questions.

1 – .... est-ce qu'ils ont passé à Paris ? – Quinze jours.
2 – .... est-ce qu'ils sont revenus ? – Depuis une semaine.
3 – Toi, tu y es partie .... ? – Le 17.
4 – Tu y es restée .... ? – Cinq jours.
5 – .... est-ce que tu es rentrée ? – Mercredi dernier.

UNITÉ 6

Test

Compréhension de l'oral

1 Écoutez le dialogue. Complétez les conseils suivants pour préparer un entretien.

1 Habille-toi bien et ....

2 Regarde les gens en face, ..., et ....

3 Pose-leur des questions sur ...., sur ....

4 Montre que ....

Compréhension des écrits

2 Associez les panneaux d'interdiction et leur signification.

Votre ami Omar va au centre de Marseille en voiture. Mais tout est interdit ! Il ne comprend pas toutes les interdictions. Aidez Omar.

a Il n'est pas permis de doubler.
b Interdit à tous les véhicules à moteur
c Il n'est pas possible de rouler à plus de 30 km/h.
d sens interdit
e Il est interdit de tourner à gauche.
f Les piétons ne peuvent pas être ici.

1	2	3	4	5	6

Production écrite

3 Écrivez un e-mail à des amis pour donner des informations sur les difficultés de circulation dans le centre-ville de Marseille.

....
....
....
....
....
....
....

UNITÉ 6 — Révision

1 **Entourez la bonne réponse.**

1 Vous savez (parlé – parler) anglais et allemand ?
2 Est-ce que tu as (travaillé – travailler) ce week-end ?
3 Tu peux (allé – aller) à la poste ?
4 Vous voulez (dîné – dîner) avec nous, demain ?
5 Quand est-ce que vous êtes (arrivés – arriver) ?
6 Je suis (rentrée – rentrer) hier soir.

2 **Mettez le dialogue au pluriel.**

> – Tu sais parler italien et espagnol, toi ?
> – Oui, oui, je sais parler italien, anglais et espagnol.
> – D'accord, mais est-ce que tu peux aussi écrire des lettres dans ces trois langues ?
> – Je peux écrire des lettres en italien et en anglais, oui. Pas en espagnol.
> – Et Alicia* ?
> – Elle est mexicaine, alors elle peut parler et écrire en espagnol, bien sûr. Mais elle ne veut pas travailler avec toi. Et moi, je ne veux pas travailler avec elle…
> – Oh là, là !

* Attention ! Vous devez mettre le dialogue au pluriel.

3 **Transformez les phrases comme dans l'exemple.**

Exemple : *Il est interdit de fumer au cinéma.* → *Ne fumez pas au cinéma.*

1 Vous ne pouvez pas faire de gymnastique dans l'avion. ....
2 Il n'est pas permis de manger dans les musées. ....
3 Il est interdit d'écrire sur les murs de l'école. ....
4 Il ne faut pas dormir pendant le cours. ....
5 Il est interdit d'utiliser le téléphone portable au cinéma. ....

4 **Complétez avec *moi, lui, nous* ou *leur*.**

1 C'est son anniversaire. Téléphone-......... aujourd'hui.
2 Vous partez en vacances ? Écrivez-......... . Je reste ici.
3 Ils n'ont pas les horaires de train. Donne-......... les horaires.
4 Nous sommes à Paris demain. Appelez-......... samedi.

UNITÉ 6 — Approfondissement

1 Complétez les phrases et la grille de mots croisés.

1 J'ai un .... à 15 heures pour un travail.
2 Oui, maintenant elle travaille dans une grande ....
3 Je cherche un .... dans un hôtel ou un restaurant.
4 Jasmine a soixante ans cette année : elle part à la .... dans un mois.
5 Vous êtes candidat ou candidate ? Vous pouvez .... monsieur Leroy au 01 47 52 64 89.
6 Oui, c'est ça ; j'ai cinq ans d'........................... dans l'informatique.

2 Répondez aux questions avec *le, la, l', lui* ou *leur*.

Exemple : – Tu connais Jacques et Marie ?
– Oui, je les connais.
– Non, je ne les connais pas.

1 – Elle invite Marc, ce soir ?
– ....

2 – Tu téléphones à Hélène pour la fête ?
– ....

3 – Vous connaissez mon amie ?
– ....

4 – Elle quitte son mari ?
– ....

5 – Vous offrez un cadeau à Fred et Lucie ?
– ....

3 Complétez les phrases avec *pouvoir* ou *savoir*, conjugués à la bonne personne.

1 Tu .... où il habite.
2 Vous .... apprendre l'italien. C'est une belle langue.
3 Nous ne .... pas jouer au foot dans le jardin.
4 Ils .... utiliser Internet.
5 Tu .... venir à ma fête d'anniversaire ?

4 Complétez les phrases avec *lui, leur, le* ou *l'*.

– C'est l'anniversaire de Rémy. Qu'est-ce qu'on .... offre ?
– On peut .... acheter le dernier iPod.
– Tu es sûr qu'il ne .... a pas ?
– Oui, je .... ai demandé.
– Et la soirée, qui .... organise ? On invite tous ses amis ?
– Oui, il faut .... envoyer une invitation. Je vais .... faire.

UNITÉ 7

Test

Compréhension de l'oral

1 Écoutez et dites ce qu'ils aiment faire. Mettez un plus (+) ou un moins (–) dans les cases correspondant à chacune des personnes.

	Sport	Sorties	Cinéma/Théâtre	Lecture	Télévision	Amis
Marine						
Rémi						
Alexandre						
Sonia						

Compréhension des écrits

2 Lisez cette lettre d'Élodie et Julien à leurs parents. Associez les mots de même sens.

> *Chers parents,*
> *Depuis quelques jours, nous sommes en vacances à la campagne près de Cahors. Nous sommes partis de Paris en voiture avec beaucoup de bagages comme d'habitude. Nous avons d'abord logé deux jours dans un camping. Puis, lundi, nous sommes allés chez nos amis, Paul et Émilie. Ils ont une grande maison dans un joli village de quatre mille habitants au sud-est de Cahors. Nous visitons la région avec eux. Nous avons fait plusieurs excursions, toutes très intéressantes : des monuments magnifiques et un beau village du xve siècle. Nous allons dans une ferme acheter du lait et des œufs. Quelle tranquillité ! Tout va bien et nous ne pensons pas encore au retour.*
> *À bientôt. On vous embrasse très fort.*
> *Élodie et Julien*

1 loger	2 bagages	3 excursions	4 tranquillité
a visites	b calme	c habiter	d valises

1	2	3	4
.....	.....	.....	.....

3 Associez les questions et les réponses.

1 Où ont-ils passé leur première semaine de vacances ?
2 Comment sont-ils partis de Paris ?
3 Qu'est-ce qu'ils ont fait pendant cette première semaine ?
4 Où habitent leurs amis ?
5 Qu'est-ce qu'ils font avec leurs amis ?

a Dans un joli village au sud-est de Cahors.
b À la campagne près de Cahors.
c En voiture, avec beaucoup de bagages.
d Ils visitent la région.
e Ils ont logé dans un camping, puis chez des amis. Ils ont fait des excursions.

Production écrite

4 Écrivez une carte postale à vos parents pour raconter vos dernières vacances.

UNITÉ 7 — Révision

1 Entourez la bonne réponse.

1 Ses amies sont (tous – toutes) venues à la fête pour son départ.
2 Je vais (tout – tous) le temps en vacances dans le sud de la France.
3 Oui, elle est partie (tout – toute) la semaine à la campagne.
4 Ils font du vélo (tous – toutes) les jours !
5 Les Français ne partent pas (toutes – tous) en vacances.
6 (Tous – Toutes) mes sœurs travaillent à Paris maintenant.

2 Terminez chacune des phrases avec une des expressions ci-dessous.

a trop de monde – **b** pas assez grande – **c** pas assez d'activités – **d** trop cher

1 Moi, je ne vais plus au cinéma parce que c'est ....
2 Ils n'achètent pas cette maison parce qu'elle n'est ....
3 Nous n'allons plus en vacances à la mer parce qu'il y a ....
4 Non, on n'a pas aimé cette ville parce qu'il n'y a ....

3 Conjuguez les verbes au passé composé.

Cher Boris,
Inès et moi, nous sommes en Bretagne pour le week-end. Hier matin, nous .... (se lever) assez tôt et nous .... (se promener) dans les rues de Dinan. C'est très joli ! L'après-midi, nous .... (aller) à la plage, à Dinard, et Inès .... (se baigner). Hier soir, nous .... (aller) dans un petit restaurant et nous .... (se coucher) assez tard. Ce matin, Inès .... (se reposer) à l'hôtel et moi, je .... (se promener) un peu sur la plage. Et là, maintenant, nous sommes à Saint-Malo à la terrasse d'un café. À bientôt !
Bisous.
Anita

4 Associez les phrases des dialogues.

1 – Nous commençons à 5 heures demain matin.
2 – On part toutes les deux en week-end à La Baule.
3 – Je travaille trop en ce moment. Je suis fatiguée.
4 – Maman, on va à la plage cet après-midi ?
5 – Nous partons dans cinq minutes.

a – Ah ! oui ? Amusez-vous bien !
b – Baigne-toi dans la piscine de l'hôtel. C'est bien, non ?
c – Oui, alors, habille-toi !
d – Repose-toi un peu.
e – Alors, couchez-vous tôt ce soir !

1	2	3	4	5

UNITÉ 7 — Approfondissement

1 **Imaginez les réponses du dialogue. Utilisez *en, ça, ne … plus* ou *parce que*.**

– Est-ce que vous faites du sport toutes les semaines ?
– ....

– Quels sports préférez-vous, en général ?
– ....

– Est-ce que vous sortez souvent au restaurant ou dans les bars ?
– ....

– Et pourquoi est-ce que vous n'allez plus dans les bars, le soir ?
– ....

– Vous préférez aller au cinéma ou regarder la télévision ?
– ....

– Et enfin, est-ce que vous lisez des livres, des journaux, des magazines ?
– ....

2 **Dites la même chose d'une autre façon.**

1 Il ne faut pas entrer ici. ....
2 Il est interdit de parler au chauffeur. ....
3 Je te demande de ne pas fumer. ....
4 Les chiens ne sont pas admis. ....
5 Tu peux parler moins fort ? ....

3 **Complétez les phrases avec *pouvoir*, *vouloir* ou *savoir*, conjugués à la bonne personne.**

1 – Vous .... venir demain ? – À quelle heure est-ce que vous .... me voir ?
2 – Vous .... comment réussir votre entretien ? – Je pense que oui.
3 – Vous .... rester calme et souriant ? – Oui, je .... essayer.
4 – Vous .... me poser des questions ? – Oui, je .... bien.
5 – Vous .... qu'il faut faire attention. – Oui, je ....

4 **Complétez avec un pronom COD ou COI.**

1 – Vous connaissez la rue Ordener ? – Non, je ....
2 – Ils ont invité ton ami à leur fête ? – Non, ...
3 – Tu as envoyé ton dossier ? – Non, ...
4 – Ils t'ont répondu ? – Non, ...
5 – Tu as acheté un cadeau à ta sœur ? – Non, ...

5 **Imaginez une question pour chaque affirmation.**

1 – .... – Parce que j'aime me baigner.
2 – .... – Oui, j'en fait souvent.
3 – .... – Oui, j'aime beaucoup ça.
4 – .... – Ils sont venus et se sont bien amusés.

UNITÉ 8 — Test

Compréhension de l'oral

1 **Écoutez l'interview. Vrai ou faux ? Justifiez votre réponse.**

1 À 15 ans, elle voulait être photographe. ❏ Vrai ❏ Faux

....

2 Pour ses anniversaires, elle voulait des films. ❏ Vrai ❏ Faux

....

3 Elle ne mettait rien sur les murs de sa chambre. ❏ Vrai ❏ Faux

....

4 Aujourd'hui, elle travaille dans un vidéo-club. ❏ Vrai ❏ Faux

....

Compréhension des écrits

2 **Remettez l'histoire dans l'ordre.**

a Mais ce week-end-là, je suis allé chez ma tante en train, tout seul !
b Moi, quand j'étais petit, j'habitais avec mes parents en Suisse, et tous les week-ends, nous allions chez ma tante en France, de l'autre côté de la frontière.
c Après, je suis souvent allé passer le week-end chez ma tante, et c'était le meilleur moment de la semaine pour moi.
d Avant, nous allions toujours chez ma tante en voiture avec mes parents.
e Un jour, je suis allé chez ma tante tout seul, sans mes parents.

1	2	3	4	5

Production écrite

3 **Décrivez votre chambre quand vous étiez petit(e).**

....
....
....
....
....
....
....

UNITÉ 8 — Révision

1 Lisez les titres de journaux et de magazines, trouvez les mots manquants et complétez la grille de mots croisés.

QUINZE _____ (2)
SUR L'AUTOROUTE A1
On ne connaît pas encore
les _____ (1)
de l' _____ (5).

Cette semaine, dans Le Journal du mercredi, un grand _____ (6) sur les Français en vacances.

LES DEUX CÉLÈBRES ACTRICES RACONTENT
LEURS _____ (4) D'ÉCOLE.
Un _____ (3) à lire pour connaître un peu leur enfance.

2 Imaginez la fin de la phrase. Utilisez *venir de* + infinitif.

Exemple : *Il fumait mais il vient d'arrêter.*

1 Ils étaient au cinéma mais ....
2 J'avais beaucoup de travail mais ....
3 Elle était là ce matin mais ....
4 Nous avions une voiture mais ....
5 Je n'avais pas de nouvelles d'elle mais ....

3 Écrivez les souvenirs de Bertrand à l'imparfait.

1975 : Bertrand a 17 ans. Il est étudiant dans une école de sport.
« Je vais tous les matins à la piscine : je fais deux heures de natation par jour. Ensuite, avec les autres étudiants, nous faisons un footing et nous allons une heure dans une salle de musculation. L'après-midi, j'ai quatre heures de cours. Le soir, je regarde la télé, je lis un peu et je me couche toujours tôt. »

Aujourd'hui, Bertrand a 45 ans. Il se souvient :

« J'allais ....
....
....
....

UNITÉ 8 — Approfondissement

1 **Conjuguez les verbes au passé composé ou à l'imparfait.**

1 Hier soir ? Non, je .... (ne pas aller) au cinéma avec elles.
J' .... (avoir) trop de travail.

2 Oui, oui, ils .... (rester) à la maison parce qu'il .... (pleuvoir).

3 Nous .... (faire) un footing toutes les semaines et, un jour,
nous .... (arrêter).

4 Les voitures .... (rouler) trop vite et il y .... (avoir) un accident.

5 Quand tu .... (téléphoner), j' .... (être) sous la douche.

6 Nous .... (rentrer) très tôt ce matin et vous .... (dormir).

2 **Choisissez un symbole pour chaque mot.**

1 le TGV   ☐ a la rapidité   ☐ b la qualité technique   ☐ c le confort
2 la tour Eiffel ☐ a le tourisme   ☐ b Paris   ☐ c la télévision
3 Marianne   ☐ a la République française ☐ b la femme   ☐ c l'art de la sculpture
4 le vélo   ☐ a le sport   ☐ b le Tour de France   ☐ c le cyclisme

3 **Répondez aux questions : il y a eu un accident. Vous en avez été le témoin.**

1 Pourquoi est-ce que la voiture n'a pas pu s'arrêter pour éviter l'accident ?

....

2 Pourquoi deux voitures ont heurté les deux voitures accidentées ?

....

3 Pourquoi on a transporté deux personnes à l'hôpital ?

....

4 Pourquoi la police est venue sur les lieux ?

....

5 Pourquoi un journaliste vous a interviewé ?

....

4 **Mettez les mots dans l'ordre pour former une phrase.**

1 entreprise – j' – 1995 – ai – de – travaillé – cette – . – 1999 – dans – à

2 accident – s' – à – 27 – est – . – l' – Lyon – octobre – le – passé – 2002

3 1977 – Italie – mari – et – jusqu' – son – elle – . – en – ont – en – habité

4 pris – il – 1988 – de – partir – théâtre – cours – a – des – . – à – de

5 1980 – est – plus – Eva – rencontré – en – j'ai – notre – et – fille – . – née – ans – tard – deux

UNITÉ 9 — Test

Compréhension de l'oral

1 Écoutez le bulletin météo. Associez les informations données avec le matin ou l'après-midi.

1 Nice : 28 degrés.
2 Nice : 20 degrés.
3 À l'ouest, quelques nuages.
4 Paris : 19 degrés.
5 Beau temps dans le sud.
6 Au nord, nuages.
7 Le soleil brillera.
8 Paris : 12 degrés.
9 Nord, arrêt des pluies.

Demain matin	
L'après-midi	

2 Écoutez le dialogue et cochez la ou les bonne(s) réponse(s).

1 Quel métier est-ce que Laurent veut faire ? ❏ informaticien ❏ médecin ❏ infirmier
2 Où est-ce qu'il va faire ses études ? ❏ école supérieure ❏ université ❏ faculté de médecine
3 Quel diplôme est-ce qu'il veut obtenir ? ❏ master ❏ licence ❏ diplôme professionnel
4 Combien d'années d'études est-ce qu'il aura ? ❏ 3 ❏ 4 ❏ 5
5 Où est-ce qu'il espère aller ensuite ? ❏ États-Unis ❏ Inde ❏ Canada

Compréhension des écrits

3 Lisez le texte et répondez aux questions.

Un beau rêve

Depuis son enfance, il faisait un beau rêve. Il voulait découvrir le monde.

« Dès que je pourrai, c'est-à-dire quand j'aurai du temps et de l'argent, je voyagerai dans le monde entier. J'achèterai un bateau et je ferai le tour du monde. Je visiterai des pays lointains. J'apprendrai à connaître d'autres gens et d'autres cultures, d'autres façons de vivre et de penser. Je découvrirai des pays inconnus et j'admirerai les merveilles de la nature. J'apprendrai d'autres langues et je me ferai de nouveaux amis. Je n'irai plus travailler dans un bureau. Je serai libre. Je m'occuperai des autres et je les aiderai… Pour réaliser ce rêve, il faudra beaucoup travailler et je suis prêt à le faire. »

Il a cinquante ans maintenant. Il n'est pas marié. Il économise de l'argent car il a toujours le même rêve. Est-ce qu'il pourra le réaliser un jour ?

1 Quel est le rêve de cet homme ?
2 Comment est-ce qu'il veut voyager ?
3 Qu'est-ce qu'il découvrira à l'autre bout du monde ?
4 À quoi est-il prêt pour réaliser son rêve ?

Production écrite

4 Continuez le texte : que ferez-vous l'après-midi et le soir ?

Demain, la journée sera bien remplie. Le matin, j'irai travailler, comme d'habitude. À midi, je vais aller chez le dentiste. À 13 heures, je déjeunerai avec mes collègues

UNITÉ 9 — Révision

1 Barrez l'intrus.

1 tout de suite – dans une semaine – maintenant
2 supprimer – mettre – installer
3 la météo – le temps – les projets
4 à bientôt – je t'embrasse – bisous
5 ensuite – après – d'abord

2 Entourez la bonne réponse.

1 Quand j'étais petite, je (regardais – regarderai) beaucoup la télé.
2 Dans un mois, je (suis allé – serai) sur la plage.
3 Si nous (avons – aurons) assez d'argent, nous pourrons peut-être changer la voiture.
4 Je vais au cinéma et, après, Pierre et moi, nous (avons dîné – allons dîner) au resto.
5 Quand il (fait – fera) beau, on pourra sortir.
6 L'année dernière, ils (ont acheté – vont acheter) une maison à la campagne.

3 Conjuguez les verbes au futur simple.

1 Je suis sûr qu'elles .... (venir) à la fête, samedi soir.
2 Tu crois qu'elle .... (être) là à cinq heures et quart ?
3 Vous .... (avoir) bientôt des nouvelles de Magda.
4 Est-ce que tu .... (pouvoir) téléphoner à Marie demain ?
5 Je la .... (voir) peut-être à Berlin, la semaine prochaine.
6 Je suis certaine que vous .... (habiter) là-bas, un jour.

4 Associez deux éléments pour former une phrase.

1 Quand vous viendrez à la maison,
2 Quand j'aurai 18 ans,
3 Quand mon mari sera à la retraite,
4 Quand nous serons en vacances,
5 Quand vous irez dans ce restaurant,

a nous irons habiter sur la Côte d'Azur.
b vous serez les bienvenus.
c vous verrez, tout sera excellent !
d nous vous enverrons une carte postale.
e je m'achèterai une voiture.

1	2	3	4	5

UNITÉ 9 — Approfondissement

1 **Complétez l'entretien avec** *l'année prochaine, ensuite, d'abord, tout de suite, dans un mois, trois semaines.*

– Patrick Moreno, quels sont vos projets ?

– Mes projets ? Oh ! là, là ! Je vais .... terminer mon prochain livre et .... je pars .... au Maroc, en vacances. .... , je serai au Japon : je vais rencontrer des étudiants japonais à l'université de Tokyo et de Kanazawa. Et j'ai aussi un autre projet de livre pour ....
Eh oui ! Mais là, ... , je vais prendre du café. Vous en voulez peut-être ?

2 **Imaginez la fin de la phrase.**

Exemple : *Si vous partez vivre à la campagne, tu verras, vous vous ennuierez.*

1 Si j'ai le temps, ...
2 S'il ne fait pas beau demain, ...
3 Si nous achetons cette maison, ...
4 Si vous allez à Paris ce week-end, ...
5 Si, un jour, je suis célèbre, ...

3 **Complétez les phrases avec le futur simple ou avec « *aller* + infinitif » pour exprimer la probabilité ou l'intention.**

1 Ils .... (venir) peut-être nous voir cet été.
2 Ils .... (changer) d'appartement
3 Tout est prêt. On .... (partir).
4 Nous .... (prendre) la voiture s'il fait beau.
5 On .... (faire) les travaux tout de suite.

4 **Conjuguez les verbes au futur.**

Exemple : *Ils sortiront quand (faire beau).*
→ *Ils sortiront quand il fera beau.*

1 J'achèterai une moto quand .... (avoir de l'argent).
2 Vous voyagerez quand .... (arrêter) de travailler.
3 Elles partiront quand .... (vouloir).
4 On pourra se voir quand .... (être) à Paris.
5 Ils prendront leurs vacances quand .... (pouvoir).

CORRIGÉS DES FICHES

UNITÉ 1

Test p. 181

1. 1 dialogue c
   2 dialogue a
   3 dialogue b

   Script
   Dialogue a
   – Bonjour. Je m'appelle Lucie, et toi ?
   – Moi, c'est Émilie.
   – Tu es française ?
   – Non, je suis belge.
   Dialogue b
   – Ton ami est Suisse ?
   – Oui. Il est étudiant.
   – Il habite où ?
   – À Genève.
   Dialogue c
   – Vous vous appelez comment ?
   – Pierre Dupin.
   – Ça s'écrit comment ?
   – Mon prénom : P, I, E, deux R, E. Et mon nom : D, U, P, I, N.
   – Quel est votre numéro de téléphone ?
   – C'est le 04 93 47 21 75.

2. A photographe
   B 01 36 24 10 42

   Script
   Ici le 01 36 24 10 42. David Moulin, photographe, est absent. Laissez un message.

3.
Prénom	Martine
Âge	26 ans
Profession	étudiante
Études	littérature, espagnol
Elle aime	la lecture, la musique classique
Loisirs	cinéma

4. Production libre.

Révision p. 182

1.
T		S			A		
O		O		B	E	L	G	E
N		N			L		
G	A	R	Ç	O	N		
O					O		M	
L					M		A	
F							N	
		F	I	L	L	E	D
				V	O	U	S	E
		E	S	P	A	G	N	O	L

2. – Quel **est** votre nom, s'il vous plaît ?
   – Je **m'appelle** Patricia Germain.
   – Et vous **avez** quel âge ?
   – J'**ai** 23 ans.
   – Vous **habitez** à Paris ?
   – Non, j'**habite** à Sarcelles.
   – Vous **êtes** étudiante ?
   – Non, je **suis** serveuse dans un bar.
   – Et votre ami ?
   – Il **s'appelle** Marc, il **a** 36 ans, il **est** boulanger.

3. 1 allemand   4 belge
   2 italienne 5 japonaise
   3 espagnol

4. 1 mon   4 sa
   2 son   5 votre
   3 ton   6 ma

Approfondissement p. 183

1. • Bordeaux, c'est en France.
   • Montréal, c'est au Canada.
   • Varsovie, c'est en Pologne.
   • Vienne, c'est en Autriche.
   • Tokyo, c'est au Japon.
   • Munich, c'est en Allemagne.
   • São Paulo, c'est au Brésil.
   • Dakar, c'est au Sénégal.

2. 1 Quel est son nom ?
   2 Elle est dentiste.
   3 Elle habite 25, rue du Bac, à Strasbourg.
   4 C'est le 03 21 31 10 01.

3. 1d, 2a, 3b, 4f, 5c, 6e

4. Réponse possible :
   Je m'appelle Teresa. J'ai 23 ans. J'habite Varsovie, en Pologne. Je cherche une correspondante. Je suis étudiante de littérature. J'aime la musique classique et la danse. J'ai un frère. Il s'appelle Victor. Il a 20 ans.

UNITÉ 2

Test p. 184

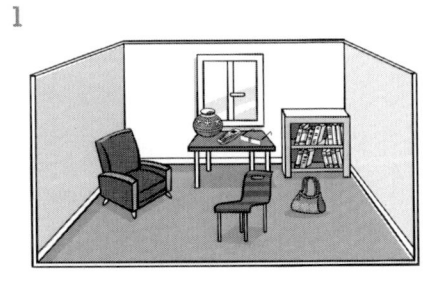

1.

Script
Voici mon bureau. Devant la fenêtre, il y a une table. Elle est contre le mur. Sur la table, il y a un vase bleu, un téléphone noir et mes lunettes. Il y a un fauteuil à gauche de la table. C'est un grand fauteuil rouge. À droite de la table, il y a une étagère avec des livres. Devant la table, il y a une chaise. Et, entre la table et l'étagère, il y a mon sac. C'est un petit sac jaune.

CORRIGÉS des fiches

2 Pull noir, tee-shirt jaune, chemise blanche.

3 Production libre.

Révision p. 185

1 1 Vous avez des sœurs ?
   2 Les chats ? Ils sont sur les chaises.
   3 Oui, nous avons des sacs noirs.
   4 Nous sommes étudiantes à Paris.
   5 Ils ont les livres de Julie.
   6 Vous êtes italiens ?

2 1 contre
   2 sur
   3 devant
   4 dans
   5 gauche
   6 entre
   Le mot est : orange.

3 1 Non, nous n'avons pas/je n'ai pas de photos de notre/mon bébé.
   2 Non, je n'aime pas ce pantalon.
   3 Non, nous n'avons pas/je n'ai pas le sac de Marie-Claire.
   4 Non, il ne porte pas de chemise blanche.
   5 Non, les clés ne sont pas sur la table.
   6 Non, je n'ai pas son numéro de téléphone.

4 1c, 2f, 3a, 4e, 5d, 6b

Approfondissement p. 186

1 1 Qui est sur la photo ?
   2 Comment est-elle ?
   3 Quelles sont les couleurs ?
   4 Il coûte combien ?/Quel est le prix de… ?
   5 Qu'est-ce que c'est ?
   6 Qu'est-ce qu'il porte ?/Quels vêtements est-ce qu'il porte ?

2 1 La grande femme porte une robe, un chapeau blanc et des chaussures noires.
   2 La petite femme porte des lunettes noires, un tee-shirt, un jean et des baskets.
   3 L'homme porte des lunettes, une chemise blanche, un pantalon et un blouson noir.

3 1 Ça fait 217 (deux cent dix-sept) euros.
   2 J'ai 13 (treize) euros.

4 1g, 2f, 3c, 4h, 5a, 6e, 7b, 8d

UNITÉ 3

Test p. 187

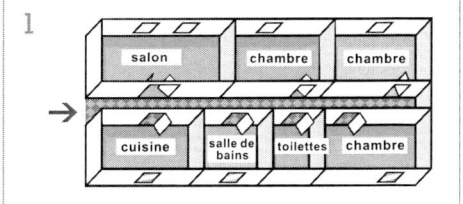

1 [plan : salon, chambre, chambre / cuisine, salle de bains, toilettes, chambre]

Script
– Bonjour. Vous êtes monsieur et madame Morin ?
– Oui, bonjour. C'est pour visiter l'appartement.
– Bien sûr, entrez. Alors, vous voyez, l'appartement est au cinquième étage. Il est très clair. Les fenêtres du salon, à gauche, donnent sur la rue. C'est une grande pièce avec deux fenêtres.
– Et de l'autre côté du couloir ?
– De l'autre côté, en face du salon, vous avez la cuisine.
– Et les chambres ?
– Venez, elles sont au bout de l'appartement. Alors, il y a deux chambres à gauche. Et une chambre à droite. Et, après la cuisine, vous avez la salle de bains et les toilettes.
– Quelle est la surface de l'appartement ?
– 85 m². C'est un quatre pièces.
– Et le prix ?
– 900 euros par mois.
– Bien. Mais… il n'y a pas d'ascenseur ?
– Non. Mais… il y a une terrasse !

2 1 85 m²
   2 900 €/mois
   3 5ᵉ
   4 non

3 1 Rodolfo à Justine
   2a, 3b, 4b, 5b, 6c

4 Production possible :
   appart. à louer 5ᵉ étg. sans ascenseur, 85 m², salon 3 chbres, s. de bains, 900 €/mois

Révision p. 188

1 1 immeuble
   2 pièces
   3 clair
   4 étage
   5 ascenseur
   6 placards

2 1 au coin de
   2 près de
   3 au bord de
   4 au bout de
   5 en face de
   6 à l'est de

3 1 – Oui, elle sont à moi/à nous.
   2 – Oui, ils sont à elles.
   3 – Oui, il est à lui.
   4 – Oui, ils sont à eux.

4 A 1 La poste ? Oui, monsieur, alors, **allez** tout droit et **prenez** la première rue à gauche. Là, il y a un pont ; **traversez** le pont et **passez** devant le musée d'Art moderne. La poste est à côté du musée.
   2 La poste ? Alors, **va** tout droit et **prends** la première rue à gauche. Là, il y a un pont ; **traverse** le pont et **passe** devant le musée d'Art moderne. La poste est à côté du musée.
   B Dialogue 1 : allez – prenez – traversez – passez
   Dialogue 2 : va – prends – traverse – passe.
   Dans le dialogue 1, l'homme indique le chemin à un monsieur et utilise *vous*. Dans le dialogue 2, Paul indique le chemin à un ami et il utilise *tu*.

Approfondissement p. 189

1 1 82 m², 4 pièces, 5ᵉ étage, ascenseur, pas de parking, 750 €
   2 71 m², 3 pièces, 2ᵉ étage, pas d'ascenseur, pas de parking, 500 €
   3 67 m², 3 pièces, 4ᵉ étage, ascenseur, parking, 475 €

2 [plan de quartier : immeuble, café, rue Centrale, rue de France, poste, banque, hôtel, restaurant]

3 1 On y va en avion ou en train ?
   2 C'est un hôtel au bord de la plage.
   3 Prenez la première rue à gauche.
   4 Pardon, monsieur, le musée du Louvre, c'est où ?
   5 Nous y allons avec le bus numéro 12.

209

CORRIGÉS des fiches

UNITÉ 4

Test p. 190

1. a 9 h 20
   b 3 heures et demie
   c 5 heures et quart
   d 22 h 35

   Script
   a – Pardon, vous avez l'heure, s'il vous plaît ?
   – Oui, il est 9 h 20.
   b – Quelle heure est-il ?
   – Il est 3 heures et demie.
   c – Vous avez rendez-vous à quelle heure ?
   – À 5 heures et quart.
   d – Ton train part à quelle heure ?
   – À 22 h 35.

2.
	Profession	Lieu de travail	Jours travaillés
Nicolas		office du tourisme	tous les jours de la semaine
Laura	photographe	studio	4 jours par semaine
Alice	informaticienne	chez elle	

   Script
   – Bonjour, Laura. Je te présente mon amie, Alice.
   – Bonjour ! Alors, Nicolas, comment ça va ? Tu travailles toujours à l'office de tourisme ?
   – Eh oui, j'y vais tous les jours…
   – Tous les jours ? !
   – Heu, enfin… non, pas le week-end !!
   – Et toi, Alice, qu'est-ce que tu fais ?
   – Je suis informaticienne. J'ai beaucoup de travail… Heureusement, je ne vais pas au bureau. Je travaille chez moi. Et toi ?
   – Moi, je fais des photos pour des magazines de mode. Je travaille dans un studio quatre jours par semaine.
   – Bon, on arrête de parler travail ? !…

3. 1 7 heures : elle se lève, elle prend son petit déjeuner, elle fait 10 minutes de gymnastique.
   2 9 heures : elle travaille. Elle photographie des sportifs.
   3 14 heures : elle termine la séance de travail. Elle va déjeuner.
   4 19 heures : elle quitte le studio. Elle rentre chez elle.
   5 20 h 30 : elle dîne avec des amis.

4. Production libre.

Révision p. 191

1. a Il est dix heures et demie. Il est vingt-deux heures trente.
   b Il est midi dix. Il est douze heures dix.
   c Il est quatre heures moins le quart. Il est quinze heures quarante-cinq.
   d Il est neuf heures moins cinq. Il est vingt heures cinquante-cinq.
   e Il est onze heures et quart. Il est vingt-trois heures quinze.

2. – Qu'est-ce que tu **fais** le soir ? Tu **écoutes** de la musique ?
   – Ah, non, moi, le soir, je **lis** le journal ou j'**écris**.
   – Et ton frère et ta sœur, qu'est-ce qu'ils **font** ?
   – Tony **fait** de la natation le lundi soir et le mercredi soir. Et le mardi et le jeudi, il **joue** au foot. Magali et moi, nous ne **faisons** pas de sport. Et toi ? Qu'est-ce que tu **fais** ?
   – Oh ! moi, je **sors** parfois avec des amis. Ou je **regarde** la télé. Mais le mercredi soir, avec mon frère, nous **faisons** du vélo.

3. Réponses possibles :
   1 vendeur/vendeuse, danseur/danseuse
   2 informaticien/informaticienne, musicien/musicienne
   3 directeur/directrice, acteur/actrice

4. 1 un aller-retour
   2 tard
   3 une arrivée
   4 se reposer

5. 1 Je me lève le matin à six heures et quart.
   2 Il se repose le soir et il écoute de la musique.
   3 Elle se lave et ensuite elle s'habille.
   4 Est-ce que tu te promènes le week-end ?
   5 En général, je m'entraîne deux ou trois heures par jour.

Approfondissement p. 192

1. 1 Où est-ce que vous travaillez ?
   2 À quelle heure est-ce que vous commencez ?
   3 À quelle heure est-ce que vous rentrez le soir ?
   4 À quelle heure est-ce que vous vous levez ?
   5 Est-ce que vous travaillez le week-end ?

2. Réponses possibles :
   1 À quelle heure est-ce que vous vous levez le dimanche matin ?
   2 Qu'est-ce que vous prenez au petit déjeuner ? À quelle heure ?
   3 Qu'est-ce que vous faites jusqu'à midi ?
   4 Où est-ce que vous déjeunez ? Avec qui ? Qu'est-ce que vous prenez au déjeuner ?
   5 Où est-ce que vous allez l'après-midi ?
   6 Qu'est-ce que vous faites le soir ?

3. Réponses possibles :
   1 Toi, tu aimes le cinéma, mais moi, j'aime le théâtre.
   2 Toi, tu écoutes de la musique, mais moi, je lis.
   3 Toi, tu fais du sport, mais moi, je me repose.
   4 Toi, tu fais de la moto, mais moi, je fais du vélo.

4. Réponses possibles :
   1 Je travaille de 9 heures à 17 heures.
   2 Le matin, je pars à 8 heures et je rentre chez moi à 18 heures.
   3 Je me repose le samedi et le dimanche.
   4 Je pars en vacances dans quinze jours.
   5 Oui, je fais du shopping. Dans ma ville, les magasins ouvrent à 9 heures.

UNITÉ 5

Test p. 193

1. 1 en voiture.
   2 Lyon.
   3 pour se reposer.
   4 Avignon.
   5 entre Avignon et Aix-en-Provence.
   6 en train.

   Script
   Samedi dernier, Paul et Hugo sont partis de Paris, pour aller dans le sud de la France, à Marseille. À Lyon, ils se sont arrêtés pour prendre de l'essence et pour se reposer. Puis ils sont repartis. Ensuite, ils ont déjeuné à Avignon. Mais, entre Avignon et Aix-en-Provence, ils ont eu un accident : leur voiture est sortie de l'autoroute. Heureusement, il n'y a

CORRIGÉS des fiches

pas eu de blessés ! Paul a téléphoné à un garage. Ils ont attendu une heure sur le bord de la route et on est venu les chercher. Finies, les vacances ! Ils sont rentrés à Paris, en train…

2 1g, 2i, 3b, 4d, 5a, 6h, 7j, 8e, 9c, 10f

3 Production libre.

Révision p. 194

1 1 À midi, Mahdi a mangé des légumes, du poisson et de la salade. Il a bu de l'eau.
   2 Il n'a pas mangé de viande, de pain ou de pommes de terre.

2 1 Vous buvez du vin avec le poisson ?
   2 Nous mangeons la dernière crêpe ?
   3 Vous achetez le journal ?
   4 Elles boivent du café ou du thé, le matin ?
   5 Est-ce que nous achetons du pain ?

3 1 bonne, excellentes
   2 grand, bruyant
   3 jolies, chères
   4 sympa*, beaux !
   5 petit, jolies

* *Sympa* est un adjectif invariable en genre et en nombre, ce qui n'est pas le cas de l'adjectif *sympathique* qui, lui, s'accorde.

Approfondissement p. 195

1 1 – Alors, Étienne, qu'est-ce que tu **as fait** hier soir ?
      – Je **suis allé** au cinéma avec Mélanie et après nous **avons dîné** dans un restaurant, à Montmartre.
   2 – Anne, tu **as acheté** le lait et les œufs ?
      – Oui, j'**ai fait** les courses ce matin.
   3 – Yasmina et Isabelle **sont allées** à Paris ce week-end : elles **ont visité** le musée d'Orsay, elles **ont fait** des courses et elles **sont allées** en boîte, samedi soir. Elles **sont rentrées** hier soir.
   4 – Mme Lilian ? Ah, je suis désolée, monsieur, madame Lilian **est partie**.
   5 – Combien de temps est-ce que Michel et toi, vous **avez travaillé** en Pologne ?
      – Deux ans. Nous **sommes rentrés** l'année dernière.

2 1e, 2a, 3c, 4d, 5b

3 1 elles sont venues
   2 nous sommes allés
   3 nous sommes montés
   4 sont reparties
   5 nous avons regardé

4 1 Combien de temps
   2 Depuis quand
   3 quand
   4 combien de temps
   5 Quand

UNITÉ 6

Test p. 196

1 1 Habille-toi bien et **reste calme pendant tout l'entretien.**
   2 Regarde les gens en face, **écoute-les, et réponds simplement.**
   3 Pose-leur des questions sur **le travail,** sur **les horaires.**
   4 Montre que **tu t'intéresses à l'école.**
   Script
   – Tu cherches toujours du travail ?
   – Oui. Je passe un entretien demain matin.
   – Où ça ?
   – Dans une école de langues, pour être professeur d'anglais.
   – Tu t'es bien préparé ?
   – Oui, je crois, mais je suis un peu stressé…
   – Habille-toi bien et reste calme pendant tout l'entretien.
   – Oui, je sais…
   – Et puis regarde les gens en face, écoute-les et réponds simplement.
   – Oui, d'accord…
   – Pose-leur des questions sur le travail, sur les horaires. Montre que tu t'intéresses à l'école.
   – Bon, je vais voir. Je te téléphone demain pour te raconter…

2 1b, 2f, 3d, 4c, 5e, 6a

3 Production libre.

Révision p. 197

1 1 parler
   2 travaillé
   3 aller
   4 dîner
   5 arrivés
   6 rentrée

2 – **Vous savez** parler italien et espagnol, **vous** ?
   – Oui, oui, **nous savons** parler italien, anglais et espagnol.
   – D'accord, mais est-ce que **vous pouvez** aussi écrire des lettres dans ces trois langues ?
   – **Nous pouvons** écrire des lettres en italien et en anglais, oui. Pas en espagnol.
   – Et **Alicia et Roberta** ?
   – **Elles sont mexicaines**, alors **elles peuvent** parler et écrire en espagnol, bien sûr. Mais **elles ne veulent pas** travailler avec **vous**. Et **nous, nous ne voulons pas** travailler avec elles…
   – Oh là, là !

3 1 Ne faites pas de gymnastique dans l'avion.
   2 Ne mangez pas dans les musées.
   3 N'écrivez pas sur les murs de l'école.
   4 Ne dormez pas pendant le cours.
   5 N'utilisez pas le téléphone portable au cinéma.

4 1 lui   3 leur
   2 moi   4 nous

Approfondissement p. 198

1 1 entretien   4 retraite
   2 entreprise   5 contacter
   3 travail   6 expérience

2 1 Oui, elle l'invite./
     Non, elle ne l'invite pas.
   2 Oui, je lui téléphone./
     Non, je ne lui téléphone pas.
   3 Oui, je la connais./
     Non, je ne la connais pas.
   4 Oui, elle le quitte./
     Non, elle ne le quitte pas.
   5 Oui, je leur offre un cadeau.
     Non, je ne leur offre pas de cadeau.

3 1 sais
   2 pouvez
   3 pouvons
   4 peuvent/savent
   5 peux

4 – C'est l'anniversaire de Rémy. Qu'est-ce qu'on **lui** offre ?
   – On peut **lui** acheter le dernier iPod.
   – Tu es sûr qu'il ne **l'**a pas ?
   – Oui, je **lui** ai demandé.
   – Et la soirée, qui **l'**organise ? On invite tous ses amis ?
   – Oui, il faut **leur** envoyer une invitation. Je vais **le** faire.

211

CORRIGÉS des fiches

UNITÉ 7

Test p. 199

1. Marine : Sport –, Sorties –, Cinéma/Théâtre +
   Rémi : Lecture +, Télévision +
   Alexandre : Sorties +, Cinéma/Théâtre +, Amis +
   Sonia : Sport +, Lecture +, Télévision –

   Script
   – Marine, tu as répondu à l'enquête sur les loisirs des Français ?
   – Oui. J'ai répondu que je ne fais pas de sport, que je vais beaucoup au cinéma et que je ne vais pas dans les discothèques. Et toi, Rémi ?
   – Moi, que j'aime bien regarder la télé le soir et que je lis beaucoup. Comme Alexandre, quoi…
   – Ah, non ! Moi, quand je peux, je préfère sortir avec des amis. J'adore aller au cinéma ou au théâtre… Et toi, Sonia, qu'est-ce que tu as répondu ?
   – Que je fais beaucoup de sport, de la natation en été et du ski en hiver. Que je ne regarde pas la télé et que j'aime lire.

2. 1c, 2d, 3a, 4b

3. 1b, 2c, 3e, 4a, 5d

4. Production libre.

Révision p. 200

1.
   1 toutes   4 tous
   2 tout   5 tous
   3 toute   6 Toutes

2. 1d, 2b, 3a, 4c

3. nous sommes levées – nous sommes promenées – sommes allées – s'est baignée – sommes allées – nous sommes couchées – s'est reposée – me suis promenée

4. 1e, 2a, 3d, 4b, 5c

Approfondissement p. 201

1. Réponses possibles :
   – Est-ce que vous faites du sport toutes les semaines ?
   – Oui, j'en fais toutes les semaines./Non, je n'en fais plus.
   – Quels sports préférez-vous, en général ?
   – En général, je préfère faire du volley-ball mais je n'en fais plus parce que j'ai trop de travail.
   – Est-ce que vous sortez souvent au restaurant ou dans les bars ?
   – Non, je ne sors plus beaucoup dans les restaurants ou les bars.
   – Et pourquoi est-ce que vous n'allez plus dans les bars, le soir ?
   – Je ne sors plus beaucoup dans les bars parce que je n'aime plus ça.
   – Vous préférez aller au cinéma ou regarder la télévision ?
   – Je préfère aller au cinéma parce que c'est plus intéressant.
   – Et enfin, est-ce que vous lisez des livres, des journaux, des magazines ?
   – Non, je n'en lis plus./Oui, j'en lis beaucoup.

2. Réponses possibles :
   1 Il est interdit d'entrer ici.
   2 Ne lui parle pas.
   3 Ne fume pas.
   4 Il est interdit d'entrer avec des chiens.
   5 Parle moins fort !

3. 1 Vous **pouvez** venir demain ?
   – À quelle heure est-ce que vous **voulez** me voir ?
   2 Vous **savez** comment réussir votre entretien ? – Je pense que oui.
   3 Vous **pouvez/savez** rester calme et souriant ? – Oui, je **peux** essayer.
   4 Vous **voulez** me poser des questions ? – Oui, je **veux** bien.
   5 Vous **savez** qu'il faut faire attention ?
   – Oui, je **sais**.

4. 1 Non, je ne **la** connais pas.
   2 Non, ils ne l'ont pas invité.
   3 Non, je ne l'ai pas envoyé.
   4 Non, ils ne **m'**ont pas répondu.
   5 Non, je ne **lui** ai pas acheté de cadeau.

5. Réponses possibles :
   1 Pourquoi est-ce que vous allez à la piscine ?
   2 Est-ce que vous aimez faire du vélo ?
   3 Vous aimez voyager ?
   4 Qu'est-ce qu'ils ont fait ?

UNITÉ 8

Test p. 202

1. 1 Faux. *(Quand j'avais 15 ans, je voulais être actrice.)*
   2 Vrai. *(Pour mes anniversaires, je demandais à mes parents de m'offrir des DVDs.)*
   3 Faux. *(Les murs de ma chambre étaient pleins de photos d'acteurs et d'actrices, d'affiches de films…)*
   4 Vrai. *(Aujourd'hui, j'ai un vidéo-club avec mon mari.)*

   Script
   Quand j'avais 15 ans, je voulais être actrice. Pour mes anniversaires, je demandais à mes parents de m'offrir des DVDs. Et, le week-end, je voulais toujours aller au cinéma ! Les murs de ma chambre étaient pleins de photos d'acteurs et d'actrices, d'affiches de films… Et, bien sûr, je prenais des cours de théâtre. J'adorais ça ! À la fin de l'année, on faisait un spectacle. Mes parents filmaient avec une caméra !
   Et puis… À 18 ans, j'ai commencé des études de commerce… Aujourd'hui, j'ai un vidéo-club avec mon mari. Je loue des DVDs et… je peux regarder des films quand je veux ! Et, le week-end, je donne des cours de théâtre à des enfants.

2. 1b, 2e, 3d, 4a, 5c

3. Production libre.

Révision p. 203

1.
   1 circonstances   4 souvenirs
   2 blessés   5 accident
   3 article   6 reportage

2. 1 Ils étaient au cinéma mais ils viennent de rentrer.
   2 J'avais beaucoup de travail mais je viens de finir.
   3 Elle était là ce matin mais elle vient de partir.
   4 Nous avions une voiture mais (nous n'en avons plus parce que) nous venons d'avoir un accident.
   5 Je n'avais pas de nouvelles d'elle mais elle vient de me téléphoner.

3. J'**allais** tous les matins à la piscine : je **faisais** deux heures de natation par jour. Ensuite, avec les autres étudiants, nous **faisions** un footing et nous **allions** une heure dans une salle de musculation. L'après-midi, j'**avais** quatre heures de cours. Le soir, je **regardais** la télé, je **lisais** un peu et je me **couchais** toujours tôt.

CORRIGÉS des fiches

Approfondissement p. 204

1 1 ne suis pas allé – avais
   2 sont restés – pleuvait
   3 faisions – avons arrêté
   4 roulaient – il y a eu
   5 as téléphoné – j'étais
   6 sommes rentrés – dormiez

2 1b, 2b, 3a, 4b

3 Réponses possibles :
   1 Parce qu'elle n'a pas pu freiner.
   2 Parce qu'elles roulaient trop vite.
   3 Parce qu'elles étaient blessées.
   4 Parce qu'il y a eu un accident.
   5 Parce que j'ai été le témoin de cet accident.

4 1 J'ai travaillé dans cette entreprise de 1995 à 1999.
   2 L'accident s'est passé à Lyon le 27 octobre 2002.
   3 Son mari et elle ont habité en Italie jusqu'en 1997.
   4 Il a pris des cours de théâtre à partir de 1988.
   5 J'ai rencontré Eva en 1980 et notre fille est née deux ans plus tard.

UNITÉ 9

Test p. 205

1 Demain matin : 5, 7, 3, 8, 2
   L'après-midi : 9, 6, 5, 1, 4
   Script
   Demain matin, il fera beau dans le sud. Le soleil brillera. À l'ouest, on verra quelques nuages. Dans le nord, il y aura de la pluie. Les températures varieront de 12 degrés à Paris jusqu'à 20 degrés à Nice. Dans l'après-midi, les pluies s'arrêteront au nord, mais les nuages resteront. Dans le sud, le beau temps continuera. Il fera 28 degrés à Nice et 19 à Paris.

2 1 informaticien
   2 université
   3 licence
   4 3
   5 États-Unis, Inde
   Script
   – Alors, Laurent, tu as eu ton bac ! Félicitations ! Dis-moi, qu'est-ce que tu vas faire maintenant ?
   – Je veux devenir informaticien.
   – Tu vas aller à l'université ?
   – Oui, je pense.
   – C'est combien d'années d'études ?
   – Trois ans pour une licence d'informatique.
   – Et après, qu'est-ce que tu feras ?
   – Je continuerai mes études à l'étranger. J'irai… aux États-Unis ! Ou… en Inde !
   – Super ! Eh bien, je te souhaite bonne chance pour la suite, et encore bravo !

3 1 Il rêve de voyager dans le monde entier.
   2 En bateau, il fera le tour du monde.
   3 Il découvrira d'autres gens et d'autres cultures.
   4 Il est prêt à beaucoup travailler.

4 Production libre.

Révision p. 206

1 1 dans une semaine
   2 supprimer
   3 les projets
   4 à bientôt
   5 d'abord

2 1 regardais
   2 serai
   3 avons
   4 allons dîner
   5 fera
   6 ont acheté

3 1 viendront
   2 sera
   3 aurez
   4 pourras
   5 verrai
   6 habiterez

4 1b, 2e, 3a, 4d, 5c

Approfondissement p. 207

1 d'abord – ensuite – trois semaines – dans un mois – l'année prochaine – tout de suite

2 Réponses possibles :
   1 Si j'ai le temps, j'achèterai un cadeau pour Jasmine.
   2 S'il ne fait pas beau demain, j'irai à mon entretien en voiture.
   3 Si nous achetons cette maison, nous supprimerons le mur entre les deux pièces.
   4 Si vous allez à Paris ce week-end, vous verrez Claire et François.
   5 Si, un jour, je suis célèbre, je ferai beaucoup d'interviews.

3 1 viendront
   2 vont changer
   3 va partir
   4 prendrons
   5 va faire

4 1 j'aurai
   2 vous arrêterez
   3 elles voudront
   4 nous serons
   5 ils pourront

CORRIGÉS DU CAHIER D'EXERCICES

LEÇON 1
Bienvenue ! p. 4

1.
   1 mari
   2 monsieur
   3 étudiant
   4 voisin
   5 français
   6 espagnol
   7 allemand
   8 italien

2. **A**
   1 Elle est italienne/espagnole.
   2 Il est italien/espagnol.
   3 Elle est allemande/autrichienne.
   4 Il est français/canadien.

   B
   1 l'Italie
   2 l'Allemagne
   3 le Japon
   4 l'Espagne
   5 la France
   6 les États-Unis

3.
   1 F
   2 M
   3 F
   4 F
   5 M
   6 F
   7 M
   8 M

4.
   1 Vous, êtes
   2 Tu, tu
   3 Elle, s'appelle

5.
   1 Vous
   2 Il
   3 il
   4 Elle
   5 je

6.
   1 est, s'appelle
   2 êtes, vous appelez
   3 suis, m'appelle
   4 est, s'appelle
   5 suis, m'appelle

7.
   1 êtes, je
   2 Qui, Elle
   3 Tu, suis, m'appelle

8. 1b, 2a, 3d, 4e, 5c.

LEÇON 2
Qui est-ce ? p. 6

1.
   1 F
   2 M/F
   3 M/F
   4 M/F
   5 M
   6 M

2.
   1 assistante
   2 belge
   3 rendez-vous
   4 espagnol

3.
   1 Le
   2 La
   3 Le
   4 L'
   5 L'
   6 le

4.
   1 C'est l'étudiant polonais.
   2 C'est l'assistant allemand.
   3 C'est le directeur commercial.
   4 C'est le secrétaire belge.
   5 C'est le photographe espagnol.
   6 C'est le dentiste italien.

5. **A**
   1 en Belgique, en Pologne
   2 au Mexique, au Japon
   3 en Allemagne, en Autriche

   B
   1 en
   2 au
   3 en
   4 en
   5 au
   6 au

6. 1e, 2c, 3b, 4d, 5a, 6f.

7.
   1 Wolfgang Burrichter est allemand. Il habite à Düsseldorf, en Allemagne.
   2 Lin Ng est chinoise. Elle habite à Hong Kong, en Chine.
   3 Anna Angelini est italienne. Elle habite à Rome, en Italie.
   4 Ken Miura est japonais. Il habite à Tokyo, au Japon.

LEÇON 3
Ça va bien ? p. 8

1.
   1 âge
   2 adresse
   3 hôtel
   4 numéro
   5 chambre

2.
   1 C'est une Autrichienne. Son mari est autrichien.
   2 C'est une Mexicaine. Son mari est mexicain.
   3 C'est une Chinoise. Son mari est chinois.
   4 C'est une Allemande. Son mari est allemand.
   5 C'est une Belge. Son mari est belge.

3.
   1 sa
   2 votre
   3 ma, son
   4 ton, mon
   5 son
   6 mon, ton

4.
   1 va, va, as
   2 allez, vais
   3 va, a
   4 vais, va
   5 a, ai

5.
   1 m'appelle, ai, suis, ai
   2 vous appelez, avez, êtes, avez

6.
   1 Vous avez quel âge ?/Tu as quel âge ?
   2 Vous habitez où ?/Tu habites où ?
   3 Quel est votre numéro de téléphone ?/Quel est ton numéro de téléphone ?
   4 Quelle est votre adresse e-mail ?/Quelle est ton adresse e-mail ?

7. 1c, 2e, 3a, 4d, 5b.

8. **A**
   a 01 43 36 20 18
   b 04 49 12 60 21
   c 03 51 18 32 09
   d 02 21 33 14 52
   e 01 44 61 12 27

   B
   a dix-huit
   b vingt-trois
   c trente-deux
   d quarante-sept
   e cinquante-cinq
   f soixante et un

LEÇON 4
correspond@nce.com p. 10

1. Salut. Je cherche une correspondante. Mon prénom, c'est Caroline. Je suis étudiante et j'habite à Berne, en Suisse. J'aime la littérature, le cinéma et je parle français et allemand. J'ai un frère, il est étudiant aussi. Mon père est boulanger et ma mère est secrétaire. J'ai 18 ans.

2. Nom : on ne sait pas.
   Prénom : Caroline
   Adresse : Berne, Suisse
   Numéro de téléphone : on ne sait pas.
   Âge : 18 ans

CORRIGÉS du cahier d'exercices

Nationalité : suisse
Profession : étudiante
Profession du père : boulanger
Profession de la mère : secrétaire

3 Elle s'appelle Amélie Morin, elle est française, elle a 38 ans (en 2008) et elle habite 56, boulevard Bloch à Nantes. Elle est photographe. Elle parle espagnol. Elle aime le cinéma et la musique classique.

LEÇON 5
Trouvez l'objet p. 11

1 **1** Ce sont des chaises.
   2 Ce sont des fleurs.
   3 Ce sont des livres.
   4 Ce sont des photos.

2 **1** une chaise
   2 une affiche
   3 une fenêtre
   4 un téléphone
   5 une assiette

3 **1** Dans la pièce, il y a des meubles : *une table,* une chaise, un fauteuil et un lit, et des objets : une affiche, un chapeau, un sac, un téléphone, un ordinateur, un livre, un blouson.
   2 Sur la table, il y a : un vase, une assiette, un verre.

4 **1** Les, la
   2 le, l'
   3 des, la
   4 une
   5 un, une

5 **1**c, **2**d, **3**f, **4**a, **5**e, **6**b.

6 **1** Sur les tables, il y a des verres et des vases.
   2 Il y a des affiches sur les murs.
   3 Ce sont des affiches.
   4 Il y a des photos à côté des étagères.
   5 Il y a des chats sur les fauteuils.

7 **A** Il y a des livres sous un fauteuil. Il y a une chaise sur une table. Il y a un vase sur le fauteuil. Il y a des photos sous la table. Il y a une affiche sur la table et sous la chaise. Il y a un blouson entre le fauteuil et la table. Il y a un chat, un chapeau et des fleurs sur les étagères.
   B Les livres sont sur les étagères. La chaise est devant la table. Le vase est sur la table. Les photos et l'affiche sont sur le mur. Le blouson et le chapeau sont sur la chaise. Le chat est sur le fauteuil. Les fleurs sont dans le vase.

LEÇON 6
Portrait-robot p. 13

1

								T
		C	H	E	M	I	S	E
P	A	N	T	A	L	O	N	E
U		B	L	O	U	S	O	N	S
L			N					H
L	B	A	S	K	E	T	S	I
			T					R
	M	A	N	T	E	A	U	T
J	E	A	N		E			
C	H	A	U	S	S	U	R	E	S

Horizontalement : chemise, pantalon, blouson, baskets, manteau, jean, chaussures.
Verticalement : pull, lunettes, tee-shirt.

2 **1** des lunettes
   2 un portrait
   3 petit
   4 jean

3 **1**d, **2**f, **3**a, **4**b, **5**e, **6**c.

4 **1** Nous avons des blousons noirs.
   2 Vous avez des jeans bleus.
   3 Ils ont des chemises jaunes.
   4 Elles ont des robes vertes.
   5 Ils ont des tee-shirts blancs.

5 **1** Elle, elle est italienne. Toi, tu es japonais.
   2 Lui, il est professeur. Elle, elle est étudiante.
   3 Vous, vous avez des baskets blanches. Lui, il a des chaussures noires.
   4 Toi, tu as un pantalon noir. Lui, il a un jean bleu.
   5 Elle, elle est brune. Vous, vous êtes blond.

6 **1** Nous avons des chapeaux noirs.
   2 Ils ont des baskets rouges.
   3 Vous avez des chaussures blanches.
   4 Elles ont des robes bleues.
   5 Vous avez des pull-overs verts.

7 **1** Ils ne portent pas de lunettes.
   2 Je n'ai pas de blouson.
   3 Vous n'avez pas de baskets.
   4 Ils n'ont pas de chemises blanches.
   5 Nous ne portons pas de tee-shirts rouges.

8 **1** Ce sont ses chaussures.
   2 Ce sont leurs sacs.
   3 Ce sont ses vestes.
   4 Ce sont vos lunettes.
   5 Ce sont tes chemises.
   6 Ce sont nos manteaux.

LEÇON 7
Shopping p. 15

1 **1**d, **2**a/c, **3**e, **4**b, **5**a/c.

2 **1** Cette, ces   **4** ce
   2 ces   **5** ce, cette
   3 cette   **6** Cet

3 **1** Quels   **4** quelles
   2 combien   **5** quel
   3 Comment

4 **1** 93   **5** 979
   2 71   **6** 488
   3 78   **7** 261
   4 119

5 **1**e, **2**d, **3**a, **4**b, **5**c.

6 **1** Non, je n'aime **pas** cette couleur.
   2 Non, ce n'est **pas** grand.
   3 Et elles **ne** sont **pas** chères.
   4 Je **ne** porte **pas** de chaussures jaunes.
   5 Non, je **ne** prends **pas** ce tee-shirt.

7 **1** Ce tee-shirt est très cher.
   2 Ces chaussures sont très grandes.
   3 Ce sac est très petit.

8 **1**g, **2**e, **3**h, **4**i, **5**c, **6**a, **7**f, **8**d, **9**b.

LEÇON 8
Le coin des artistes p. 17

1 • L'homme à gauche est petit et blond. Il porte un pantalon gris, des chaussures, un tee-shirt blanc et un blouson noir.
   • L'homme à droite est grand et brun. Il porte un pantalon noir, une chemise blanche, des baskets et des lunettes.

2 Réponse 1.

LEÇON 9
Appartement à louer p. 18

1

T	A	S	C	E	N	S	E	U	R
O		C	H	A	M	B	R	E	P
I	M	M	E	U	B	L	E	C	L
L	E		P					U	A
E	T		I				I	C
T			E					S	A
T	G		C	O	U	L	O	I	R
E	E		E				I	N	D
S	A	L	O	N		T		E	
			P	A	R	K	I	N	G

Horizontalement : ascenseur, chambre, immeuble, couloir, salon, parking.
Verticalement : toilettes, étage, pièce, lit, cuisine, placard.

215

CORRIGÉS du cahier d'exercices

2 En haut de gauche à droite : toilettes, chambre 1, salle de bains, chambre 2. En bas de gauche à droite : salon, cuisine, bureau.

3
1 Où est la chambre ?
2 Où se trouve la cuisine ?
3 Où sont les toilettes ?
4 Où sont les placards ?
5 Où se trouve l'immeuble ?

4 L'immeuble est **au coin** de l'avenue Albert Ier et de la rue du Palais. C'est un immeuble ancien de trois étages. L'appartement est au deuxième et, **dans** l'appartement, il y a trois pièces. La chambre, la salle de bains et les toilettes sont **à droite** de l'entrée et, **au bout** du couloir, il y a le salon et la cuisine. Il y a des placards **dans** les chambres.

5
1 Elle habite avec eux.
2 Il y a combien de chambres chez vous ?
3 Oui, c'est calme chez eux/elles.
4 Ma mère habite avec nous.
5 Elles ont un grand salon chez elles.

6 C'est un grand salon avec deux fenêtres. Il y a une grande photo sur le mur à gauche et trois photos sur le mur en face de nous. À gauche, il y a une table et quatre chaises. Il y a quatre verres sur la table. À droite, il y a deux fauteuils, une petite table et une étagère contre le mur, sous la fenêtre.

7 1er étage : Suzanne Barbier.
2e étage : Jean et Chantal Tillier.
3e étage : Paul et Virginie Leroy.
4e étage : Donatien Nurumbi.
5e étage : Valérie Dutronc.

LEÇON 10
C'est par où ? p. 20

1
1 voiture   3 à pied
2 aimer   4 ensuite

2
1 une banque, une poste, un musée, une bibliothèque, une école, un magasin, un opéra.
2 aller, arriver, continuer, passer, prendre, tourner, traverser.
3 à pied, le bus, le taxi, la moto, le métro, la voiture, les rollers, le vélo, un Vélib.

3 1c, 2d, 3a, 4e, 5b.

4 Phrases 1, 3, 4, 6, 7.

5
1 – Vous passez à la poste comment ?
– J'y passe en voiture.
2 – Tu vas à la gare comment ?
– J'y vais à pied.
3 – Elle va à Strasbourg comment ?
– Elle y va en bus.
4 – Ils vont au musée comment ?
– Ils y vont en métro.

6
1 au, du   4 de l'
2 à la, de la   5 au, à l'
3 à l', de la

7
1 Oui, elles y vont.
2 Oui, j'y vais.
3 Oui, ils y entrent.
4 Oui, nous y allons.
5 Oui, ils y sont.

8 1e, 2c, 3a, 4b, 5d.

LEÇON 11
Bon voyage ! p. 22

1
1 AEROPORT
2 ILE
3 OUEST
4 CHAMBRE
5 VISITE
6 AGENCE
7 MER

2 1d, 2f, 3e, 4b, 5a, 6c.

3
1 Les deux hôtels ont des chambres avec une salle de bains, l'air conditionné et la télévision.
2 À l'Hôtel du Nord, il y a 30 chambres avec une salle de bains, la télévision, l'air conditionné, une salle de sport et une piscine.
Il n'y a pas de terrasse en face de la mer, pas de bar, pas de plage, pas de parking et pas de restaurant.
3 À l'Hôtel de la plage, il y a 55 chambres avec terrasse en face de la mer, un bar, un parking, un restaurant, un jardin.
Il n'y a pas de salle de sport, pas de piscine.

4 Vous arrivez **en bateau** et vous allez **en bus à** votre hôtel, le Calypso. Cet hôtel est à Saint-Pierre : c'est **au sud de** l'île, **au bord de** la mer ; vous avez une chambre avec une terrasse. Vous visitez Saint-Pierre **à pied** et vous allez **au centre de** l'île **en** hélicoptère.

5 On = nous : 1, 2, 4, 5.
On = les gens : 3, 6.

6 Réponses possibles :
1 Où est Saint-Denis ?
2 C'est comment, Saint-Denis ?
3 Est-ce que le voyage est cher ?
4 Qu'est-ce que c'est, la Réunion ?

7
1 C'est une petite ville avec un grand aéroport.
2 C'est un hôtel avec une grande piscine.
3 C'est une chambre avec une petite salle de bains.
4 C'est un restaurant avec l'air conditionné.
5 C'est un appartement avec une belle terrasse.

LEÇON 12
Marseille p. 24

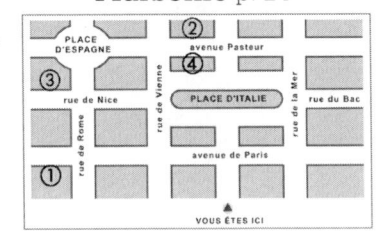

1 [plan avec PLACE D'ESPAGNE, avenue Pasteur, rue de Nice, rue de Vienne, PLACE D'ITALIE, rue de la Mer, rue du Bac, rue de Rome, avenue de Paris, VOUS ÊTES ICI]

2 Réponse possible :
Cher Greg,
Je suis en Corse avec Pascal. Cette île est au sud de la France. Nous sommes à l'hôtel Azur, à Ajaccio, au bord de la mer. Les chambres sont très sympa : il y a le téléphone, la télévision et l'air conditionné. Nous avons aussi de très grandes salles de bains. On visite l'île en voiture et aussi en vélo. On aime beaucoup la ville de Bastia, au nord. Ce week-end, nous allons dans le sud : on visite Bonifacio.
À bientôt, bises,
Anne

LEÇON 13
Un aller simple p. 25

1
1 pars, prends
2 prenez, partons
3 partent, prennent
4 part, prend
5 partez, prenons

2
1 je sors, tu sors, il/elle sort, nous sortons, vous sortez, ils/elles sortent.
2 je comprends, tu comprends, il/elle comprend, nous comprenons, vous comprenez, ils/elles comprennent.

3 1d, 2b, 3e, 4a, 5c.

4
1 Oui, à 12 h 20.
2 Il y a un bus à 13 h 35 et à 15 h 50.
3 Non, il est à 13 h 35.
4 Il arrive à 16 h 05.
5 Non, il passe par Orléans.

5 Réponses possibles :
1 Vous partez quand ?
2 Quelle heure est-il ?/Il est quelle heure ?
3 Où est-ce que son train arrive ?
4 À quelle heure est-ce qu'il part ?

CORRIGÉS du cahier d'exercices

6 Réponses possibles :
  1 Quelle heure est-il ?
  2 Quand est-ce que tu vas à la banque, ce matin ou cet après-midi ?
  3 Je voudrais un billet pour l'avion de dix-huit heures, s'il vous plaît.
  4 Est-ce que le train de neuf heures sept est complet ?
  5 Quand est-ce qu'ils partent ?

7 **1** Le premier jour de la semaine est lundi.
  2 Il y a (le) jeudi.
  3 Il y a (le) samedi.
  4 mercredi dix-neuf
  5 Réponse libre.

8 **1**c, **2**g, **3**a, **4**h, **5**b, **6**i, **7**e, **8**j, **9**d, **10**f.

9 **1** Il est dix heures en‿Italie.
  2 Il y a un‿avion à sept heures.
  3 Ils‿ont‿un train à dix heures.
  4 Ils‿ont trois‿amis chez‿eux.
  5 Vous‿avez deux‿avions pour Barcelone ce soir.
  6 Il arrive à Avignon à deux‿heures et demie.

LEÇON 14
À Londres p. 28

1 **1**g, **2**e, **3**f, **4**b, **5**d, **6**h, **7**a, **8**i, **9**c.

2

	3	4					6
1 T	R	A	V	A	I	L	L	E
	E	A					S
	U	C					E
	N	A					U
	I	N			5		L
	O	C			T		E
	N	E					M
		2 S	E	M	A	I	N	E
					R		N
					D		T

3 **1** faites
  2 travaille, habitons
  3 fait, rentre
  4 commences
  5 partent, rentrent
  6 font, joue

4 **1** Quand est-ce qu'ils arrivent ?
  2 Où est-ce que tu vas ?
  3 Qu'est-ce que vous faites le week-end/ le samedi et le dimanche ?
  4 Comment est-ce qu'elle part ?

5 Lui, il travaille tous **les** jours, du lundi au vendredi. Il part tôt **le** matin, à 6 heures 30 et il rentre tard **le** soir. Elle, elle travaille **du** lundi **au** jeudi, quatre jours **par** semaine. **Le** reste de la semaine, elle est chez elle.

6 **1** Elle est informaticienne.
  2 Elle est musicienne.
  3 Elles sont serveuses.
  4 Elle est vendeuse.
  5 Elle est directrice d'une agence de tourisme.

7 **1** faites
  2 faisons
  3 font
  4 fais
  5 fait

8 **1**c, **2**e, **3**d, **4**b, **5**a.

9 **1** Qu'est-ce qu'elle fait ?
  2 Est-ce qu'elle travaille tous les jours ?
  3 Quand est-ce que vous partez ?
  4 Est-ce que tu vas à Paris toute la semaine ?
  5 Où est-ce qu'ils travaillent ?

10 [ɑ̃] dans, chambre, Quand, commences, vendredi, en, Pantin
  [ɔ̃] son, nom, réunion, font, vont Delmont, son, vont
  [ɛ̃] cinq, vingt, train, Pantin, matin

LEÇON 15
Le dimanche matin p. 31

1

N	A	T	A	T	I	O	N
	V	E	L	O			
F	O	O	T	I	N	G	
	G	Y	M	N	A	S	T	I	Q	U	E
A	T	H	L	E	T	I	S	M	E
			S	K	I		

2 **1** écrivez, écris
  2 lisez, lis
  3 écrivent, lisons

3 **A** **1**c, **2**e, **3**a, **4**b, **5**d.
  B Réponse possible :
  Du lundi au vendredi, à huit heures du matin, je suis dans le métro. Je vais à l'université./À huit heures, je suis au lit. Je me lève à neuf heures tous les jours.

4 **1** Ils font de la natation.
  2 Vous faites du ski.
  3 Nous faisons de l'athlétisme.
  4 Elles font du jogging.

5 **1** Ils jouent au tennis.
  2 Nous jouons au rugby.
  3 Tu joues au basket.

6 **1** Le samedi matin, ils font tous le ménage.
  2 Le samedi, ils déjeunent chez leurs enfants.
  3 Le soir, ils écoutent de la musique avec leurs amis.
  4 Nous faisons du jogging tous les matins.

7 **1** se   **3** me, m'   **5** vous
  2 te   **4** se

8 **1** a, d, g, h, j.   **4** c, e, i.
  2 a, h.   **5** a, b, f, h.
  3 c, i.

9 **1** le vendredi   **3** le samedi
  2 mardi   **4** le dimanche

10 **1** Est-ce que tu te laves avant de prendre ton petit déjeuner ?
  2 Est-ce que tu te reposes le dimanche après-midi ?
  3 À quelle heure est-ce que tu rentres le soir ?
  4 Quand est-ce que tu fais du tennis et de la natation ?
  5 Quand est-ce que tu es au bureau ?

LEÇON 16
Une journée avec Laure Manaudou p. 34

1 **1**c, **2**j, **3**g, **4**k, **5**h, **6**e, **7**a, **8**i, **9**d, **10**b, **11**f.

2 **1** Yolaine va au cinéma jeudi soir, à 20 heures. Le film s'appelle *Huit femmes*.
  2 Oui, elle fait du sport le mercredi. Elle a un cours de gym(nastique) à 19 h 15.
  3 Cette semaine, elle va au restaurant mercredi, à midi et demi. Le restaurant s'appelle le Petit Paris.
  4 Jeudi après-midi, elle a rendez-vous chez le dentiste.
  5 Elle a rendez-vous avec le professeur de sa fille mercredi à 18 heures.
  6 Oui, elle travaille vendredi matin. Elle a une réunion avec les directeurs.
  7 Le week-end prochain, elle va à La Baule en train/TGV.

3 De : vbonnot@institutdelangues.com
  À : mburrichter@tooyoo.com
  Objet : réponse à votre demande d'informations
  Monsieur,
  Merci de votre e-mail. Il y a un bus entre la gare et l'institut de langues. C'est le bus numéro 10 (ligne 10 : Place de Verdun > Les Minimes). L'institut de langues est à côté de l'université. Le bus 10 passe à la gare à 8 h 25 et arrive à l'université à 8 h 30. Il y a un autre bus à 8 h 40. Il arrive à l'université à 8 h 45. Le matin, il y a cours de 9 heures à midi et l'après-midi de 14 heures à 16 heures. Il y a une piscine à La Rochelle à l'Espace Gym (c'est un club de sport). L'Espace Gym est à côté de la plage des Minimes (le bus n° 10 y va). Les horaires sont : 10 heures-21 heures, tous les jours de la semaine. Meilleures salutations, Valérie Bonnot

CORRIGÉS du cahier d'exercices

LEÇON 17
On fait des crêpes ? p. 36

1. 1 buvez, buvons
   2 manges, mange
   3 boit
   4 mangez, mangeons
   5 mangent, boivent

2. 1 manger   4 œufs
   2 viande   5 fromage
   3 acheter   6 eau minérale

3. 1 de l', de   4 de la, de
   2 des, de   5 d', de la
   3 des, de   6 du, de

4. 1 un litre   4 une bouteille
   2 cent grammes   5 une livre
   3 un kilo

5. 1e, 2b, 3d, 4a, 5c.

6. 1 Qu'est-ce que vous mangez le matin ?
   2 Qu'est-ce que vous buvez au déjeuner ?
   3 Qu'est-ce que vous mangez au dîner ?
   4 Quand est-ce que vous mangez du poisson ?
   5 Est-ce que vous buvez du café au déjeuner ?
   6 Est-ce que vous prenez un dessert ?

7. Réponses possibles :
   1 Pour le petit déjeuner, je bois du jus d'orange, mais pas de café.
   2 Pour le petit déjeuner, je ne mange pas de confiture, mais du pain, du beurre et du fromage.
   3 Pour le déjeuner ou le dîner, je ne bois pas de Coca, mais de l'eau.
   4 Pour le déjeuner ou le dîner, je ne mange pas de viande, mais du poisson, du riz et des légumes.

8. 1 du café   4 du pain
   2 de la viande 5 des légumes
   3 des crêpes

9. 1c, 2d, 3a, 4e, 5b.

10. 1 Je voudrais des œufs et un peu de thé, s'il vous plaît.
    2 Jeudi, elle déjeune avec eux.
    3 Il faut un œuf seulement.
    4 Et deux cents grammes de beurre… Trois euros, monsieur, s'il vous plaît.

LEÇON 18
Il est comment ? p. 39

1. 1 acheter
   2 restaurant
   3 achat
   4 aimer

2. 1a, 2b, 3e, 4f, 5c, 6d.

3. Présent : 3, 4.
   Passé : 1, 2, 5, 6.

4. 1 Hier, j'ai fait les magasins, j'ai acheté des vêtements et, le soir, j'ai dîné avec des amis.
   2 Hier midi, j'ai mangé du poisson et de la salade. J'ai bu de l'eau. Ensuite, j'ai pris un bon dessert.
   3 Hier, j'ai pris le bus à six heures et je suis rentré(e) chez moi vers sept heures. J'ai lu le journal, j'ai regardé la télé et j'ai écouté des disques. J'ai dîné à huit heures.

5. 1 Qu'est-ce que tu as acheté ?
   2 Où est-ce que vous avez dîné ?
   3 Pourquoi est-ce qu'elles ont téléphoné ?
   4 Comment est-ce qu'ils ont travaillé ?
   5 Quand est-ce qu'ils l'ont invité ?

6. 1 Fabien et sa sœur n'ont pas dîné dans un restaurant italien.
   2 Fabien n'a pas mangé de poisson.
   3 Sa sœur n'a pas pris de viande.
   4 Ils n'ont pas pris de dessert.

7. 1j, 2c, 3d, 4a, 5g, 6b, 7i, 8f, 9e, 10h.

8. 1 anciennes, belles
   2 bon, excellente
   3 grande, claire, jolie
   4 beaux, bruns
   5 jolies, noires

9. Lundi, il a dîné chez Marie à 20 heures.
   Mardi, il a déjeuné au Badaboum avec Lucas et ensuite il a acheté un cadeau pour sa maman.
   Mercredi, il a téléphoné à sa maman pour son anniversaire.
   Jeudi, il a joué au tennis avec Théo à 17 heures.
   Vendredi, il a pris le train de 18 h 32 pour Lille.

10. 1 Cet immeuble est ancien.
    2 C'est très calme, ici.
    3 La cuisine est sombre.

11. A

1	V	I	N						
2	C	A	F	E					
3	R	E	P	A	S				
4	G	A	T	E	A	U			
5	C	O	M	P	L	E	T		
6	A	S	S	I	E	T	T	E	
7	B	O	U	T	E	I	L	L	E
8	R	E	S	T	A	U	R	A	N T

B Thème de la grille : le vocabulaire du restaurant.

LEÇON 19
Chère Léa… p. 42

1. A

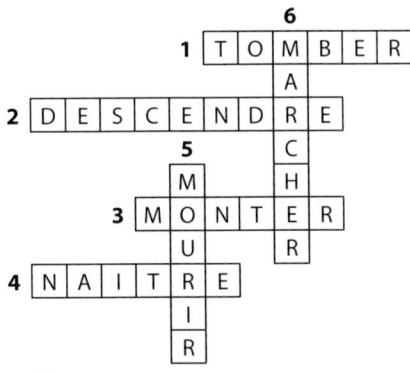

Mots croisés :
1 TOMBER (horizontal)
2 DESCENDRE
3 MONTER
4 NAITRE
5 MOURIR (vertical)
6 ACHETER (vertical)

B Le verbe *marcher* se conjugue au passé composé avec l'auxiliaire *avoir*.

2. tomber, entrer, descendre, naître, partir, devenir, mourir, aller, venir, passer, monter, rester, arriver.

3. 1i, 2e, 3g, 4h, 5c, 6b, 7a, 8d, 9f.

4. 1e, 2g, 3c, 4a, 5f, 6b, 7d.

5. 1 Combien de temps est-ce que vous êtes restés ?
   2 Qu'est-ce que tu as fait hier soir ?
   3 À quelle heure est-ce que vous êtes rentrés ?
   4 Quand est-ce qu'elle est venue ?
   5 Qu'est-ce que vous avez fait samedi dernier ?

6. 1 Non, mon amie n'est pas venue chez moi hier.
   2 Non, nous ne sommes pas allées au restaurant.
   3 Non, nous ne sommes pas rentrées tard.
   4 Non, nous ne sommes pas allées en boîte.
   5 Non, nous n'avons pas passé une bonne soirée.

7. Réponse possible :
   Nous sommes arrivés à Paris mardi soir tard, mais nous avons trouvé un hôtel. Mercredi, nous avons acheté un plan et nous avons cherché les monuments à voir. Nous avons commencé par le Louvre. Puis, nous sommes montés à la tour Eiffel. Jeudi, nous avons visité le Quartier latin et nous somme entrés à la Sorbonne. Nous avons beaucoup marché et pris le métro et des bus…

8. Hier matin, elle est sortie de chez elle à neuf heures. Elle est allée au marché et elle a fait des courses. Elle est revenue vers onze heures. Elle a préparé son repas et elle a déjeuné. L'après-midi, elle est montée voir une amie au cinquième étage. Elle est descendue de chez son amie à cinq heures. Le soir, elle n'est pas sortie. Et c'est comme ça tous les jours !

218

CORRIGÉS du cahier d'exercices

9 **1** vu   **3** bu   **5** venu
   2 descendu   **4** lu
10 **1**b, **2**a, **3**b, **4**b, **5**a.
11 **1**d, **2**c, **3**b, **4**e, **5**a.

LEÇON 20
Les fêtes p. 45

1 Vrai : 3, 5.
   Faux : 1, 2, 4, 6.
2 Réponse possible :
   Chers amis,
   Nous vous écrivons de l'île du Lido. Nous avons dîné dans un restaurant très romantique. Nous passons une magnifique Saint-Valentin. Notre hôtel est à côté de la place Saint-Marc et il a un nom très romantique : il s'appelle l'hôtel Casanova ! Nous avons passé trois jours très sympa ici. Nous avons visité la ville à pied : elle est très belle. Nous nous sommes promenés en bateau sur le Grand Canal et nous avons vu le pont du Rialto et le pont des Soupirs. Nous rentrons demain.
   À bientôt, bises,
   Mathieu et Malika
3 **1**b, **2**e, **3**d, **4**a, **5**c.
4 **1** Tu passes à l'a**g**ence de voya**g**es **j**eudi ou vendredi ?
   2 On a acheté du froma**g**e et des oran**g**es.
   3 C'est un ob**j**et ? Euh… Un bad**g**e, non, un a**g**enda.
   4 Pour notre maria**g**e, nous man**g**eons dans un restaurant très romantique.
   5 À quel **j**eu est-ce qu'on **j**oue ?
5 **1** Ⓔlle appelle Noëlle pour son anniv**e**rsaire.
   2 Invit**ez** d**es** amis à dîn**er** ch**ez** vous.
   3 À Noël, l'ann**ée** d**e**rni**ère**, nous sommes allés sur l**es** Champs-**É**lys**ées**.
   4 Qu'est-ce que vous f**ai**tes pour l**es** f**ê**tes ?
   5 Ils v**ie**nnent avec nous à Mars**ei**lle pour le nouv**el** an.

LEÇON 21
C'est interdit ! p. 47

1
1	V	I	S	I	T	E	R			
2	M	A	N	G	E	R				
3	T	E	L	E	P	H	O	N	E	R
4	F	U	M	E	R					
5	E	N	T	R	E	R				
6	D	O	R	M	I	R				
7	B	O	I	R	E					
8	T	R	A	V	E	R	S	E	R	

2 **1**b, **2**a, **3**e, **4**c, **5**d.
3 **1** peut   **4** pouvons
   2 pouvez   **5** peux
   3 peuvent   **6** peux
4 **1** écris-leur   **4** téléphonez-leur
   2 envoie-lui   **5** racontez-moi
   3 donnez-moi/donnez-nous
5 **1** Non, ne fumez pas.
   2 Non, ne le prenez pas.
   3 Non, ne lui téléphonez pas.
   4 Non, ne les invitez pas.
   5 Non, ne les photographiez pas.
6 **1**c, **2**d, **3**a, **4**b.
7 **1** Est-ce que je peux/nous pouvons monter vous voir ? Est-ce que je peux/nous pouvons monter chez vous ?
   2 Est-ce que je peux/que nous pouvons/qu'on peut fumer ici ?
   3 Est-ce que je peux téléphoner ?
   4 Est-ce qu'ils peuvent voir madame Lenoir ce matin ?
8 **1** moi   **4** nous
   2 leur   **5** lui
   3 lui
9 **1** Ah bon ! Écrivez-moi une carte postale.
   2 Ah bon ! Achète-lui/Achetons-lui un cadeau.
   3 Ah bon ! Parlons-leur/Parle-leur espagnol.
   4 Ah bon ! Prends-moi des petits gâteaux.

LEÇON 22
Petites annonces p. 50

1
					6					
					I					
1	D	Y	N	A	M	I	Q	U	E	
					D					
2	S	O	U	R	I	A	N	T	E	
					S					
3	I	M	P	O	R	T	A	N	T	
					E					
4	J	E	U	N	E					
					S					
5	E	T	R	A	N	G	E	R	E	S
					B					
					L					
					E					

2 **1** Il faut prendre le bus, c'est loin.
   2 Il faut visiter l'île de Ré, c'est très joli.
   3 Il faut lire ce livre, il est intéressant.
   4 Il faut dormir un peu, c'est indispensable.
3 **1** Est-ce que vous voulez un aller-retour ?
   2 Est-ce que vous savez parler anglais et italien ?/Est-ce que vous parlez des langues étrangères ?
   3 Où est-ce que vous voulez aller, Luc et toi ?
   4 Est-ce qu'elles savent danser ?
4 **1** a savez   **2** a peux
      b pouvez   b savons
   3 a peut
      b savent
5 **1** Ils veulent prendre le train.
   2 Nous voulons aller au cinéma/voir le film.
   3 Il veut jouer au tennis.
6 **1** vouloir : 3   **6** écrire : 2
   2 boire : 3   **7** travailler : 1
   3 prendre : 3   **8** lire : 2
   4 savoir : 2   **9** choisir : 2
   5 sortir : 2
7 **1** Non, mais elle va le lire.
   2 Non, mais je vais la réserver.
   3 Non, mais il va leur téléphoner.
   4 Non, mais elles vont le visiter.
   5 Non, mais tu vas y aller.
8 **1**c, **2**b, **3**a, **4**c.
9 **1** Madame Renoir, s'il vous plaît. Vous pouv**ez** entr**er**.
   2 Oui, tu peux téléphon**er** à Élisa. Elle est rentr**ée** chez elle.
   3 Vous av**ez** réserv**é** une chambre à l'hôtel ?
   4 Oui, ils sont arriv**és** à Paris, mais ils ne peuvent pas dîn**er** avec nous ce soir.
   5 Est-ce que vous voul**ez** mang**er** avec nous ce midi ?
   6 Oui, vous pouv**ez** mang**er** des cr**ê**pes.

LEÇON 23
Qu'est-ce qu'on lui offre ? p. 53

1 **1** Après le verbe *connaître*, il y a des noms *(la femme, son amie, les horaires)*.
   2 Après le verbe *savoir*, il y a des verbes à l'infinitif *(faire, nager, danser)*.
2 **1** connaissez   **4** connaissons
   2 connais   **5** connais
   3 connaissent
3 Réponses possibles :
   1 Je suis désolé(e) ; je n'ai pas d'argent.
   2 Non, merci ; je ne bois pas d'alcool.
   3 Désolé(e), je ne peux pas ; je travaille toute la journée.
   4 Désolé(e), je dois faire des courses.
4 **1**c, **2**e, **3**f, **4**a, **5**b, **6**d.
5 Réponses possibles :
   1 Qu'est-ce que tu lui as offert pour son anniversaire ?
   2 Qu'est-ce qu'ils leur ont donné pour les remercier de leur invitation ?
   3 Qu'est-ce que vous leur avez apporté ?
   4 Qu'est-ce qu'elle leur a offert ?
   5 Qu'est-ce que tu lui as envoyé ?

CORRIGÉS du cahier d'exercices

6   1 les   5 les
    2 le   6 l', le
    3 la   7 l', l'
    4 l'   8 l', le

7   1 Non, nous ne l'avons pas/je ne l'ai pas.
    2 Oui, elle lui écrit.
    3 Non, ils ne les connaissent pas.
    4 Oui, je leur téléphone.
    5 Non, on le prend/nous le prenons à 21 h 25.
    6 Oui, il la quitte cette semaine.

8
    1 SAC
    2 CHOCOLATS
    3 AGENDA
    4 LIVRES
    5 MANTEAU
    6 FLEURS

9   1 partir   5 finir
    2 descendre   6 travailler
    3 naître   7 sortir
    4 venir   8 se lever

10 1 Tu le vois quand ?
    2 Je ne sais pas.
    3 Je ne regarde pas le journal.
    4 Donne-le à ton frère.
    5 Elle offre des fleurs à sa mère.
    6 Je ne veux pas vivre ici.

LEÇON 24
Le candidat idéal… p. 56

1   Réponses possibles :
    1 Cher Maxime,
    Nous pouvons venir samedi à vingt heures ! On vient avec des CDs. Fatou et moi, on voudrait acheter un cadeau à Évelyne mais on n'a pas d'idée. Est-ce que tu peux nous donner des conseils ? Merci et à samedi, Karim
    2 Cher Maxime,
    Je ne peux pas aller chez vous samedi soir. Je suis désolé. Je pars vendredi pour huit jours chez un ami. J'ai acheté mon billet et il m'attend. Je vous téléphone à mon retour. Passez une excellente soirée samedi. À bientôt, Pierre

2   Je suis désolée, mais je ne peux pas venir à la fête demain soir. J'ai un problème avec les enfants. Ils ne vont pas très bien. Aujourd'hui, ils ne sont pas allés à l'école. J'ai appelé le médecin. Passez une bonne soirée. À bientôt, Pierre

3   Vrai : 2, 6, 8.
    Faux : 1, 3, 4, 5, 7.

4   Réponse libre.

LEÇON 25
Enquête p. 58

1
D		O	P	E	R	A			B	
I	M	A	G	A	Z	I	N	E	A	
S									R	
C	R	E	S	T	A	U	R	A	N	T
O						C	J		H	
T	E	L	E	V	I	S	I	O	N	E
H	L					N	U		A	
E	I					E	R		T	
Q	V	M	U	S	E	E	M	N	R	
U	R						A	A	E	
E	E		S	P	O	R	T	L		

Horizontalement : opéra, magazine, restaurant, télévision, musée, sport.
Verticalement : discothèque, livre, cinéma, journal, bar, théâtre.

2   1 détester
    2 un livre
    3 l'opéra
    4 le musée

3   Réponses possibles :
    1 Non, je n'ai plus le temps d'y aller. J'ai beaucoup de travail.
    2 Non, ils ne regardent plus la télé ; maintenant ils lisent.
    3 Non, je n'en fais plus ; maintenant je fais de la danse.
    4 Non, je ne lis plus beaucoup de livres par an. Je n'ai plus le temps avec les enfants.

4   1 Oui, j'en fais beaucoup.
    2 Non, je n'aime pas ça.
    3 Oui, je préfère ça.
    4 Non, je n'en lis pas.
    5 Oui, j'en ai un peu.
    6 Oui, je déteste ça.

5   1 aimer bien, aimer beaucoup, adorer
    2 je déteste ça, je n'aime pas du tout ça, je n'aime pas ça
    3 parfois, une fois par semaine, souvent
    4 j'aime un peu ça, j'aime bien ça, je préfère ça

6   Réponse libre.

7   1d, 2h, 3m, 4e, 5k, 6i, 7b, 8j, 9f, 10l, 11g, 12a, 13c.

8   1 de la, en   4 du, en
    2 de la, en, en   5 du, en
    3 du, en

9   1 Non, il n'en veut plus. Il en a assez.
    2 Non, nous n'en voulons plus. Nous en avons assez.
    3 Non, je n'en veux plus. J'en ai assez.
    4 Non, elles n'en veulent plus. Elles en ont assez.
    5 Non, elle n'en veut plus. Elle en a assez.

10 1 Tu as fait un peu de théâtre !
    2 Il n'a plus de livre à lire.
    3 Je ne fais plus de sport.
    4 Elle aime bien ce musée.
    5 Je préfère le cinéma.

LEÇON 26
Quitter Paris p. 61

1   1 Ville : trop de voitures, trop de pollution, bruyant, théâtres, cinémas, sortir, bars, restaurants, magasins ouverts le dimanche…
    2 Campagne : espaces verts, calme…

2   1e, 2d, 3a, 4b, 5c.

3   1 tous   5 toute
    2 tout   6 toutes
    3 toutes   7 toutes, tous
    4 tous   8 tous

4   1 Parce qu'il y a trop de bruit.
    2 Parce qu'elle est trop petite pour lui.
    3 Parce qu'elle est trop grande pour elle.
    4 Parce qu'il n'a pas assez d'argent.

5   1 Ils les visitent tous.
    2 Ils sont tous partis.
    3 Elle les fait toutes.
    4 Ils sont tous ouverts.
    5 Ils les passent toutes à la campagne.

6   1e, 2c, 3a, 4d, 5b.

7   Opinions positives : 1, 3, 6.
    Opinions négatives : 2, 4, 5, 7, 8.

8   1 – Tu as vu tous tes amis ce week-end ? – Non, pas tou**s**.
    2 – Ils habitent tou**s** à la campagne ? – Alex, Lou et Benjamin, oui. Mais tous les autres sont à Paris.
    3 – Tu travailles tous les jours à Lyon ? – Non, tous les lundis et mercredis seulement.
    4 – Et tes frères ? Ils sont tou**s** médecins ? – Oui, tous les trois.

9   1 Quelle heure est‿-il ? Six heures ?
    2 Christiane et Aline ont vingt‿et un‿ans aujourd'hui.
    3 Mon‿appartement a cent‿ans.
    4 Mais oui ! Il est déjà huit heures !
    5 Il a quatre-vingts‿ans le six avril.
    6 Mais oui, il n'y a pas‿assez de choses‿à voir.

LEÇON 27
Vivement les vacances ! p. 64

1   1c, 2a.

2   1 me lève
    2 se lève, se lèvent
    3 se couchent, nous couchons, vous couchez

CORRIGÉS du cahier d'exercices

3 1 Lève-toi tôt.
   2 Couchez-vous tôt.
   3 Baignez-vous./Baigne-toi.
   4 Calmez-vous.
   5 Promenons-nous./Promenez-vous.
   6 Amusez-vous bien.

4 1 Dimanche, elles se sont levées à midi.
   2 Ils se sont baignés.
   3 Nous nous sommes amusés.
   4 Nous nous sommes promenés.
   5 Elle s'est ennuyée.

5 Biarritz, le 12 novembre
   Ce matin, je **me suis levé(e)** très tôt, vers six heures, six heures et quart. Je **me suis douché(e)**, je **me suis habillé(e)** et j'**ai pris** mon petit déjeuner. Après, j'**ai lu** deux ou trois magazines. Vers dix heures, je **me suis promené(e)** un peu sur la plage et je **suis rentré(e)** à la maison. Cet après-midi, je **suis retourné(e)** à la plage et je **me suis baigné(e)** : la mer n'est pas très chaude, en ce moment. Ensuite, je **me suis reposé(e)**. Ce soir, Paul **est venu** et nous **sommes allés** dans un bar : nous **nous sommes bien amusés**.

6 1 Ah non, ne vous levez pas tôt demain !
   2 Ah non, ne te baigne pas dans la piscine !
   3 Ah non, ne nous entraînons pas au tennis cet après-midi !
   4 Ah non, ne t'amuse pas avant le dîner !
   5 Ah non, ne nous reposons pas maintenant !

7 Réponses possibles :
   1 Habille-toi vite. Nous avons rendez-vous dans vingt minutes.
   2 Tu es fatiguée. Repose-toi.
   3 Il est midi. Lève-toi.
   4 Lave-toi./Va te laver.
   5 Dis-moi quelle robe tu aimes.

8 Réponses possibles :
   1 Non, je n'aime pas du tout ça.
   2 Non, ce n'est pas vraiment intéressant.
   3 Oui, j'aime bien.
   4 Vous trouvez ça bien, vous ?
   5 Oui, ça m'amuse !

LEÇON 28
Les Français en vacances p. 67

1 1 Points communs :
   – Ils aiment tous les deux la Provence et sont allés à Aix-en-Provence.
   – Valérie et Nicolas aiment tous les deux aller à la plage et se baigner.
   – Valérie et Nicolas passent tous les deux des vacances en famille.
   2 Différences :
   – En général, Valérie va dans le sud de la France et Nicolas va au bord de la mer en Bretagne.
   – Valérie part en vacances dans sa famille ; Nicolas, lui, part en vacances dans un camping avec sa famille.
   – Valérie voyage en train./Nicolas voyage en voiture.
   – Valérie part en vacances en juin./Nicolas part en juillet.
   – Valérie adore sortir le soir dans les bars et les discothèques./Nicolas préfère visiter les villes et les musées.

2 Réponse possible :
   • Estelle adore le soleil et la cuisine étrangère. Elle adore prendre l'avion. Elle aime bien faire beaucoup de photos. Elle n'aime pas passer les vacances en France. Elle n'aime pas partir en vacances en juillet ou en août.
   • Romain adore la nature. Il adore partir à la montagne et marcher. Il aime bien faire du camping et faire du sport. Romain n'aime pas le bruit et il n'aime pas partir en voiture.

3 Biarritz, mardi 15 août
   Chers amis,
   Je passe de bonnes vacances dans le sud-ouest de la France. Je suis arrivée à Biarritz samedi, en train ; le Pays basque est très beau. J'habite chez des amis français, dans une maison au bord de la mer. Biarritz est une ville très jolie. J'aime m'y promener. La journée, je vais à la plage avec mes amis, nous nous baignons et nous nous reposons. Le soir, on sort au restaurant (la cuisine basque est très bonne !), on va en boîte ou dans des bars. On s'amuse beaucoup. Je vous embrasse, votre amie Keïko

4 1 Ah bon, tu pr**éfè**res les vacances à la mer !
   2 À quelle heure est-ce qu'elle se l**è**ve ?
   3 Arr**ê**te de r**ê**ver, il faut travailler maintenant.
   4 Nous pr**éfé**rons partir en avion.
   5 Vous vous l**e**vez tard le matin ?
   6 Oui, ils se prom**è**nent sur la plage.

LEÇON 29
Enfant de la ville p. 69

1
			B	L	O	N	D	
R	O	M	A	N	T	I	Q	U	E
	T	R	A	N	Q	U	I	L	L	E
J		G	C					B	T
E	D	Y	N	A	M	I	Q	U	E	R
U	B	J	I	L				A	I
N	R	O	F	M				U	S
E	U	L	I	E	P	E	T	I	T	T
	N	I	Q	G	R	A	N	D	E	E
	S	O	U	R	I	A	N	T		
		C	E	L	E	B	R	E		

Horizontalement : blond, romantique, tranquille, dynamique, petit, grande, souriant, célèbre.
Verticalement : jeune, bruns, joli, magnifique, calme, beau, triste.

2 Vrai : 1, 2, 3, 6.
   Faux : 4, 5.

3 1 Oui, ils viennent de partir.
   2 Oui, je viens de les appeler.
   3 Oui, ils viennent de revenir.
   4 Oui, je viens de le rencontrer.
   5 Oui, je viens de le lire.

4 1 Maintenant, il n'en fait plus.
   2 Maintenant, nous n'y jouons plus.
   3 Maintenant, ils n'en écoutent plus.
   4 Maintenant, vous n'y habitez plus.
   5 Maintenant, nous n'y allons plus.

5 1 En 1930, il y avait une statue au centre de la place. Les maisons avaient toutes une taille différente. Elles avaient des façades grises. Il y avait une rue sur la gauche.
   2 Aujourd'hui, il n'y a plus de statue au centre de la place. Il y a quatre arbres avec des bancs. Les maisons ont toutes trois étages et leurs façades sont blanches. Il y a un sens interdit dans la rue à gauche.

6 Présent : 1, 4.
   Passé récent : 2, 3, 5.

7 Réponses possibles :
   1 Non merci, on vient d'en manger.
   2 Non, le concert vient de commencer.
   3 Non, ils viennent de partir.
   4 Non merci, je viens de faire les courses.

8 1 Je ne sors plus en boîte mais, avant, je sortais beaucoup.
   2 Nous n'allons plus au cinéma mais, avant, nous y allions souvent.
   3 Ils ne font plus de sport mais, avant, ils en faisaient beaucoup.
   4 Tu ne fumes plus mais, avant, tu fumais beaucoup.
   5 Vous ne mangez plus au restaurant mais, avant, vous y mangiez souvent.

9 1 Où est-ce que vous habitiez quand vous étiez petit ?
   2 Quelle était la profession de vos parents ?
   3 Quelle profession est-ce que vous vouliez faire ?
   4 Quel type d'enfant est-ce que vous étiez ?
   5 Est-ce que vous aviez beaucoup d'amis ?
   6 Est-ce que vous aviez un jouet préféré ?
   7 Est-ce que vous faisiez du sport ?

CORRIGÉS du cahier d'exercices

LEÇON 30
Fait divers p. 72

1
1 un journaliste
2 une autoroute
3 pleuvoir
4 sur Internet
5 heurter
6 être terrifié

2
1 Va jusqu'au bout de la rue.
2 Il y a beaucoup de monde.
3 Tous mes amis étaient là.
4 Regarde sous la table.
5 Non, je ne joue pas du tout.
6 Tu as rendez-vous à quelle heure ?

3
1 Il faisait trop chaud.
2 Elles étaient fatiguées.
3 Il était très beau.
4 J'étais triste.
5 C'était trop bruyant.
6 Elle était malade.

4
1 Il n'est pas venu parce qu'il n'y avait plus de bus après vingt heures.
2 Il n'est pas venu parce qu'il était en voyage en Italie.
3 Il n'est pas venu parce que c'était l'anniversaire de son père.
4 Il n'est pas venu parce qu'il avait trop de travail.

5
1 étais, ai rencontré
2 parlais, ai pris
3 habitais, ai trouvé

6
1 Je venais de sortir quand la voiture est arrivée.
2 Je voulais traverser la rue quand j'ai vu la voiture.
3 J'attendais pour passer quand quelqu'un m'a parlé.
4 Je me promenais quand je l'ai rencontré(e).
5 Il y avait beaucoup de monde quand je suis parti(e).

7 Quand je suis sorti, il **pleuvait** : la route **était** glissante. Un camion **venait** de tourner. Il **roulait** dans ma direction. Je **voulais** traverser la rue. Mais une autre voiture **est arrivée**. Elle **roulait** très vite. Elle **a freiné** brusquement. Elle **a glissé** et **a heurté** le camion. Heureusement, il **n'y a pas eu** de blessés. Mais j'**ai eu** très peur.

8 1c, 2e, 3j, 4f, 5i, 6b, 7d, 8h, 9a, 10g.

9 Réponse libre.

LEÇON 31
Ma première histoire d'amour p. 75

1 **A**
1 comprendre
2 suivre
3 voir
4 être
5 sortir
6 connaître
7 lire
8 avoir
9 croire
10 mettre
11 dire
12 savoir

B
1 été
2 répondu
3 vécu
4 né
5 parti
6 appris
7 fait
8 voulu
9 venu
10 pu

2 J'ai rencontré ma femme **en** 1975. Ça s'est passé gare de Lyon ; elle allait à Nîmes et moi à Aix-en-Provence. Deux ans **plus tard**, notre première fille est née, **le** 22 mai 1977 exactement. Je me souviens, nous habitions dans un tout petit appartement à Belleville. Et nous sommes restés dans cet appartement **de** 1976 à 1980. Après, nous avons habité à côté de République **jusqu'en** 1985 : notre deuxième fille est née quand nous étions dans cet appartement, **le** 15 octobre 1982.

3
1 en, le
2 De, à
3 en, jusqu'en
4 à partir
5 en, plus tard
6 en, plus tard
7 jusqu'à
8 de, à

4
1 Qu'est-ce que vous faisiez le 18 juin à 20 heures ?/Que faisiez-vous le 18 juin à 20 heures ?
2 Dans quel hôtel est-ce que vous étiez ?
3 Qu'est-ce que vous avez fait entre 20 heures et 22 heures ?/Que faisiez-vous entre 20 heures et 22 heures ?
4 Qu'est-ce que vous avez fait à partir de 22 heures ?/Qu'avez-vous fait à partir de 22 heures ?
5 Quand est-ce que vous êtes arrivé à l'hôtel Calypso ?/Quand êtes-vous arrivé à l'hôtel Calypso ?
6 Quand est-ce que vous partez ?/Quand partez-vous ?

5
1 as fait
2 avons pris, voulions, n'avons pas pu, était
3 êtes restés
4 sont venus, est restée, sommes sortis, sommes allés, était, n'y avait pas, faisait

6 Réponses possibles :
1 Ils sont allés vivre à la campagne pour être loin de la pollution.
2 J'écris à mes amies pour donner des nouvelles.
3 Nous apprenons l'espagnol pour partir en vacances en Espagne.
4 Elles sont parties en vacances en Italie pour visiter Florence et Rome.
5 Vous allez au restaurant pour fêter l'anniversaire de Fatima.

7 Réponses possibles :
1 Je pars en Espagne pour apprendre l'espagnol/parce que j'aime ce pays.
2 Je t'écris pour te demander un service/parce que je n'aime pas téléphoner.
3 J'ai acheté une nouvelle voiture pour changer/parce que j'avais l'autre depuis trop longtemps.
4 Je veux voyager pour visiter de nouveaux pays/parce que j'aime ça.

8 Réponse possible :
Il était deux heures du matin. J'étais seul(e) à la maison. Je ne pouvais pas dormir. J'ai entendu du bruit. Je me suis levé(e) et j'ai écouté. Il y avait des hommes dans la maison. J'ai ouvert la porte et j'ai vu un homme avec un grand couteau. Je suis tombé(e) du lit et je me suis réveillé(e).

9
1 Vous travaill**ez** souvent le soir ?
2 Est-ce que vous pouv**ez** achet**er** le journal ?
3 Il était huit heures quand il est allé dîn**er**.
4 Est-ce que vous sav**ez** dans**er** ?
5 Vous voul**ez** mang**er** quelque chose ? Nous avons achet**é** un gâteau.

LEÇON 32
La 2CV… et autres symboles ! p. 78

1 Vrai : 5, 7.
Faux : 1, 2, 3, 4, 6.

2 1a, 2d, 3e, 4g, 5j, 6l, 7m, 8o.
1b, 2c, 3f, 4h, 5i, 6k, 7n, 8p.

3 Réponse possible :
Chère Alexandra,
Je t'écris pour t'inviter à mon mariage avec Natacha, le 20 décembre, à Bordeaux. Natacha et moi, nous nous sommes rencontrés le 22 janvier à la fête d'anniversaire de notre ami Félix. Elle était très jolie et j'ai été amoureux tout de suite. Le 29 janvier, nous avons dîné au restaurant. Nous avons passé une soirée magnifique. Ensuite, nous sommes allés à Paris pour fêter la Saint-Valentin tous les deux, en amoureux : c'était très sympa. Pendant l'été, nous sommes partis en vacances à la montagne. Le 25 novembre, nous avons acheté une maison. Et maintenant, nous nous marions ! Quelle année !
Bises et à bientôt,
Cédric

4
1 la
2 l'as
3 là, la
4 l'a
5 là, la

CORRIGÉS du cahier d'exercices

LEÇON 33
Beau fixe p. 80

1

			5							
			M			6		7		
1	T	E	M	P	E	R	A	T	U	R	E	S
			E			L		I		
	O	2	D	E	G	R	E	S		
			U					L		
			V	3	P	L	U	I	E	
			R					R		
	4	N	U	A	G	E	S			

2 **d**1, **b**2, **e**3, **1c**4, **a**5, **f**6.

3 **1**b, **2**d, **3**e, **4**a, **5**c, **6**h, **7**i, **8**j, **9**f, **10**g.

4 Demain, il y aura de la pluie et de la neige dans le nord. À l'ouest, il pleuvra et le soleil brillera. Les Alpes seront sous la neige. Dans le sud, le soleil brillera et, par moments, il y aura des nuages clairs dans le ciel. En général, il fera froid au nord et chaud dans le sud.

5 **1** pleuvra, fera, brillera, irons, prendrons, ferons, irons
2 partirons, prendrons, arriverons, attendrons, feront, passerons

6 Sud-Infos
7 mai 2002
Lin-Ning Chen au festival de Cannes. La très célèbre actrice chinoise Lin-Ning Chen arrivera demain matin à Cannes. Elle ira directement de l'aéroport à l'hôtel Martinez et, un peu plus tard, elle répondra aux questions des journalistes. Elle fera ensuite des photos sur la terrasse de l'hôtel. Demain après-midi, elle verra deux films au Palais des festivals et, le soir, nous pourrons voir son dernier film, *Shanghai, mon amour*…

7 **1**c, **2**e, **3**a, **4**d, **5**b.

8 Réponses possibles :
1 Ils seront certainement là à l'heure./ Je suis sûr(e)/certain(e) qu'ils seront là à l'heure.
2 Je crois que nous pourrons/je pourrai y passer./Nous pourrons/Je pourrai peut-être y passer.
3 Je crois/Nous croyons qu'il s'entraînera pendant les vacances./ Il s'entraînera peut-être pendant les vacances.
4 Je suis sûr(e)/certain(e) qu'il pourra faire la cuisine et le ménage./ Il pourra certainement faire la cuisine et le ménage.
5 Il fera peut-être beau ce week-end./ Je crois/Nous croyons qu'il fera beau ce week-end.

9 **1** Ses par[en]ts [on]t de l'arg[en]t.
2 Ils prennent leurs vêtem[en]ts d[an]s la ch[am]bre.
3 [On] m[on]tera [en]s[em]ble d[an]s le tr[ain] ?
4 Dem[ain] mat[in], Anne va chez le d[en]tiste.
5 Est-ce qu'ils aur[on]t le t[em]ps ?

LEÇON 34
Projets d'avenir p. 84

1 Passé : 1, 4, 5.
Présent : 7.
Futur : 2, 3, 6, 8.

2 **1** Il va avoir un accident.
2 Ils vont prendre le train.
3 Il va laver sa voiture.
4 Ils vont aller au théâtre.

3 **1** vient d' **5** va
2 vont **6** va
3 vas **7** viennent de
4 vient de

4 **1** Ne roulez pas trop vite parce que vous allez avoir un accident.
2 Ne prenez pas votre manteau parce qu'il va faire beau.
3 Travaille bien en classe parce que tu vas passer ton bac à la fin de l'année.
4 Arrivez à l'heure au théâtre parce qu'ils vont fermer les portes au début.
5 Ne t'inquiète pas parce que tout va bien se passer.

5 **1** Tu as des projets pour l'été ?
2 Tu ne vas pas partir en vacances ?
3 Alors, tu vas essayer de trouver du travail ?
4 Où est-ce que tu iras ?
5 Où est-ce qu'ils habitent ?

6 **1** verrai
2 voudront
3 n'allons pas pouvoir
4 va falloir
5 vas aller

7 **1**d, **2**e, **3**a, **4**c, **5**b.

8 Réponses possibles :
1 Il n'a pas pu venir aujourd'hui, mais il viendra demain.
2 Elles n'ont pas voulu sortir la semaine dernière, mais elles voudront sortir ce soir.
3 Ils ne sont pas allés en vacances cette année, mais ils iront l'année prochaine.
4 Nous ne sommes pas partis faire du ski l'année dernière, mais nous partirons cette année.
5 Tu n'as pas réussi ton examen cette année, mais tu le réussiras l'année prochaine.

9 **1** Non, je vais déjeuner.
2 Non, nous allons le voir.
3 Non, ils vont commencer.
4 Non, nous allons les faire.
5 Non, elles vont se promener.

10 l'année dernière, le mois dernier, la semaine dernière, avant-hier, hier, aujourd'hui, demain, après-demain, dans cinq jours, le mois prochain, l'année prochaine, un jour peut-être

11 **1**f, **2**j, **3**e, **4**l, **5**b, **6**g, **7**a, **8**i, **9**d, **10**k, **11**h, **12**c.

12 **1** Qu'est-ce que tu ach**è**tes pour son anniver**s**aire ?
2 Son père a pris sa retr**ai**te.
3 Je me suis b**ai**gné cette sem**ai**ne.
4 On ira peut-être à la f**ê**te, on ne **s**ait pas.
5 Ma m**è**re est partie se repo**s**er à la me**r**.

LEÇON 35
Envie de changement p. 88

1 **1** sauras **4** ira, verras
2 voudront **5** viendra
3 faudra **6** serons

2 **1** Quand ils visiteront Rome, ils verront le Colisée.
2 Quand ils seront à Londres, ils prendront un verre dans un pub.
3 Quand ils passeront par Madrid, ils déjeuneront sur la Plaza Mayor.
4 Quand ils arriveront à New York, ils feront le tour de l'île de Manhattan en bateau.
5 Quand ils feront un voyage à Prague, ils se promèneront sur le pont Charles.

3 Réponses possibles :
1 S'il fait beau ce week-end, on ira se promener à la campagne.
2 Si nous avons d'autres enfants, nous achèterons une nouvelle maison.
3 Si tu arrêtes de faire de la gymnastique, tu devras faire un autre sport.
4 Si vous me donnez les documents, je pourrai terminer ce travail assez vite.
5 Si vous vendez votre voiture, je veux bien l'acheter.
6 Si on prend le métro, il faudra partir tôt.
7 Si vous arrêtez de travailler, vous allez vous ennuyer.

4 **1** Ils achèteront un appartement.
2 Ils peindront les murs.
3 Ils supprimeront un mur.
4 Ils referont la cuisine.
5 Ils installeront une cheminée.

223

CORRIGÉS du cahier d'exercices

5 – Bonjour, madame. J'ai rendez-vous à 4 heures avec monsieur Berthier pour une inscription.
– Il **va arriver** tout de suite. Je **vais vous donner** une fiche d'inscription. Vous la **remplirez** quand vous **pourrez**.
– Il est déjà 4 heures et demie. Monsieur Berthier **va venir** à quelle heure ?
– Je suis désolée. Je **vais lui téléphoner**… Monsieur Berthier vous prie de l'excuser. Il ne **sera** pas là avant 5 heures.
– Je ne peux pas attendre. Donnez-moi un autre rendez-vous. Je **reviendrai** la semaine prochaine. J'espère qu'il **sera** à l'heure la prochaine fois.

6 **1** Tu crois que leur fille va se marier ?
2 Tu crois que leurs enfants vont faire des études ?
3 Tu crois que nos amis vont venir nous voir ?
4 Tu crois que ton frère va partir à l'étranger ?
5 Tu crois que le soleil va briller ?

7 **1** Quand Michel sera à la retraite, nous achèterons un bateau et nous partirons d'ici.
2 Si vous avez le temps, on pourra peut-être aller au cinéma ensemble.
3 Tu pourras prendre ma voiture quand tu auras dix-huit ans, mais pas avant.
4 Si vous commencez les travaux maintenant, vous pourrez habiter la maison en décembre.
5 Quand nous reviendrons de vacances, ils seront dans leur famille de Strasbourg.

8 Réponses possibles :
1 Qu'en penses-tu ?
2 Comment on fera pour mettre tous nos meubles ?
3 Est-ce qu'on pourra installer une cheminée dans notre salon ?
4 Est-ce qu'on changera la cuisine tout de suite ?

9 **1**c, **2**e, **3**b, **4**a, **5**d.

10

Mots croisés :
- Horizontal : **1** CHANGER, **2** SUPPRIMER
- Vertical : **3** INSTALLES, **4** PEINTURE, **5** CHEMINEE, **6** TRAVAUX

11 **1** Si vous avez votre nouvelle voi**ture** ↗, venez nous la mon**trer** ↘.
2 Quand vous irez à Pa**ris** ↗, montez à la tour Eif**fel** ↘.
3 Quand on fera une **fête** ↗, on invitera tous nos a**mis** ↘.
4 Si vous partez en vacances au bord de la **mer** ↗, pensez à prendre vos lunettes de so**leil** ↘.
5 Quand nous serons installés dans notre nouvel apparte**ment** ↗, nous vous inviterons à dî**ner** ↘.

LEÇON 36

Le pain, mangez-en ! p. 92

1 2 décembre
Sur l'ouest de la France, il y aura des nuages et de la pluie avec des températures de 11 à 12 degrés. Au nord de la France, il y aura des nuages et du soleil, avec une température de 9 degrés. Il pleuvra dans le nord-est et dans le centre de la France. Dans le sud de la France, il y aura du soleil, avec une température de 13 degrés ; il pleuvra en Corse mais il fera 17 degrés.

2 Réponse 3.

3 **A** **1**c, **2**b, **3**d, **4**a.
B Réponse possible :
Dans dix ans, je travaillerai pour une grosse entreprise. J'en serai le directeur commercial et j'aurai une très belle maison. J'aurai une femme et trois enfants. Nous aurons deux voitures et un chat. La vie sera belle.

4 Réponse possible :
Cher Robert,
Je suis maintenant à la retraite. Je veux m'amuser et voir mes amis. Ma femme et moi nous avons décidé de faire du sport et aussi de nous reposer ! Nous avons travaillé toute notre vie et maintenant nous voulons vraiment être tranquilles. Nous allons acheter un bateau et faire des promenades en mer. Si tu veux venir avec nous, ce sera sympa. Écris-nous pour nous donner des nouvelles. Viens nous voir quand tu veux.
Ton ami Henri

Achevé d'imprimer en France
par Dupli-Print à Domont (95)
N° d'impression : 156565
Collection n° 45
Dépôt légal : 09/10
Edition : 03
15/5550/7